DROIT ROMAIN

LES CORPORATIONS

ÉTUDE HISTORIQUE ET JURIDIQUE

DROIT FRANÇAIS

LES

SYNDICATS PROFESSIONNEL

THÈSE POUR LE DOCTORAT

PAR

PAUL MASSON

PARIS

LIBRAIRIE NOUVELLE DE DROIT ET DE JURISPRUDENCE

ARTHUR ROUSSEAU, ÉDITEUR

14, RUE SOUFFLOT, ET RUE TOULLIER, 13.

1888

THÈSE

DE

DOCTORAT

DROIT ROMAIN

LES CORPORATIONS

ÉTUDE HISTORIQUE ET JURIDIQUE

DROIT FRANÇAIS

LES SYNDICATS PROFESSIONNELS

THÈSE POUR LE DOCTORAT

*L'acte public, sur les matières ci-après, sera soutenu
le jeudi 19 avril 1888, à 1 heure 1/2*

PAR

PAUL MASSON

PRÉSIDENT : M. GARSONNET

SUFFRAGANTS : { MM. LYON-CAEN, *professeur.*
MICHEL (LÉON) } *Agrégés.*
MASSIGLI

PARIS

LIBRAIRIE NOUVELLE DE DROIT ET DE JURISPRUDENCE

ARTHUR ROUSSEAU, ÉDITEUR

14, RUE SOUFFLOT, ET RUE TOULLIER, 13.

1888

INDEX BIBLIOGRAPHIQUE

BLANC (H.). — Bibliographie des corporations ouvrières, avant 1789. Paris, 1885.

— Les compagnons des corporations de métiers et l'organisation ouvrière du xviiie au xixe siècle.

BLEYNIE. — Des corporations depuis le xiiie siècle jusqu'en 1789.

M. BLOCK. — Dictionnaire de la politique. 2 vol. gr. in-8. Au mot « Corporations ».

G. BOISSIER. — La Religion romaine, d'Auguste aux Antonins. Paris, 1874.

A. DE BOISSIEU. — Inscriptions antiques de Lyon. 1 vol. (V. spécialement chap. X : Corporations, professions, etc.)

BOLLGER. — Sabine, ou la matinée d'une dame romaine.

M. BOTTON. — Les collèges des artisans en Droit romain. — Paris, 1882.

BOUCHÉ-LECLERCQ. — Divination dans l'antiquité. 4 vol.

— Manuel des institutions romaines. 1 vol. Paris, 1886.

— Des Pontifes de l'ancienne Rome. Étude historique sur les institutions religieuses de Rome. 1 vol. Paris, 1871.

BRENTANO. — Zür geschichte der englischengewerkvereine. Leipzic, 1871.

J. Chailley. — La crise économique. — Guillaumin, 1885.

Chéruel. — Dictionnaire historique des institutions, mœurs et coutumes de la France. Hachette et Cie, 1874, 2 vol. in-18.
(V. dans cet ouvrage : liste des principales corporations, au mot *Corporation*, tome 1er.)

Cliquet de Blervaches. — Considérations sur les compagnies, sociétés et maîtrises. Londres, 1758.

Dareste de la Chavanne. —Histoire des classes agricoles en France. Paris, Guillaumin, 1858.

Delor (Adrien). — La corporation des bouchers à Limoges. Limoges, 1877.

Demartial. — De la législation sur les coalitions.

Depping. — Le Livre des mestiers d'Etienne Boileau (Documents inédits sur l'histoire de France).

Dezobry. — Rome au siècle d'Auguste. 4 vol.

Doniol. — Histoires des classes rurales. Paris, Guillaumin, 1867.

Drioux. — Étude économique et juridique sur les associations. Rousseau, 1884.

Ducarre. — Rapport à l'Assemblée nationale sur les conditions du travail en France. *Journal officiel*, n° du 17 novembre 1875.)

Ducellier. — Histoire des classes laborieuses en France. Paris, Didier, 1860.

Dulaure. — Histoire de Paris.

Doruy (V). — Histoire des Romains.

Fix (Th.). — Observations sur l'état des classes ouvrières. Guillaumin, 1 vol.

Friedlaender. — Mœurs romaines, du règne d'Auguste à la fin des Antonins.

Fustel de Coulanges. — La Cité antique. In-18.

Gain (G.). — Les syndicats professionnels agricoles et la loi du 21 mars 1884. — Etude dans « La Loi », année 1886, pp. 34, 42, 46, 58, 62, numéros des 11, 12, 14, 15, 18, 19, 20 janvier 1886.

Léon Gautier. — Histoire des corporations ouvrières. Paris, 1877.

Gruter. — Inscriptions.

Guizot. — Histoire de la civilisation en France. Paris, Didier, 1864, 4 vol.

J. Gutherius. — De jure manium.

HAVARD. — Les syndicats professionnels.

HUBERT-VALLEROUX. — Les corporations d'arts et métiers et les syndicats professionnels en France et à l'étranger. 1 vol. Guillaumin, 1885.

— Rapport à la *Société d'économie charitable* sur les associations professionnelles. 1879.

HERING. — Esprit du Droit romain. Traduction de Meulenacre. 4 vol. in-8°.

JOUBERT (L'abbé). — Dictionnaire raisonné universel des arts et métiers. Paris, Didot, 1773, 5 vol.

LACROIX (Paul) Bibliophile Jacob. — Histoire de la chaussure. Paris, Séré, 1852.

— (Bibl. Jacob) et F. Séré. — Livre d'or des métiers. 6 vol. parus, 1849 et ann. suiv.

LAFERRIÈRE. — Histoire du Droit français. Paris, Cotillon, 6 vol., 1845-1858.

LAROUSSE. — Grand Dictionnaire universel du XIXe siècle, v° *Corps de métiers* et v° *Corps marchands*.

LAVOLLÉE (René). — Les classes ouvrières en Europe. Paris, Guillaumin, 1882, 2 vol. in-8.

LÉCHOPIÉE (A.). — La liberté d'association et les professions libérales. Paris, 1885.

LEDRU ET WORMS. — Commentaire de la loi sur les syndicats professionnels. Larose, 1885.

LEROY-BEAULIEU (Paul). — État moral et intellectuel des populations ouvrières et de son influence sur le taux des salaires. Paris, Guillaumin, 1868.

— La question ouvrière au XIXe siècle. Paris, Charpentier, 1872, 1 vol. in-18.

DE LESPINASSE ET BONNARDOT. — Le Livre des mestiers d'Étienne Boileau. Paris, 1879, Imprimerie Nationale.

DE LESPINASSE (René). Les métiers et corporations de la ville de Paris. Imprimerie Nationale, 1887, 2 vol. parus.

LEVASSEUR (E.). — Histoire des classes ouvrières en France, depuis la conquête de Jules César jusqu'à la Révolution. Paris, 1859, 2 vol.

— Histoire des classes ouvrières en France, depuis 1789 jusqu'à nos jours. Paris, 1867, 2 vol.

MARTÈNE ET DURAND. — *Veterum scriptorum et monumentorum amplissima collectio.* Paris, 1724-1733, 9 vol.

MAZAROZ. — Histoire des corporations françaises d'arts et métiers. Paris, Baillière, 1878.

MERLIN. — Répertoire de jurisprudence, v° *Corps d'arts et métiers.*

MOMMSEN. — Histoire Romaine.

— Corpus inscriptionum latin. *Berlin.*

— Die *Ludi Magni und Romani.*

— De collegiis et sodaliciis Romanorum. Kiliæ, 1843.

ORELLIUS. — Inscriptions. (V. tome II, chap. 17 : *Collegia, corpora, sodalicia, scholæ, artificum et opificum.*)

PAGART D'HERMANSART. Anciennes communautés d'arts et de métiers à Saint-Omer. 1879-1881, 2 vol.

PASQUIER. — Recherches de la France. Paris, 1569.

PAULLAT. — Les associations et les chambres syndicales. 1873.

PAYAN D'ANGERY (Ch.). — Les prud'hommes pêcheurs de Marseille et leurs archives. Aix, 1873, Nicot, éd.

PIGEONNEAU. — De convectione urbanæ annonæ.

REINAUD (E.). — Les syndicats professionnels, leur rôle historique et économique avant et depuis la reconnaissance légale. Guillaumin, 1886, in-18.

RIBBE (Ch. de). — La société des portefaix de Marseille, publié dans le *Bulletin de la Société internationale des Études pratiques d'économie sociale,* n° de juillet 1865.

— Les prud'hommes pêcheurs de la Méditerranée. Montpellier, 1869, chez J. Martet, éd.

ROUGIER (P.). — Les associations ouvrières. Paris, Guillaumin, 1864.

ROUX (X.). — Les associations ouvrières. Paris, 1876.

SIMON (Jules). — Le travail.

STIRLING (James) (Traduction Benard). — De quelques opinions de M. John Stuart Mill sur l'Unionisme ouvrier. Guillaumin.

TAXE DES MÉTIERS DE BEAUNE. — Délibération de la ville de Beaune, du 26 janvier 1579, qui fixe la taxe des métiers et le prix des ouvrages ; — insérée dans la *Revue des Sociétés savantes,* 5° série, tome IV, page 98.

THIERRY (Augustin). — Considérations sur l'histoire de France. Paris, 1 vol.

— Lettres sur l'Histoire de France. Paris, 1 vol.

TOURMAGNE. — Histoire de l'esclavage.

TURGOT. — Mémoire au Roy sur les six projets d'édits, dont un tendant à supprimer les jurandes. 1776.

VAVASSEUR. — Études historiques sur l'association. Paris, 1879.
VITAL-ROUX. — Rapport sur les jurandes et maîtrises. 1805.

WALLON. — Histoire de l'esclavage dans l'antiquité. 3 vol. in-8.
WEZEL (E.). — De opificio opificibusque apud veteres Romanos dissertatio prima. Berlin, 1881.

PRINCIPAUX TEXTES CITÉS DU CODE THEODOSIEN

Livre II, titre I, de juridictione.
— — t. IV, de denuntiatione vel editione rescripti.
— — t. VII, de delationibus.
Livre VIII, t. XVII, de jure liberorum.
Livre IX, t. XXXX, de pœnis.
Livre X, t. XIX, de metallis et metallariis.
— — t. XX, de murilegulis et gynæciariis et monetariis
et bastagariis.
— — t. XXII, de fabricensibus.
Livre XII, t. I, de decurionibus.
— — t. XIX, de his qui conditionem propriam reliquerunt.
Livre XIII, t. I, de lustrali collatione.
— — t. V, de naviculariis.
— — t. VI, de prædiis naviculariorum.
— — t. IX, de naufragiis.
Livre XIV, t. III, de pistoribus.
— — t. IV, de suariis, pecuariis, etc.
— — t. VII, de collegiatis.
— — t. VIII, de centonariis et et dendroforis
Livre XV, t. I, de operibus publicis.
— — t. V, de spectaculis.
— — t. VII, de scænicis.

DROIT ROMAIN

LES CORPORATIONS

ÉTUDE HISTORIQUE ET JURIDIQUE

PREMIÈRE PARTIE
HISTORIQUE DES CORPORATIONS

CHAPITRE PREMIER
PREMIÈRE ÉPOQUE : LES ROIS. — LES COLLÈGES SACERDOTAUX.

SECTION I. — ORIGINE DES CORPORATIONS.

§ 1.

Opinion de Gaius : origine grecque. — Influence de la législation
grecque sur la loi des XII Tables, laquelle accorde une grande
liberté aux associations. — Autres opinions : origine sabine, origine étrusque.

Les auteurs ne sont pas d'accord sur l'origine des
corporations romaines. Un texte de Gaius leur attribue une origine grecque (1). « On appelle *sodales*,
dit-il, les membres d'un collège ; les Grecs dési-

---

(1) Loi 4, Dig., *de Coll. et corpor.*, liv. 47, titre 22.

gnent celui-ci sous le nom d'*etaira* (hétairie). La loi (des XII Tables) (1) permet aux membres de se donner tels statuts qu'il leur convient — *pactionem quam velint*, — pourvu qu'ils n'aient rien de contraire à l'ordre public — *dum ne quid ex publica lege corrumpant.* »

Puis il cite un passage des lois de Solon, où il est traité de plusieurs communautés jouissant d'une grande liberté : « Pour toute association, soit la plèbe, soit les frères, soit ceux qui font des sacrifices ensemble, soit les marins, soit ceux qui mangent à la même table, soit ceux qui se font ensevelir dans le même sépulcre, soit les membres d'un même collège et tous ceux qui habitent ensemble, soit qu'ils fassent le commerce ou toute autre chose, — qu'ils règlent leurs affaires comme ils l'entendront ; ce qu'ils auront décidé sera bien, pourvu que les lois ne le défendent pas. »

Le jurisconsulte romain croit voir dans la loi des XII Tables une imitation de la loi de Solon. Telle est sa conclusion : « *Hæc lex videtur ex lege Solonis translata esse.* »

Malgré l'importance de ce texte et l'autorité de son auteur, il ne faut pas attribuer une origine grecque aux corporations romaines. La loi des XII Tables, d'après le passage cité, s'occupe, il est vrai, des

____

(1) Le passage cité est un fragment du Commentaire de Gaius sur la Loi des XII Tables (livre 4).

collèges ; mais lorsqu'il s'agit de Solon, Gaius n'affirme plus. Il voit une ressemblance, une imitation,
videtur translata esse. Ce rapprochement s'est fait
spontanément dans l'esprit de Gaius, qui voyait de
son temps les corporations jouir d'une certaine
liberté ; elles n'étaient pas encore asservies, pour
ainsi dire, et placées dans la situation lamentable où
nous les trouverons à la fin de l'Empire.

D'ailleurs, Gaius, à l'époque où il vivait, dans le
second siècle, ne pouvait avoir que des documents
bien incomplets sur les premiers temps de Rome,
presque légendaires déjà pour ses contemporains.

Il paraît probable que la législation grecque n'a
pas été étrangère à la rédaction 'de la loi des
XII Tables, et que celle-ci a imité sa devancière en
quelques minimes détails. Il était dans la croyance
populaire qu'une députation,'après la lutte des deux
ordres, avait été envoyée en Grèce, en l'an 300 de
Rome, pour en étudier la législation. Deux ans après,
les délégués, au dire des historiens, rapportaient les
lois d'Athènes : un Grec, exilé d'Éphèse, Hermodore,
les traduisait à l'intention des Romains qui, par
reconnaissance, lui élevaient une statue (1).

L'écrivain italien Vico contesta le premier la vé-
racité de ce fait que la critique historique moderne

_____

(1) Den. d'Hal., 10, § 54. — Cf. Cicér., *de Legibus*, liv. 2, §§ 23
et 25. — Loi 2, § 4, *in fine* ; Dig., liv. 1, t. 2, *de Orig. jur.* — Loi 13,
Dig., liv. 10, t. 1, *fin. reg.*

n'hésite pas à qualifier de légende; si la législation de la Grèce a pu avoir une certaine influence sur les premières lois de Rome, il n'en faut pas moins affirmer que le droit civil romain est un droit absolument originaire et original. Il est cependant incontestable que la mythologie et la littérature grecques eurent une grande influence sur la littérature latine, et que les écrivains romains ont toujours eu une tendance générale à donner une couleur hellénique aux origines du peuple latin.

Il n'est donc pas étonnant que Gaius ait rappelé la législation d'Athènes dans le fragment cité de son commentaire de la loi des XII Tables ; il a employé le même procédé dans un autre texte (1). Mais il n'a rien voulu résoudre quant à la question d'origine, et d'ailleurs cette citation, d'après Solon, est bien vague : le législateur athénien parle d'associations, de communautés qui n'ont qu'un lointain rapport avec les corporations de Rome, telles qu'elles furent organisées dès les premiers temps. L'esprit des deux législations était bien différent : à Athènes, le travail manuel était protégé et sagement réglementé ; à Rome, il fut toujours méprisé et l'État, en guise de protection, ne sut que lui imposer une lourde tutelle. Du temps de Solon, les Athéniens disaient : « Il n'y a ni art ni métier qui mette différence entre les hom-

____

(1) Dig., loi 4, liv. 47, t. 22. — Cf. loi 13, Dig., l. 10, t. 1.

mes…. Le commerce est fort honorable parce qu'il donne le moyen d'entrer en relations avec les nations voisines. » On sait les idées fausses qu'avaient les Romains en matière économique, et le sage Cicéron lui-même a pu écrire cette énormité : « Le salaire de l'ouvrier est un gage de servitude. Le marchand qui achète à vil prix et qui revend cher ne gagne que par le mensonge et par la fraude : c'est un métier peu délicat (1). »

Nous verrons plus tard le pourquoi de semblables conceptions.

Les seules corporations athéniennes qui soient connues, les sociétés d' «Éranistes», avaient un but sensiblement différent de celui des corporations ouvrières : c'étaient plutôt des sociétés de secours mutuels et de bienfaisance.

Certains commentateurs ont cru trouver chez les Sabins le modèle des corporations romaines ; d'autres, chez les Étrusques. Bref, les opinions les plus diverses ont été émises sur la question.

Le point capital, à notre avis, est d'éviter la confusion dans l'étude des multiples espèces d'associations qui existèrent à Rome. En suivant le développement de la civilisation, on voit en effet que les forces sociales cherchèrent toujours à se grouper : collèges sacerdotaux, corporations ouvrières, associa-

(1) Cic., *de Officiis*, I, 42.

tions de fonctionnaires, municipes, unions amicales
ou commerciales, etc.

§ 2.

Origine religieuse; nombreuses preuves. — Manifestations du culte
au sein des corporations. — Amour des Romains pour le
faste. — Luxe aux funérailles; part que les corporations prennent aux cérémonies funèbres. — Collèges funéraires; chrétiens.

Il faut admettre, avec la plupart des auteurs, que
les antiques collèges religieux ont eu une grande influence sur la naissance des autres corporations;
celles-ci sont issues de ceux-là, c'est le développement le plus rationnel. Le culte a été le lien principal qui réunît les individus; toutes les corporations
romaines, en effet, avaient un caractère religieux;
chaque association se place sous la protection d'une
divinité spéciale : à défaut de divinité connue, elle
honore un de ces êtres vagues que les Romains appelaient « génies ». Témoin les inscriptions :

> Genio collegii pavimentariorum.
> Genio collegii fabrum.
> Genio collegii centonariorum (1).

Aux premiers temps de Rome, l'idée religieuse
domine toutes les institutions; chaque unité sociale
a sa divinité protectrice; les parents et la *gens* sont
unis par le lien puissant des *sacra*. « Il faut voir

____

(1) Orelli, 1710, 1711, 4122. — *Corpus Berol.*, V, 7595.

quelle place la religion occupe dans la vie d'un Romain. Sa maison est pour lui ce qu'est pour nous un temple : il y trouve son culte et ses dieux. C'est un dieu que son foyer ; les murs, les portes, le seuil, sont des dieux ; les bornes qui entourent son champ sont encore des dieux. Le tombeau est un autel, et ses ancêtres sont des êtres divins.

« Chacune de ses actions de chaque jour est un rite ; toute sa journée appartient à sa religion. Le matin et le soir, il invoque son foyer, ses pénates, ses ancêtres ; en sortant de sa maison, en y rentrant, il leur adresse une prière. Chaque repas est un acte religieux qu'il partage avec ses divinités domestiques. La naissance, l'initiation, la prise de la toge, le mariage et les anniversaires de tous ces événements sont les actes solennels de son culte.

« Il sort de chez lui et ne peut presque faire un pas sans rencontrer un objet sacré ; ou c'est une chapelle, ou c'est un lieu jadis frappé de la foudre, ou c'est un tombeau ; tantôt il faut qu'il se recueille et prononce une prière ; tantôt il doit détourner les yeux et se couvrir le visage pour éviter la vue d'un objet funeste.

« Chaque jour il sacrifie dans sa maison, chaque mois dans sa curie, plusieurs fois par an dans sa *gens* ou dans sa tribu. Par-dessus tous ces dieux, il doit encore un culte à ceux de la Cité. Il y a dans Rome plus de dieux que de citoyens.

« Il fait des sacrifices pour remercier les dieux ; il en fait d'autres, et en plus grand nombre, pour apaiser leur colère. Un jour, il figure dans une procession en dansant suivant un rhythme ancien au son de la flûte sacrée. Un autre jour, il conduit des chars dans lesquels sont couchées les statues des divinités(1). Une autre fois c'est un *lectisternium ;* une table est dressée dans une rue et chargée de mets ; sur des lits sont couchées les statues des dieux, et chaque Romain passe en s'inclinant, une couronne sur la tête et une branche de laurier à la main (2).

« Il a une fête pour les semailles, une pour la moisson, une pour la taille de la vigne. Avant que le blé soit venu en épi, il a fait plus de dix sacrifices et invoqué une dizaine de divinités particulières pour le succès de sa récolte. Il a surtout un grand nombre de fêtes pour les morts (3), parce qu'il a peur d'eux (4). »

Pourquoi donc les corporations se seraient-elles tenues en dehors du mouvement général ? Elles avaient des temples, cela n'est pas douteux. Une inscription consacre le souvenir du « templum collegii fabrum et centonariorum regiensium (5) ». Le

____

(1) Sur la procession des *tensæ*, voy. Tite-Live, V, 41 ; — Suétone, Vespasien, 5 ; — Festus, éd. Müller, p. 364.

(2) Tite-Live, XXXIV, 55 ; XL, 37. — Pline, XXXII, 2, 10.

(3) Plaute, *Amphitryon*, II, 2, 145. — Ovide, *Fastes*, V, 421 et suiv.

(4) Fustel de Coulanges, *la Cité antique*, liv. III, ch. xvii.

(5) Orelli, 4133.

lieu de réunion des membres de la corporation, appelé ordinairement *schola* ou *curia*, avait un caractère religieux; ce qui le prouve, c'est qu'il était consacré par la cérémonie de la *dedicatio* (1).

Le culte de Mercure était confié à la corporation des marchands, *mercatores;* des collèges avaient été créés spécialement pour la célébration de fêtes religieuses ; ainsi les confréries d'augustales ou *seviri*, chargées d'honorer la mémoire d'Auguste par les jeux de carrefour. Les histrions et les scribes célébraient leur culte particulier dans le temple de Minerve, sur l'Aventin ; les dendrophores, chargés de la coupe et du transport des arbres, avaient un caractère si profondément religieux qu'on a de la peine à les distinguer d'un collège de prêtres.

Les manifestations ordinaires du culte pour les corporations étaient les banquets sacrés et les jeux. De même, la principale cérémonie du culte domestique était un repas qu'on appelait *sacrifice*. « Manger une nourriture préparée sur un autel, telle fut, suivant toute apparence, la première forme que l'homme ait donnée à l'acte religieux. Le besoin de se mettre en communion avec la divinité fut satisfait par ce repas auquel on la conviait, et dont on lui donnait sa part (2). »

(1) *Corpus Berol.*, III, 1174. — Orelli, 4088.
(2) Fustel de Coulanges, *la Cité antique*, liv. III, ch. VII.

La Cité offrait des repas de même nature en l'honneur des divinités tutélaires.

Les textes montrent que les banquets sacrés étaient très fréquents dans le sein des corporations, et qu'ils dégénéraient souvent en fêtes profanes. Ils entraînaient de grands frais, d'après le témoignage de Varron : « Collegiorum cœnæ innumerabiles excandefaciebant annonam (1). » Ils se donnaient le plus souvent à l'occasion d'un anniversaire, d'autres fois, lors de la dédicace du lieu consacré aux réunions, *schola, curia* (2).

Il faut croire que ces repas de corporation avaient lieu bien souvent, car l'édifice où l'on se réunit est quelquefois désigné sous le nom de « domus triclinii », la maison du festin (3).

Dans la célébration, sous prétexte de religion, de ces festins, de ces fêtes, — qui tournent quelquefois à l'orgie, comme les Bacchanales, — nous retrouvons le trait dominant du caractère romain : l'amour du plaisir et des spectacles. Dans toutes les manifestations de la vie sociale, le peuple romain étale son goût pour le faste. Nous restons étonnés devant la pompe déployée aux triomphes des vainqueurs ; les riches, à l'époque brillante des premiers Césars, n'oseraient se montrer dans les rues sans l'entourage

---

(1) Varron, *de Re rustica*, liv. III, § 2.
(2) Voir *suprà*, p. 9, la *schola, curia*. — Pline, *Épîtres*, liv. IV, 1.
(3) Orelli, 2417.

d'une nombreuse escorte ; les récits de Plutarque sur la magnificence des monuments de Rome peuvent donner une idée du luxe des Romains (1). Le premier temple de Jupiter Capitolin, qui avait été construit sous Tarquin, coûta une somme qui représente 2.514.500 francs de notre monnaie. Ce temple fut brûlé pendant les guerres civiles ; même sort était réservé à celui qui fut rebâti sur le même emplacement. Vespasien réédifia somptueusement le troisième qui fut aussi la proie des flammes, après la mort de ce prince, lors de l'incendie du Capitole (2). Sur le quatrième temple de Jupiter, élevé par Domitien, le traducteur de Plutarque, Amyot, s'exprime ainsi : « De cestuy, que nous voyons de notre temps, tous les biens du plus riche homme privé qui soit à Rome ne fourniraient pas à ce qu'en cousta la doreure seulement, laquelle monta à plus de sept millions deux cent mille escus. » Le texte grec dit 12.000 talents, ce qui fait 65.362.500 francs. D'ailleurs la dorure ne s'exécutait pas comme de nos jours : c'étaient de véritables feuilles d'or appliquées sur les ornements d'architecture.

Et il paraît, — toujours d'après Plutarque, témoin oculaire (3), — que la magnificence du Capi-

(1) Plutarque, *Vie de Publicola*, ch. 29, 30.
(2) *Ibid.*, ch. 28.
· (3) Plutarque avait ouvert à Rome une école où il traitait en grec divers sujets de philosophie, de littérature et d'érudition ; ces leçons forment le fond de l'ouvrage *Les œuvres morales.*

tole n'était rien à côté des richesses du palais de
Domitien (1) : galeries, portiques, étuves, apparte-
ment des concubines, tout était merveilleux. Dans
Tacite, on trouve également des descriptions du
Capitole et des constructions grandioses de Vespasien
et de Domitien.

Semblable déploiement de luxe aux funérailles.
Le citoyen puissant, pour se distinguer, même après
sa mort, pour occuper une dernière fois l'opinion
publique, réglait dans son testament le moindre détail de ses obsèques ; de là ces clauses de dernière
volonté insensées, que Papinien qualifie du mot d'*i-
neptæ* et auxquelles il ne reconnaît pas de valeur (2).
Il faut avouer qu'elles étaient souvent peu res-
pectées par les héritiers, avares ou négligents (3).
Le législateur fut obligé d'intervenir pour entraver
de tels abus qui étaient passés dans les mœurs. Ainsi
la loi Fusia Caninia, rendue en l'an 761 de Rome, res-
treignit le nombre des affranchissements par testament, affranchissements qui souvent n'avaient d'autre
but que de grossir la troupe du convoi du défunt. Il
était facile en effet de se montrer prodigue et généreux, lorsqu'on savait que ces générosités n'auraient
d'action qu'après la mort, aux dépens des héritiers
seulement.

(1) Plut., *Publicola*, ch. 30.
(2) Loi 113, § 5, Dig., *de Legatis,* I. — V. aussi loi 14, § 5, **Dig.,**
de Religiosis.
(3) Pline le Jeune, lettre X, liv. 6.

Quoi qu'il en soit de ces restrictions, les funérailles n'en restèrent pas moins un prétexte à spectacles : une véritable armée, joueurs de flûte, licteurs vêtus de noir, pleureuses, et même des comédiens et des bouffons,— précédant la foule des affranchis au bonnet phrygien, les parents et les invités, — formait le cortège funéraire du riche Romain (1). Souvent on voyait autour du lit de parade du mort et en son honneur une multitude d'autres lits funèbres, — et cela, malgré la défense de la loi : aux funérailles de Sylla on comptait plus de 6 000 lits (2),et à celles de Marcellus plus de 400.

C'étaient les images des ancêtres qu'on promenait ainsi ; les orgueilleuses familles patriciennes étalaient par ce moyen, aux yeux du peuple, leur puissance et leur ancienneté (3). Elles offraient aussi ordinairement, à la suite des funérailles, un grand banquet public. Faustus, fils de Sylla, en donna un en l'honneur de son père, comme fit César après la mort de sa fille (4).

Il faut croire que ces usages étaient bien dans les mœurs romaines, puisque, même aux premiers temps

(1) Horace, liv. I, ép. 7, vers 6. — Ovide, *Fastes*, VI, vers 655-660, 668. — Cicéron, *de Legibus*, 2, 24. —Festus, *Nænia*, liv. 12. - Suétone, *Auguste*, 100 ; — *Vespasien*, 19.

(2) Plutarque, *Vie de Sylla*, *in fine*.

(3) Cic., *de Oratore*, liv. 2, ch. 55, *in fine*. — Tacite, *Annales*, liv. 4, 9.

(4) Suétone, *César*, ch. 26.

de la République, l'on ne rencontre pas, dans la célébration des funérailles, la simplicité que les citoyens
affectaient dans tous les actes de la vie privée ou
publique ; l'austère Caton lui-même, qui n'était pourtant pas partisan des idées nouvelles de luxe, fit à
son frère des obsèques magnifiques. Plutarque raconte, dans sa Vie, qu'il y dépensa l'énorme somme
de huit talents, c'est-à-dire environ 40.500 francs de
notre monnaie.

Nul doute que les corporations n'aient attaché
aussi une grande importance à la célébration des
cérémonies funèbres. C'était peut-être pour certaines
le but principal de l'association ; beaucoup de corporations ouvrières se constituaient en collèges funéraires (1) : ce genre d'association, très modeste, se
proposait d'assurer aux membres défunts des funérailles convenables. Remarque curieuse. De nos
jours, les colons chinois implantés en Amérique
forment des associations analogues ; les Chinois tiennent avant tout à être enterrés dans leur patrie, et
de véritables convois de bateaux chargés de cercueils
partent périodiquement de San Francisco pour le
céleste Empire.

Ce genre d'association était très usité dans la classe
inférieure, et plusieurs inscriptions montrent que
l'usage s'en était répandu de Rome dans les pro-

(1) *Corp. Berol,* t. III, 3554, 3580, 3583. — Orelli, 2405, 2409,
2413, 4207, 5044, etc.

vinces. Voici une inscription caractéristique : « Julius Vitalis fabriciesis (lisez fabricensis) leg (ionis) XX v (alentis), v (ictricis) stipendiorum IX, annor. XXIX, natione belga, ex collegio fabricensium elatus h (ic) s (itus) e (st). — Julius Vitalis, armurier de la 20ᵐᵉ légion, légion puissante, victorieuse, âgé de 29 ans, comptant 9 années de service, Belge d'origine, enseveli aux frais du collège des armuriers, repose ici (1). »

Les chrétiens, au début, pour détourner les soupçons de l'autorité, et pour échapper aux prohibitions rigoureuses dont nous avons le témoignage dans la correspondance de Pline avec Trajan (2), se groupaient en *collegia funeralitia*.

§ **3.**

Culte rendu aux morts par les corporations ; les *Rosalia*. — Les corporations figurant aux solennités publiques.

Souvent les corporations avaient des lieux de sépulture commune ; elles célébraient les anniversaires de leurs bienfaiteurs, *natalia* ou *parentalia*, par des banquets solennels (3) à la suite desquels on allait porter sur les tombes des couronnes de myrthes et de roses, en y répandant des essences parfumées ; d'autres fois, on ornait le sépulcre de bandelettes de soie appelées *tæniæ* (4).

(1) Orelli, 4079.
(2) Pline jeune, liv. X, ép. 97, 98.
(3) Orelli, 4107.
(4) Cf. Tibulle, II, 4, vers 48.

Entre toutes les fêtes, les *Rosalia* étaient sans contredit les plus poétiques.

Le vendredi, jour de repos chez les Musulmans, — si tant est que cette race indolente distingue des jours de repos et des jours de travail, — les femmes vont porter des fleurs dans les cimetières ; elles se gardent de manquer à cette coutume, car elles ne sortent guère qu'à cette occasion. Regardez-les passer, toutes blanches dans l'enveloppement de leurs haïcks, par groupes de deux ou trois, le plus souvent accompagnées de suivantes nègres; elles entrent dans l'enclos consacré, déposent leurs fleurs sur les tombeaux des êtres chers, et, après quelques dévotions, commencent de longs babillages, tout en mangeant des friandises, — gâteaux au miel ou bananes; elles se sentent bien tranquilles, car à cette heure les hommes sont exclus du cimetière. Vous ne pourriez croire que le lieu d'où partent ces conversations et ces rires soit la demeure des morts si vous n'aperceviez, émergeant de la verdure, les pierres aux fines arabesques et les faïences de couleur qui décorent les tombes.

Ainsi, les matrones romaines, aux mœurs tout orientales (1), allaient, à l'issue du banquet sacré, —

(1) Nous n'employons pas le mot « orientales » à la légère : il est incontestable, d'après les témoignages de tous les historiens, que les Romains avaient une origine asiatique ; leurs mœurs et leur civilisation devaient forcément s'en ressentir. Si une partie de la population primitive était de race aborigène, c'est-à-dire latine, l'autre

et comme à une fête, — répandre des roses sur les sépulcres ; c'étaient là les touchantes et poétiques fêtes des *Rosalia* dont parlent les historiens.

« Annua constructo serta dabit tumulo », ainsi s'exprime le poète (1).

partie était d'origine étrangère : celle-ci se disait venue de Troie, avec Énée, dont elle avait gardé, avec le culte, les institutions. L'origine troyenne de Rome était une opinion reçue avant même que Rome fût en rapports suivis avec l'Orient ; le poème de Virgile n'est donc pas du domaine de la pure invention, le Romain se glorifia de bonne heure de l'épithète de *Trojugena*. (Tite-Live, XXV, 12 ; — XXXVII, 37 ; — XXIX, 12.)

Mais d'autres races encore se trouvèrent mêlées et associées, à Rome : des Grecs, des Sabins, des Étrusques. Les auteurs nous apprennent les liens de parenté de Rome avec la ville de Ségeste (Cic., *in Verrem*, IV, 33 ; — V, 47), avec l'île de Samothrace (Servius, *ad Œn.*, III, 12), avec les Péloponésiens (Pausanias, VIII, 43), enfin avec les Grecs en général (Strabon, V, 3, 5).

C'est surtout à la civilisation étrusque que les Romains firent des emprunts, non seulement en ce qui regarde le culte et la religion, mais pour une multitude de détails de la vie sociale. Or, la civilisation de l'Étrurie était, en grande partie, le résultat d'influences étrangères, grecques et orientales, lesquelles s'expliquent par des immigrations et par les relations de commerce. Les détails d'architecture des monuments découverts à Vulci ont un certain rapport avec ceux de l'ancienne Égypte ; dans les chasses que représentent certaines peintures et sculptures, par exemple à Chiusi, on voit des lions et des panthères, animaux étrangers à l'Italie, ou bien des images qui rappellent les sujets religieux de la Phénicie, de la Babylonie, de l'Assyrie et de la Perse, telles que divinités à quatre ailes, chimères, sphinx, taureaux ailés, monstres marins ; certains vases étrusques portent des inscriptions en caractères phéniciens ; d'autres peintures reproduisent des usages asiatiques, tels que des danses de femmes rappelant celles des almées d'aujourd'hui. Enfin les costumes des prêtres et des magistrats à Rome, transmis par les Étrusques, ressemblaient aux costumes des prêtres de la Syrie et de la Perse.

(1) Tibulle, II, 4, 48.

2

Voici une inscription curieuse sur cette coutume :

« L. Ogius Patroclus, secutus pietatem collegii centonariorum, hortos cum ædificio huic sepulturæ
juncto vivos (lisez vivus) donavit, ut ex reditu eorum
largius *rosæ* et *escæ* patrono suo et quandoque sibi
ponerentur (1). »

La corporation des *fabri*, à Emona, recueille un
legs à elle adressé *uti rosas carnariis ducant.*

Nombre de textes montrent que l'accomplissement de ces cérémonies funéraires était assuré par
des dons et des legs, en un mot par des fondations
de différente nature ; les inscriptions aux mânes des
bienfaiteurs des corporations le confirment (2).

Les corporations ouvrières prenaient aussi leur
part des grandes fêtes de la Cité ou de l'État, dans
lesquelles chacun paraissait à côté des siens, rangé
sous la bannière commune et paré de ses insignes ;
les membres des corporations, ou au moins leurs
chefs, avaient des places spéciales au cirque et à
l'amphithéâtre ; il en était ainsi notamment dans les
villes du midi de la France, pour les mariniers de
la Saône et du Rhône. Quand Gallien se rendit
triomphalement au Capitole pour remercier les
dieux d'une victoire qu'il n'avait pas remportée, un
immense cortège l'accompagnait ; derrière les séna-

____

(1) Orelli, 4070. Voir aussi *ibid.*, 4084 ; — *Corp. Berol.*, t. V, 2176,
2315, 4990.

(2) *Corp. Berol.*, III, 3583.

teurs, les chevaliers, les pontifes et les victimes destinées à être immolées dans le cirque ou au pied
des autels, venait le peuple. On voyait briller cinq
cents lances à la hampe dorée, et cent bannières,
appartenant aux diverses corporations, flottaient au
vent, au milieu des étendards des temples et des
enseignes de toutes les légions (1). De même, au
triomphe d'Aurélien, figuraient les drapeaux et
vexilla des collèges (2).

En Gaule, où les corporations avaient des étendards comme celles de Rome, les habitants d'Autun,
voulant recevoir dignement Constantin qui venait
visiter leur ville saccagée peu de temps auparavant
par les Bagaudes, décorèrent leurs rues avec les
rares tentures qui avaient échappé au pillage, et
sur le chemin que devait suivre le prince ils éta-
lèrent les bannières, les ornements des corporations,
et les statues de tous les dieux (3).

D'après le récit de Dion Cassius, les *vexilla* des
corporations parurent aussi à la pompe funèbre
ordonnée par Septime Sévère en l'honneur de Pertinax (4).

Les corporations, qui figuraient si souvent, comme
on vient d'en voir des exemples, dans les solennités

(1) Pollion, *Gallien*, ch. 8.
(2) Fl. Vopiscus, *Aurélien*, **34**.
(3) Eumen., *Gratiarum act.*, ch. 8.
(4) Dion Cassius, liv. 74, ch. 4.

publiques, prenaient part aux *Feralia*, ces grandes
fêtes destinées à apaiser les mânes (1) et dont la
célébration intéressait la Cité à un si haut degré.
Ovide raconte qu'une guerre ayant fait oublier les
Feralia, une terrible épidémie sévit sur Rome; les
morts sortirent de leurs tombeaux et n'y rentrèrent
qu'après la célébration des sacrifices d'usage et des
cérémonies prescrites (2).

SECTION II. — LA RELIGION ET LES COLLÈGES SACERDOTAUX.

§ 1.

Caractère religieux des corporations en général. — A l'origine, la
religion est liée intimement au gouvernement de l'État, et à
maintes affaires privées. — Influences étrusques.

Telles étaient les manifestations du culte dans la
vie intérieure et extérieure des corporations. Nous
nous rendons compte ainsi du caractère religieux
qu'elles portaient en elles, et nous sommes amenés
tout naturellement à étudier les collèges sacerdotaux qui, les premiers en date, influèrent sur la formation des autres communautés.

A l'origine de Rome, la religion se lie intimement
au gouvernement des affaires de l'État; le droit
sacré, qui n'est qu'une branche du droit politique,

(1) Cic., *de Legibus*, 2, 21 ; — Ovide, *Fastes*, l. II, vers 570 ; —
Festus, v° *Feralia*, liv. 6.

(2) Ovide, *Fastes*, l. 2, vers 548 s.

non seulement règle les rites des cérémonies, la
nomination et les fonctions des prêtres, mais encore
trace le rôle de la religion dans tous les actes de la
vie publique ou privée.

Le peuple n'eût voulu se lancer dans aucune entreprise importante sans avoir immolé des victimes aux
dieux et sans avoir consulté les augures ; souvent les
décisions capitales de l'État étaient subordonnées à
l'approbation sacerdotale : ainsi le collège des
Féciaux avait un pouvoir souverain en matière diplo-
matique. Quant aux actes privés des Romains, on
les trouve empreints du même caractère religieux.
« Ce fut là que les citoyens puisèrent cette foi inviolable du serment, ce respect des choses sacrées, la
vénération des tombeaux, le culte de leurs lares et
de leurs dieux domestiques : culte qui, avec l'obligation aux sacrifices qu'il entraînait — *sacra privata*
— se transmettait dans les familles comme une partie
de l'hérédité, et qui devait rester éternel (1). »

      Ritus familiæ patrumque servanto (2).
      Sacra privata perpetuo manento (3).

Si, dans la constitution de la nation romaine,
l'élément latin eut l'avantage du territoire et l'élément sabin celui de la force et de l'indépendance,
l'élément étrusque eut l'avantage incontesté de la

(1) Ortolan, *Législ. rom.*, t. I, n° 40.
(2) Cic., *de Legibus*, liv. 2, § 8.
(3) *Ibid.*, § 9.

civilisation et des institutions politiques et religieuses (1). ʿLes rituels des étrusques, qui traitent non moins de droit public que de culte et de religion, sont là pour en faire foi (2).

Il est à remarquer que les Romains n'ont jamais été des oppresseurs en matière religieuse : ils avaient des idées très larges à ce point de vue et n'ont jamais persécuté dans leurs convictions les peuples soumis. Si les Romains ont toujours fait preuve d'une vénération sans bornes pour leur propre religion, c'est un peu parce qu'elle était un moyen de gouvernement, — en un mot, parce qu'ils voulaient qu'elle restât la religion « nationale ». Mais il est facile de constater qu'ils ne se montrèrent à aucune époque exclusifs et intolérants : au contraire, ils accordèrent volontiers droit de cité aux dieux étrangers. En effet, avec ses conquêtes, Rome vit ses dieux se multiplier ; elle renferma petit à petit ceux de tous les peuples qu'elle avait vaincus. Une ville était-elle détruite, le général romain conjurait ses divinités tutélaires de l'abandonner, de venir à Rome, où elles auraient des autels et un culte. Scipion ne manqua pas d'adresser cette prière aux dieux de Carthage, et l'on nous a conservé la for-

____

(1) Voir note sur l'influence de la civilisation étrusque, page 17.
(2) Voir Festus, v° *Rituales*, liv. 16. — Labéon a fait de ces Rituels étrusques un commentaire en quinze volumes qui ne nous est pas parvenu.

mule qui probablement était consacrée : « S'il est un dieu, une déesse qui protège les Carthaginois et leur cité, et toi, Dieu grand, qui as pris sous ta tutelle cette ville et son peuple ! je vous prie, je vous conjure, je vous supplie d'abandonner le peuple et la cité, de quitter leurs demeures, leurs temples, leurs choses sacrées, leur ville ; de vous retirer d'eux, de, jeter parmi eux l'épouvante, la terreur, l'oubli : venez à Rome, avec moi et les miens ; choisissez nos demeures, nos temples, nos choses sacrées, notre ville ; présidez au peuple romain, à mes soldats et à moi ; donnez-nous le savoir et l'intelligence. Si vous cédez à mes prières, je fais vœu de vous offrir des temples et des jeux (1). »

§ 2.

Fondation des premiers collèges de prêtres par Romulus.— Mépris
du travail manuel dès l'origine de Rome. — Augures, Aruspices,
Frères Arvals.

Les prêtres étaient organisés en collèges dont le roi était le premier magistrat. Leurs fonctions furent d'ailleurs toujours, chez les Romains comme chez les Étrusques, considérées pour la plupart comme des charges civiles ; seulement, pendant longtemps, elles furent le privilège exclusif des patriciens. D'une manière générale, on peut dire des collèges de prêtres qu'ils étaient plutôt des cénacles de théologiens

(1) Macrobe, *Saturnales*, 3, 9.

et de jurisconsultes que des confréries religieuses : ils avaient pour mission de fixer la tradition religieuse et d'éclairer l'autorité publique sur ses devoirs envers les dieux.

Romulus fonda les premiers collèges sacerdotaux (1); mais il est à remarquer que les plus importants, tels que les Pontifes et les Féciaux, ne furent institués que par Numa.

Romulus ne s'occupa pas de l'organisation du travail; il ne pouvait être question alors de corporations d'artisans; le premier roi de Rome n'avait d'autre souci que d'étendre ses conquêtes, et le petit noyau d'aventuriers qu'il avait groupés autour de lui au début ne songeait qu'à s'affermir par la force des armes sur le territoire occupé. Le travail manuel fut laissé aux esclaves et aux étrangers; Romulus ne voulait pas que les citoyens s'y adonnassent, parce que c'eût été une occupation vile, indigne d'eux : tel est le récit de Denys d'Halicarnasse.

D'ailleurs, à toutes les époques, les arts manuels furent souverainement méprisés chez le peuple romain; c'est un sentiment qui ne fera que s'accentuer à mesure que Rome deviendra plus puissante et qu'elle étendra son immense domaine. Il y a là un des aspects les plus originaux de la vie sociale de la nation latine, et les conséquences multiples, sur les

(1) Macrobe, *Saturnales*, 1, 12.

destinées de Rome, de cette antique conception économique furent énormes.

Parmi les collèges sacerdotaux qui subsistèrent
jusqu'à l'avènement du christianisme, dans l'Empire (1), on doit à Romulus la fondation des Augures,
des Aruspices, et des frères Arvals.

Inutile de s'arrêter sur les fonctions du collège des
Augures qui devaient être consultés avant toute
entreprise importante et qui, d'après le chant et le vol
des oiseaux, déclaraient si, les dieux étant ou non
favorables, l'affaire devait être ou non poursuivie.
Le point intéressant, c'est le pouvoir sans limites
que ce collège avait dans la gestion de la Cité (2);
nous le voyons, dans le courant de l'histoire, dissoudre des assemblées, empêcher des combats, parce
que les auspices sont contraires. Aussi, pendant près
de cinq siècles, les patriciens se réservèrent l'augurat,
— jusqu'au moment où ils furent obligés d'admettre
pour collègues des plébéiens consulaires.

Romulus et ses successeurs nommaient les dignitaires de ce sacerdoce; ils étaient augures eux-mêmes. A la fin de la République, lorsque le droit sacré
a perdu une partie de son influence sur le droit pu-

(1) Et cependant jusqu'à Gratien en 375, les empereurs continuent
à revêtir les insignes de pontificat.

(2) « Nihil publice, sine auspiciis, nec domi nec militiæ, gerebatur. » (Cic., *de Divinatione*, I, 2.)

« Apud antiquos, non solum publice, sed etiam privatim, nihil
gerebatur sine auspicio prius sumpto. » (Val. Max. II, 2, 1.)

blic, c'est d'abord le collège lui-même qui élit ses membres, puis cette prérogative passe aux comices; nous savons que Cicéron se mit au rang des candidats. Mais, même à cette époque, le collège des Augures est toujours intimement lié à l'administration de l'État, et sa mission est toujours d'interroger les auspices avant les décisions graves.

Le collège des Aruspices a un rôle analogue; ces prêtres sont consultés avant les entreprises d'importance. Leur science consiste dans l'interprétation des coups de foudre (1), dans l'observation des entrailles des victimes, et dans les prédictions d'après ces divers signes. Cicéron raconte que les Étrusques étaient renommés pour l'explication des phénomènes et prodiges célestes; le Sénat finit par décréter que six enfants, choisis parmi les premières familles patriciennes, seraient envoyés en Étrurie pour y être instruits en cette science (2). Il dit ailleurs : « Les prodiges célestes seront déférés aux Étrusques et aux Aruspices (3). »

Le collège des Arvals était essentiellement religieux; il était attaché au culte de Cérès, c'est-à-dire que Romulus l'avait institué pour offrir des sacrifices à la déesse et la rendre ainsi favorable aux biens de la terre. Il avait voulu, en outre, par la

---

(1) D'où leur nom de « Fulgurateurs ».
(2) Cic., *de Divinatione*, liv. 1, § 41.
(3) Cic. *de Legibus*, liv. 2, ch. 9.

création de ce corps, consacrer le souvenir de sa nourrice, Acca Laurentia, dont les onze fils furent les premiers Arvals, — d'où leur nom de « frères » ; le roi était le douzième membre (1).

§ 3.

Le collège des pontifes est au sommet de la hiérarchie sacerdotale. — Les sépultures se font sans l'intervention des ministres du culte. — Pouvoirs des pontifes; fixation du calendrier, jours fastes et néfastes. — Livres des Fastes.

Il y eut trois collèges sacerdotaux prépondérants, à Rome : les Pontifes, les Augures et les Féciaux. C'est pendant le règne de Numa seulement que furent créés les Pontifes et les Féciaux (2).

Le collège des Pontifes était placé au sommet de la hiérarchie sacerdotale ; il était vraiment le gardien de la religion; c'est lui qui était chargé de veiller à la stricte observation des rites sacrés, qui dirigeait toutes les cérémonies du culte, qui indiquait les jours de fête. Les Pontifes étaient de véritables juges en matière de juridiction religieuse; leur président, le grand Pontife, *pontifex maximus*, avait un tribunal où il rendait des sentences sur toutes les

(1) Les sculptures et les médailles antiques représentent les frères Arvals la tête nue, avec une couronne d'épis nouée de bandelettes.

On a découvert en 1778 des tables de marbre sur lesquelles était gravé un chant qu'on attribue aux Arvals. C'est le plus ancien monument de la langue latine; il est au musée du Vatican.

V. Egger. *Latini vet. serm. reliquiæ*. (Paris, 1844.)

(2) Plutarque, *Numa*, ch. 16, 21.

affaires qui étaient liées à la religion, c'est-à-dire sur la plupart des affaires publiques et sur maintes affaires du domaine privé, comme les sépultures, le culte intérieur des *sacra*, les adoptions.

En ce qui touche les sépultures, il y a une remarque curieuse à faire sur les mœurs romaines : la religion ne prenait aucune part officielle aux funérailles. Les Pontifes, en tant que gardiens supérieurs du culte, veillaient à l'observation rigoureuse de toutes les cérémonies funèbres, — et l'on sait quelles conséquences funestes la moindre irrégularité dans les formalités de la crémation ou de l'inhumation aurait entraînées pour la destinée du défunt dans l'autre vie ; — mais ils n'y jouaient pas un rôle actif et direct, comme les ministres du culte dans les religions modernes.

Pourquoi donc les funérailles s'accomplissaient-elles sans le concours des prêtres romains? C'était pour ne pas souiller ceux-ci par le contact du cadavre : la simple vue du mort était une souillure.

Pourtant, sous la République, on voit parfois le grand Pontife prononcer une oraison funèbre, *laudatio funebris ;* or, cet honneur suprême, rendu au forum, exigeait la présence du mort ; il fut admis alors que, la face de celui-ci étant recouverte d'un voile, le prêtre échapperait à la souillure.

Si dans le principe il était dans les mœurs de ne célébrer les funérailles que la nuit, c'était surtout pour ne pas exposer les prêtres et les magistrats au contact impur des morts.

« L'office des Pontifes, dit Plutarque, est encore de montrer à ceux qui en ont affaire tous les droits, us et coustumes des sépultures... Sur toutes les autres (déitez soubterraines), ilz ont en singulière révérence la déesse qu'ilz appellent *Libitina*, comme celle qui est superintendente et conservatrice des droits des morts, soit *Proserpine* ou bien Vénus, ainsi que les plus sçavans des Romains estiment, qui non sans cause attribuent la supériorité de ce qui concerne le commencement et la fin de la vie des hommes à une mesme puissance de la divinité (1)... »

La déesse dont parle Plutarque avait un temple où se faisait la déclaration des décès, par-devant un corps de véritables officiers de l'état civil, les *libitinarii*. Il est vrai qu'ils cumulaient ces fonctions avec celles d'entrepreneurs des pompes funèbres, s'occupant de régler pour le compte des particuliers tous les détails des funérailles ; ils étaient aidés en cela par un nombreux personnel d'esclaves (2).

A l'origine, le collège des Pontifes n'était composé que de quatre membres, y compris le *pontifex maximus* qui était le roi ; et il était fermé aux plé-

---

(1) Plut. *Numa*, ch. 20, trad. Amyot.

(2) Loi 5, § 8, Dig., liv. 14, t. 3. — Ce qui démontre bien que le nom de Vénus Libitine éveillait une idée funèbre, c'est que, dans les amphithéâtres romains, la porte par laquelle on enlevait les gladiateurs tués ou blessés s'appelait porte de Libitine.

béiens. C'était le collège lui-même qui élisait les nouveaux titulaires, tous nommés à vie. Après l'abolition de la royauté, les plébéiens pourront en faire partie, le nombre des membres sera porté à huit, et la dignité de pontife sera obtenue à l'élection dans les tribus et confirmée par une loi curiate (1).

Mais les empereurs reprendront le titre de grand Pontife : après la mort de Lépide, dernier *Pontifex maximus* élu sous la République, Auguste se fit conférer cette dignité, et tous ses successeurs l'imitèrent, jusqu'à l'empereur chrétien Gratien qui la refusa comme incompatible avec la foi nouvelle.

La fonction la plus importante du collège des Pontifes au point de vue politique, — du moins jusqu'au larcin de Caius Flavius, en l'an 447 de Rome, — était la fixation du calendrier et la détermination des jours fastes et néfastes. En cette matière, les Pontifes avaient tout pouvoir, le plus grand arbitraire leur était laissé : de là encore, prépondérance des patriciens dans le droit public et le droit privé, même pendant la République. C'étaient les Pontifes qui fixaient, comme bon leur semblait, les jours de

___

(1) Même à cette époque, le grand Pontife continue à habiter la *Regia*, l'ancienne demeure des rois sur la Voie Sacrée, entre le Forum et le temple de Vesta. C'est là que réside aussi le Roi des sacrifices, nouvelle dignité créée après la chute des rois qui avaient toujours rempli le rôle de sacrificateurs. Le Roi des sacrifices, de famille patricienne, était nommé à vie par les collèges des Pontifes et des Augures réunis.

fêtes, les jours *comitiales*, c'est-à-dire ceux où les comices pouvaient se réunir, et enfin les jours où le magistrat pouvait exercer sa juridiction, où il lui était permis de prononcer les mots sacramentels DO, DICO, ADDICO : d'où l'appellation de jours fastes (*fari licet*) ou néfastes (*fari non licet*) (1). De cet arrangement arbitraire dépendait aussi la durée des magistratures.

Numa avait institué cette division toute politique du temps pour avoir un moyen d'empêcher les comices de se tenir, quand il y aurait danger ; ils ne pouvaient se réunir en effet un jour néfaste, et comme les Pontifes avaient la garde secrète du calendrier, il leur était toujours possible de dénoncer, quand il le fallait, un jour néfaste.

Par dérivation, on appela « Livres des Fastes » ceux qui contenaient la description de l'année tout entière : « Fastorum libri appellantur, in quibus totius anni fit descriptio (2). » C'était la chronologie des magistrats supérieurs et des événements les plus importants, en un mot une espèce d'abrégé des

---

(1) Varron, *de Ling. lat.*, liv. 6, § 4 : « Dies *fasti* per quos prætoribus omnia verba sine piaculo licet fari. » — Dies *nefasti*, per quos dies nefas fari prætorem : DO, DICO, ADDICO ; itaque non potest agi. »

Ovide, *Fastes*, liv. 1, vers 47 et 48 : « Ille nefastus erit per quem *tria verba* silentur ; fastus erit, per quem lege licebit agi. »

Macrobe, *Saturnales*, liv. 1, ch. 16.

(2) Festus, v° *Fastorum*, liv. 6.

grandes Annales (1). Quant à ces dernières, c'était le grand Pontife qui était chargé de leur rédaction : il consignait les événements principaux de chaque année sur l'*album*, table de chêne blanche, exposée pour le peuple à l'extérieur de sa demeure. Ainsi ont été formées les grandes Annales du peuple romain, source précieuse à laquelle ont souvent puisé les historiens et les écrivains latins (2).

§ 4.

Collège des Féciaux; attributions diplomatiques; déclaration de
  guerre. — Flamines et Saliens. — Quindécemvirs; livres sibyllins. — Epulons; festins et jeux publics. — Collèges religieux
  inférieurs; corps des Luperques.

Une des institutions les plus originales du règne de Numa est celle du collège des Féciaux, corps de prêtres ou, plus exactement, de hauts fonctionnaires religieux qui avaient des attributions politiques au premier chef. Ils tranchaient tous les différends de droit international (3).

La fondation est-elle de Numa lui-même, de Tul-

(1) Voir les *Annales magistratuum et provinciarum S. P. Q. R.*, de Pighius.

(2) Cic., *de Oratore*, liv. 2, § 12 : « Ab initio rerum Romanorum usque ad P. Mucium, pontificem maximum, res omnes singulorum annorum mandabat litteris pontifex maximus, efferebatque in album, et proponebat tabulam domi, potestas ut esset populo cognoscendi; ii, qui etiam nunc Annales Maximi nominantur. »

Voir aussi F. de Coulanges, *la Cité antique*, liv. 3, ch. 8 : les Rituels et les Annales.

(3) Plut., *Numa*, ch. 21.

lus Hostilius ou d'Ancus Martius? Les historiens romains ne sont pas d'accord; un point certain, c'est que ce dernier roi donna aux Féciaux un code qu'il emprunta aux Équicoles, et d'ailleurs divers témoignages nous apprennent que des institutions analogues existaient chez les divers peuples italiques, comme les Albains, les Falisques d'Étrurie, les Samnites (1).

Les attributions du collège des Féciaux étaient multiples; tout d'abord, il avaient l'importante mission de déclarer les guerres, et nous verrons dans quelles formes curieuses.

Ils étaient les médiateurs des traités, et en juraient l'observation; ils jugeaient souverainement s'il y avait lieu de conclure une paix ou une trêve; ils en étaient les rédacteurs, d'après les formules sacramentelles et les règles rigoureuses contenues dans le code spécial. Ils connaissaient aussi des insultes faites aux ambassadeurs de l'une ou l'autre nation.

Cicéron résume en quelques mots le rôle de ces prêtres : « Fœderum, pacis, belli, induciarum oratores, fetiales judices duo sunto ; bella disceptanto (2). »

Il y avait des rites prescrits pour chaque sorte de négociation; la déclaration de guerre était l'acte le plus solennel. L'un des Féciaux se rendait, comme

____

(1) Tite-Live, liv. 1, §§ 24 et 32; liv. 8, § 39.
(2) Cic., *de Legibus*, liv. 2, ch. 9.

député, à la frontière du peuple avec lequel Rome était en litige; il avait la tête couronnée de verveine, la plante sacrée qui le rendait inviolable. Les rois, plus tard les consuls, lui remettaient cette fleur après l'avoir cueillie eux-mêmes dans l'enceinte de la citadelle du Capitole, où on la cultivait.

Le Fécial franchissait la limite de l'étranger et, prononçant les paroles consacrées, demandait réparation des griefs causés. La réponse devait être rendue dans les trente-trois jours. Le Sénat décrétait si la guerre devait avoir lieu. Si oui, l'un des membres du collège des Féciaux retournait à la frontière ennemie, et, lançant contre elle une javeline teinte de sang, faisait la déclaration solennelle de guerre : « Puisque cette nation s'est permis contre le Peuple romain d'injustes agressions, puisque le Peuple romain a ordonné la guerre contre elle, puisque le Sénat a proposé, décrété, arrêté cette guerre, moi, au nom du Peuple romain, je la déclare et commence les hostilités (1). » Mais « si d'adventure ces Fécialiens s'opposoient ou ne vouloient consentir à l'ouverture d'une guerre, en ce cas, il n'étoit loisible ny à homme privé, ny au roy mesme, mouvoir les armes... (2). »

Dans la suite des temps, nous ne trouverons plus que les formes de ces actes; il en sera de même

(1) Tite-Live, liv. 1, § 32. — Aulu-Gelle, liv. 16, ch. 4.
(2) Plut., *Numa*, ch. 21, trad. Amyot.

pour toutes les institutions primitives de la législation romaine.

Le Fécial ne sera plus obligé de faire un long voyage pour accomplir sa mission : à l'extrémité du cirque, près du temple de Bellone, est un espace réservé nommé « la terre ennemie ». Lorsqu'il y aura une guerre à déclarer, c'est là que le Fécial se rendra en grande pompe ; adossé à la petite colonne dont parle Ovide, il lancera sa javeline contre le sol. La fiction suppléera ainsi à la réalité (1). Il faut lire dans le poète le passage auquel il est fait allusion :

> « Prospicit a templo summum brevis area circum :
>   Est ibi non parvæ parva columna notæ.
> Hinc solet hasta manu, belli prænuntia, mitti,
>   In regem et gentes quum placet arma capi........ »

La composition intérieure du collège des Féciaux rappelle celle du collège des Pontifes : vingt membres, nommés à vie, pris dans les premières familles patriciennes. Nous voyons encore comment la classe aristocratique put conserver pendant plusieurs siècles la prépondérance dans la gestion des affaires publiques.

L'institution des Féciaux existait encore sous les Antonins ; elle dura donc autant que la religion païenne.

Numa créa encore des collèges de Flamines et le

(1) Ovide, *Fastes*, liv. 6, vers 205 et s.

collège des prêtres Saliens (1). L'expression « Flamine » était un terme générique qui désignait les ministres d'une divinité chez les Romains ; ainsi, les Saliens étaient flamines de Mars, et quand on eut pris l'habitude de diviniser les empereurs, chacun de ces dieux nouveaux eut son, ou ses Flamines.

Ce prince institua spécialement le collège de trois Flamines majeurs ; le premier était le Flamine Dial, Flamine de Jupiter, qui remplaçait le roi dans la célébration des sacrifices. Il ne devait jamais quitter la ville ni passer une seule nuit hors de Rome ; en compensation de cette privation presque complète de liberté, le Flamine Dial jouissait des plus grands honneurs.

Les deux autres Flamines, Martial et Quirinal, étaient attachés au culte de Mars et à celui de Quirinus ou Romulus. Leur situation était à peu près la même que celle du Flamine Dial ; à partir d'Auguste, ces trois prêtres recouvrèrent en partie leur liberté.

Quant au collège des Saliens, il fut créé uniquement dans un but religieux ; c'est à lui qu'était confiée la garde du fameux bouclier, *ancile*, tombé du ciel aux pieds de Numa pendant un sacrifice. La nymphe Égérie lui révéla que le salut de Rome, alors ravagée par une maladie pestilentielle, était attaché à ce bouclier. De là, Numa en fit faire onze semblables, pour que les voleurs ne pussent distinguer le

(1) Plut., *Numa*, ch. 23.

vrai, et il les déposa dans le temple de Mars, sous la protection des douze Saliens (1). Les boucliers étaient montrés au peuple une fois par an, et c'était l'occasion de processions et de grandes fêtes qui duraient quatorze jours, nous disent les historiens.

« Au mois de mars, les Saliens vont sautelans par toute la ville, portans ces boucliers en leurs bras, vestus de hoquetons rouges, et ceints par-dessus de bauldriers plats et larges de cuivre, ayans sur leurs testes des armets de cuivre aussi, et frappans contre leurs boucliers avec des courtes dagues qu'ilz portent en leurs mains. Au demourant, tout leur bal consiste au mouvement de leurs pieds, car ilz se remuent plaisamment, faisans plusieurs tours et retours d'une mesure soudaine, avec force et agilité grande (2). » C'est alors que les Saliens chantaient ces cantiques, hymnes au sens mystérieux dont ils comprenaient à peine eux-mêmes les termes ; mais la religion défendait d'y rien changer, soit les paroles, soit surtout le rythme (3). La prière que les ancêtres avaient transmise avec des formules déterminées n'eût plus été écoutée par les dieux, si elle avait subi la moindre modification : c'est là d'ailleurs le caractère essentiel de la religion païenne, dans toutes ses manifestations.

(1) Plut., *Numa*, ch. 23, trad. Amyot.
(2) *Ibid.*
(3) « Saliorum carmina, vix sacerdotibus suis intellecta, mutari vetat religio et consecratis utendum est. » (Cf. Quintilien, I, 11.)

L'on trouve aussi, à Rome, un collège de prêtres nommés les Quindécemvirs, *Quindecemviri sacris faciundis*. Ils étaient spécialement chargés de la conservation des livres sibyllins. Ces livres ou oracles (1), composés par la sibylle d'Érythrée, furent remis par elle à Tarquin le Superbe qui les cacha dans un caveau du temple de Jupiter Capitolin, et qui commit à leur garde deux prêtres de la classe des patriciens (*duumvirs*). A la fin du ive siècle de Rome, on voit leur nombre porté à dix, dont la moitié pris dans la plèbe (*decemvirs*) (2), puis aux derniers temps de la République, à quinze membres (3).

Ces prêtres, élus à vie dans les comices par tribus,

(1) La croyance populaire était qu'ils contenaient les destinées du peuple romain. Au viie siècle de Rome, ils périrent dans l'incendie du Capitole, mais ils furent reconstitués sur l'ordre du Sénat. Auguste les plaça dans le temple d'Apollon, sur le mont Palatin.

(2) Il ne faudrait pas confondre ces « décemvirs » avec les magistrats qui furent chargés de rédiger les XII Tables. L'expression « décemvirs » fut employée aussi pour désigner un corps judiciaire qui avait pour mission de seconder le préteur urbain (*decemviri litibus judicandis*); il existait aussi des décemvirs coloniaux, magistrats temporaires élus pour aller fonder une colonie.

Les Romains avaient coutume de désigner certains corps par leur nombre : ainsi les *Seviri*, prêtres des Lares-Augustes, les *Septemviri* dont nous parlons plus loin, qui présidaient aux banquets sacrés. C'est par la désignation de leur nombre, *triumvirs*, que l'histoire a consacré le souvenir des hommes puissants qui s'unirent à deux reprises, et dont les efforts devaient aboutir au triomphe de César et à celui d'Octave-Auguste. Bien des magistrats, d'ailleurs, portèrent le nom de triumvirs.

(3) Les historiens rapportent que pendant les guerres civiles on comptait jusqu'à soixante membres faisant partie de ce même collège.

avaient pour unique mission d'interpréter les livres sibyllins, et seulement dans les circonstances graves, lorsque des malheurs menaçaient la nation. Et comme ces oracles étaient rédigés en vers grecs, obscurs, le collège des quindécemvirs trouvait toujours des explications appropriées à tous les événements.

Là encore, nous voyons que les collèges sacerdotaux à Rome avaient un rôle non moins politique que religieux, et qu'ils étaient étroitement liés au gouvernement de l'État. Il n'y avait pas alors de démarcation bien définie entre le magistrat et le ministre du culte. Ainsi, en ce qui regarde les quindécemvirs, nous les voyons présider aux jeux séculaires, fête essentiellement nationale à la célébration de laquelle le peuple attachait une importance capitale sur les destinées de Rome.

Un mot enfin sur le collège des Épulons, qui sont connus aussi sous le nom de Septemvirs Épulons, parce que, de trois qu'ils étaient au début, sous la royauté, ils furent portés à sept à la fin de la République. (Cic., *de Oratore*, III, 19.) « Pontifices veteres, propter sacrificiorum multitudinem, tres viros epulones esse voluerunt... ut illud ludorum epulare, sacrificium facerent. » Conf. Tite-Live, XXV, 2 ; XXVII, 36 ; XXIX, 38 ; XXXIII, 42 ; XXXIX, 46. Avant la création de ce corps sacerdotal, c'étaient les Pontifes qui présidaient aux festins solennels offerts aux dieux

ou au peuple (1) : ce rôle fut dévolu aux Septemvirs
qui avaient aussi la mission de veiller à la régularité
des jeux publics, — et ce n'était pas une sinécure,
car l'on sait la place qu'occupaient les jeux dans la
société romaine, et combien ils étaient fréquents.
L'honneur de présider aux réjouissances publiques
était une véritable charge pécuniaire ; les prêtres ou
magistrats revêtus de cette dignité déployaient toute
la magnificence possible, par amour-propre et par
émulation, dans le but d'être agréables au peuple, et
ils étaient entraînés par là à dépasser la somme déjà
forte que le Trésor allouait pour la circonstance.

Tels étaient les principaux collèges sacerdotaux
à Rome. Ceux que nous venons de passer en revue
étaient les desservants généraux du culte ; il y en
avait une foule d'autres attachés au service des divinités inférieures, et, après l'apothéose des empereurs,
au service des nouveaux divinisés.

Un homme même fut honoré de son vivant comme
un demi-dieu : c'est Jules César. Après ses succès
en Gaule, en Égypte, en Afrique et dans le Pont,
après ses quatre triomphes, il eut un collège de
prêtres attachés à sa personne, les prêtres Juliens.
Ce collège, qui ne paraît pas d'ailleurs avoir sur-

(1) Aux fêtes solennelles, des tables étaient dressées dans les rues
et le peuple entier y prenait place (*toto foro strata triclinia*, Tite-
Live, XXXIX, 46). Le Sénat aussi, à certains jours, faisait un repas
sacré au Capitole : Denys, II, 23 ; — Aulu-Gelle, XII, 8 ; — Tite-Live,
XL, 59.

vécu à César, formait le troisième corps des Luperques ou Flamines de Pan.

Les Luperques célèbraient la fête purificatoire des
Lupercales, plus anciennes que Rome, puisque la
tradition en attribuait la création au roi Évandre.
Cette solennité avait lieu en février, le mois purificatoire par excellence, quelques jours avant les fêtes
des mânes, *feralia* (1). La tumultueuse promenade (2)
qui suivait le sacrifice devint une cause de désordres
à l'époque des guerres civiles qui précédèrent l'Empire, et les Lupercales furent interdites; Auguste les
rétablit en même temps que les jeux des carrefours,
ludi compitalicii, qui avaient été supprimés pour la
même cause par un sénatus-consulte de 686 (3).

§ 5.

Hiérarchie entre les collèges de prêtres. — Auxiliaires du culte. —
Collèges chargés de continuer les *sacra* des familles éteintes.

Y avait-il une hiérarchie entre les collèges de
prêtres? C'est absolument certain, mais il est extrêmement difficile d'établir en cette matière une
classification méthodique. Les énumérations de

______

(1) Il est curieux de remarquer que la religion catholique place
à la même époque les solennités des Cendres et du Carême.

(2) Involontairement, un rapprochement se fait dans l'esprit avec
les réjouissances modernes du carnaval.

(3) Voir *infra*, page 68.

Denys (1), qui prétend suivre l'ordre chronologique, et de Cicéron (2), qui effleure à peine le sujet, l'*ordo sacerdotum* de Festus (3) sont des documents bien insuffisants.

Une division proposée par Ambrosch distinguait les prêtres en deux catégories : les prêtres de *discipline* et les prêtres de *cérémonies*. Cette division est assez pratique.

Ce qui est incontestable, c'est qu'au-dessous des prêtres proprement dits il y avait des ministres inférieurs du culte ; c'étaient les enfants de bonne famille qui aidaient les prêtres dans les cérémonies (*camilli, camillæ, pueri patrimi* et *matrimæ puellæ*); les *tibicines, victimarii, pullarii*, les gardiens des temples publics ou des chapelles particulières des confréries (*æditui* ou *æditimi curatores, tuitores, custodes templi* ou *ædis sacræ antistites*, etc.). C'étaient encore les appariteurs et domestiques des prêtres, confréries et collèges (*lictores, viatores, calatores*, etc.), tous gens de basse condition.

Parmi çes auxiliaires, ceux qui touchaient de plus près aux prêtres étaient les sacristains, *æd^tui*. Marquardt, qui les a étudiés minutieusement (4), distingue les *æditui ministri*, chargés de tenir les temples

(1) Denys, 11, 68-73.
(2) Cic., *de Legibus*, II, 8, 20-21.
(3) Festus, *de Signific. verb.*, p. 185.
(4) Joachim Marquardt, *de Romanorum æditiis* (Comment. in honorem Th. Mommsenii, pp. 378-385), Berlin, 1877.

en bon état et d'y faire observer les règlements, et les *æditui magistri*, qui étaient les administrateurs ou conservateurs des temples.

Mommsen rapporte que certains collèges religieux avaient été créés spécialement pour continuer les *sacra* de *gentes* disparues; cette opinion paraît très fondée, lorsqu'on se reporte aux documents qui nous sont parvenus sur le culte gentilice à Rome.

Le culte gentilice, institution propre aux grandes maisons patriciennes, s'ajouta au culte domestique et servit de lien commun aux familles issues d'un même ancêtre. Ce culte avait pour objet l'ancêtre ou lare-gentilice, qui était le plus souvent une divinité d'ordre supérieur. C'est ainsi que les Julii vénéraient Vejovis, et plus tard Apollon; les Nautii, Minerve; les Potitii et les Pinarii, Hercule; les Horatii, Juno Sororia, — culte qui rappelait la fin tragique de Camille, la sœur du vainqueur des Curiaces; — les Fabii, Quirinus; les Aurelii, le Soleil. Quelques-uns de ces cultes finirent par être adoptés par l'État; tel paraît être le cas des cultes desservis par les Luperques (Fabiani, Quinctiales, Julianii). Pour le culte gentilice des Potitii, le fait est attesté positivement : c'est le préteur urbain qui était chargé d'offrir à Hercule Vainqueur les sacrifices dus par la *gens* (1). Le culte des Horatii, devenu aussi d'in-

____

(1) Varron, *Ling. lat.*, VI, § 54.

térêt public, ne tarda pas à être entretenu aux frais de l'État (1).

A l'inverse, certaines *gentes* avaient accepté de s'attacher à un culte spécial au nom de l'État; ainsi, les Scipions s'étaient chargés du culte de la Grande Mère (Cybèle) (2); la gens Julia, constituée en collège, desservait le culte de Vénus Genitrix au temps de César.

Quoi qu'il en soit, dans un cas comme dans l'autre, les cultes devaient rester perpétuels; l'État lui-même en garantissait la perpétuité ; si la *gens* chargée de ce pieux office venait à s'éteindre, l'État suppléait à ce vide. En devenant public, le culte de la *gens* était alors desservi, à défaut de *gentiles*, par des étrangers.

Ce fut, très probablement, l'origine de certaines sodalités officielles que l'État substitua à des *gentes* disparues, ainsi que le dit Mommsen.

§ **6**.

Conclusion sur le caractère religieux des corporations ouvrières.

D'après l'étude rapide qui vient d'être faite sur les collèges sacerdotaux, il est facile de comprendre quelle place ces institutions tenaient dans l'État. Pendant que les cultes gentilices allaient s'affaiblis-

(1) Tite-Live, 1, 26.
(2) Tite-Live, 1, 29, §§ 11, 14.

sant et s'éteignant avec les *gentes* elles-mêmes, leur esprit, leur organisation, leurs habitudes revivaient dans ces corporations qui, déjà nombreuses à la fin de la République, se multiplièrent sous l'Empire. Les collèges religieux officiels servirent donc de modèle à une quantité d'associations ou corporations dont le lien était toujours soit un culte commun, soit une sépulture commune.

Il suffit de rappeler le caractère religieux de certaines corporations ouvrières, telles que les dendrophores, les *mercatores* (1), les *centonarii*, etc., pour admettre que les collèges sacrés eurent une grande influence sur leur naissance. De même, les *collegia compitalicia* avaient été créés à l'origine pour honorer les divinités de carrefours, en plein air (2); et nombre de collèges d'artisans étaient avant tout, ainsi qu'on l'a vu, des collèges funéraires (3).

Tous ces faits démontrent que la religion, comme nous le disions au début, n'est pas restée étrangère à la création des corporations ouvrières; et il n'est pas téméraire d'assurer que la plupart de celles-ci eurent une origine analogue, et qu'elles ne différaient des sodalités officielles que par la composition de leurs membres, restreints aux individus exerçant une même profession.

(1) Le *collegium mercatorum* ou *Mercuriales* avait été fondé, en 495, en même temps que le temple de Mercure. (Tite-Live, II, 27.)

(2) V. *suprà*, page 9.

(3) V. *suprà*, page 14.

SECTION III. — PREMIÈRES CORPORATIONS OUVRIÈRES.

Numa, d'après le témoignage de nombreux historiens, aurait fondé les premières corporations ouvrières (1). Pline cite les huit corporations primordiales organisées par ce prince : les *ærarii*, qui travaillent le bronze,— les *fabri tignarii*, charpentiers, — les *figuli*, potiers,—les *tubicines*, joüeurs de flûte, qui figurent dans toutes les cérémonies religieuses, — les *fullones*, foulons, — les *sutores*, cordonniers ou bourreliers,— les *tinctores*, teinturiers, — les *aurifices*, orfèvres. Il est bien probable, vu la simplicité d'alors, que ces orfèvres ne s'occupent guère que de la décoration des temples des dieux et de leurs statues. A cette époque de civilisation naissante, il n'est pas encore question de corporation de boulangers. Ni boulangers ni bouchers avant la guerre de Persée, c'est-à-dire pendant 580 ans depuis la fondation de Rome, ni aucun métier de ce genre : c'est qu'alors chaque famille vivait du produit de son champ et que la matrone romaine cuisait elle-même son pain. « Panem faciebant Quirites, mulierumque id opus erat olim, sicut etiam nunc in plurimis gentium (2). »

On ne trouve pas non plus de tailleurs et de tis-

(1) Pline, *Hist. nat.*, liv. 34, 1 — 35, 46. — Plutarque, *Vie de Numa*, ch. 29.
(2) Pline, l. XVIII, 28.

serands : les femmes confectionnaient elles-mêmes les vêtements et le linge.

Plutarque (1) examine les raisons qui ont amené Numa à grouper les artisans : la population de Rome était composée d'éléments divers; plusieurs races y étaient représentées, chacun observait son voisin avec méfiance et les luttes étaient fréquentes : il fallait de toute nécessité créer des centres de rapprochement, et le Roi fit preuve d'habileté politique en groupant ceux que la communauté d'intérêts tendait à réunir.

Servius s'occupa des artisans, non point, comme le prétend une opinion qui s'appuie sur un passage de Florus (2), pour rétablir les corporations que Tullus Hostilius aurait abolies, mais pour les réglementer au point de vue militaire.

Deux corporations, celles des *fabri tignari* et des *fabri ærarii*, formèrent, d'après Tite Live (3), deux centuries supplémentaires qui furent rattachées à la première classe. L'historien romain explique dans quel but : « Ut machinas in bello facerent. » C'était comme une espèce de génie et de train des équipages que Servius voulait avoir prêts en cas de guerre. Dans la même prévision, il ajouta à la cin-

(1) Plut., *Vie de Numa*, ch. 29 (trad. Amyot).
(2) Florus, 1, 6.
(3) Tite-Live, I, § 53.

quième classe deux centuries de musiciens, *litici-nes* (clairons) et *cornicines*.

Le reste des artisans composait en grande partie la dernière centurie, celle des *proletarii*, c'est-à-dire des citoyens que la modicité ou la nullité de leur avoir empêchait d'être classés et de porter les armes ; cette dernière particularité montre bien l'esprit de la réforme, toute militaire, du roi Servius.

Denys d'Halicarnasse (1) semble dire que Tarquin le Superbe supprima certaines associations, mais il est probable qu'il n'entend pas parler des corporations d'artisans qui durent, en raison de leur utilité et de leur modeste situation, échapper à la suppression.

(1) Den. d'Hal., liv. IV, 43.

CHAPITRE II

PREMIERS TEMPS DE LA RÉPUBLIQUE : MÉPRIS DES ROMAINS POUR LE TRAVAIL MANUEL ; — CONCURRENCE DU TRAVAIL SERVILE.

Ainsi que nous l'avons vu au début de cette étude, la loi des XII Tables accorda une grande liberté aux associations : « Sodalibus potestatem facit lex, pactionem, quam velint, sibi fere : dum ne quid ex publica lege corrumpant (1). »

Cette législation devait favoriser le développement des corporations ouvrières, A cette époque, les boutiques, *tabernæ*, qui n'occupaient dans le principe que le tour du Forum (2), se répandent à travers toute la ville, et les artisans s'y livrent aux travaux les plus divers... Plaute, dans son *Curculio*,

---

(1) Loi 4, Dig., liv. 47, tit. 22, *de Coll. et corpor.*

(2) Même disposition au moyen âge dans les villes chrétiennes ; les places des églises y furent ce qu'avait été le forum dans les cités romaines. Aujourd'hui, chez les Musulmans, les boutiques sont toutes groupées dans le même quartier, ordinairement autour de la place où se tiennent les marchés et les foires ; on est frappé de la ressemblance qu'elles offrent avec les échoppes qu'on a retrouvées à Pompéi.

parle des petits marchands du Vélabre et du faubourg Toscan, *Tuscus vicus*.

Cependant, malgré l'extension de la domination romaine, et les besoins nouveaux qui en résultent, le travail des artisans ne prend pas l'accroissement qu'on se figurerait, en se plaçant à un point de vue tout moderne. La cause? l'esclavage, qui fait une concurrence redoutable au travail libre ; et, comme conséquence, le mépris de la société romaine pour les arts manuels (1).

Les Romains regardaient comme indigne d'un homme libre l'exercice d'un métier ; aussi abandonnèrent-ils de bonne heure toutes les professions aux esclaves : d'où la conclusion que gagner sa vie par le travail de ses mains était un signe de servitude. Jhering (2) a raison de dire : « Rivaliser sur le terrain du travail avec les esclaves, braver les préjugés régnants, c'était renoncer à son rang, à sa position, c'était se dégrader. Celui-là même qui s'y résignait par besoin se trouvait dans une voie hérissée de difficultés. La concurrence du travail à bon marché des esclaves lui créait mille obstacles.

« Les grosses œuvres, tout ce qui concernait les besoins ordinaires de la vie, sauf d'insignifiantes exceptions, était accompli par des esclaves dans toutes les

____

(1) Den. d'Halic., II, 28.
(2) Jhering, *Esprit du droit romain*, II, 241 (traduction de Meulenaere).

grandes maisons. Point d'autre débouché pour ainsi dire que les classes inférieures ; peu de profits, par conséquent ; quant aux métiers qui exigeaient une adresse et une pratique plus grandes, il y avait des officines et des fabriques qui employaient des esclaves. »

« La honte, dit Cicéron, doit s'attacher surtout aux métiers qui servent nos plaisirs : bouchers, cuisiniers, charcutiers, pêcheurs, comme le dit Térence. Mettez, si vous voulez, dans leur compagnie, les parfumeurs, les baladins, et tout ce qui vit des jeux de hasard (1). »

Seuls, quelques citoyens tout à fait pauvres se mirent à travailler pour vivre ; des affranchis, qui n'avaient aucune fortune, vinrent se joindre à eux, et c'est ainsi que commencèrent la plupart des corporations ouvrières. On comprend que, dans de telles conditions, le travail manuel ne pouvait être en honneur ; le législateur lui-même contribua à l'avilir en rangeant les artisans dans la catégorie de ceux qui ne pouvaient porter les armes, dans la dernière centurie composée des *proletarii*, « immunes omni tributo et militiâ (2) ».

Les ouvriers ne peuvent donc que végéter au sein d'une société qui les tolère parce qu'ils sont nécessaires, mais qui ne les estimera jamais. Ils sont sus-

(1) Cic., *de Officiis*, liv. I, ch. 42.
(2) V. *suprà*, constitution de Servius Tullius.

pects et tenus à l'écart ; il ne faut pas moins que l'invasion gauloise, l'ennemi aux portes de la ville, pour qu'on se décide à les armer.

Mais il faudrait se garder de raisonner d'après nos théories modernes sur le travail et le capital ; notre civilisation diffère absolument de la civilisation romaine, qui avait pour fondement une institution telle que l'esclavage.

Les esclaves s'étaient multipliés à l'infini par suite des conquêtes ; dès la fin de la République, le travail servile a pris une immense extension, au moment même où de nouveaux besoins se font sentir, où le goût des arts et du luxe se développe sous l'influence grecque.

Tout se fait, tout se fabrique à la maison : « Nec est quod putes illum quidquam emere ; omnia domi nascuntur. » Ainsi s'exprime Pétrone (1), et beaucoup de riches doivent ressembler à son Trimalcion ; les esclaves suffisent à la satisfaction de leurs plaisirs et de leurs besoins ; pourquoi donc aller chercher au dehors ce qu'ils ont si facilement sous la main ?

Il faut lire les historiens pour se rendre compte de la variété des emplois et des métiers exercés par la gent servile : Crassus, au dire de Plutarque, possédait cinq cents esclaves (2); Cæcilius Claudius,

____

(1) Pétrone, *Satyricon*, 38.
(2) Plutarque, *Vie de Crassus*.

au temps d'Auguste, en avait plus de 4000 (1).

Il fallait, en effet, un nombreux personnel d'esclaves pour les divers services de la maison romaine : service intérieur, service des bains, service de la table, service hygiénique (médecins et chirurgiens), service des femmes (pour tous les détails de la toilette).

Aux festins des riches Romains, l'on voit s'empresser, autour des lits, de jeunes échansons « qui versent le vin dans les coupes, répandent l'eau de neige sur les mains, et les parfums sur la tête des convives » : ces enfants sont des esclaves précieux venus d'Égypte, d'Éthiopie ou d'Asie, et la possession seule de tels serviteurs indique un train de maison magnifique. Mais c'est surtout le personnel employé au service du dehors qui étonne ; cette foule d'esclaves qui faisaient cortège au maître, marchant devant, marchant derrière « anteambulones, pedisequi », si peu solennelle que fût la sortie (2) ; qui, le soir, venaient à sa rencontre et lui servaient d'escorte, portant des flambeaux (3) ; et ces autres esclaves « salutigeruli », chargés de lui éviter la fatigue de prévenir ou de rendre les salutations familières.............. Les matrones avaient, dans une sortie, la meilleure oc-

(1) Pline, XXXIII, 47.

(2) Voir les *cursores*, au Dig., loi 99, § 5, liv. 32 (liber tertius, *de Legatis*).

(3) Térence, *les Adelphes*.

casion d'étaler en public la magnificence de leur maison et la délicatesse de leur goût. Le cortège se composait de l'élite des esclaves : messagères et suivantes « anteambulatrices, pedisequæ », messagers et porteurs de saluts « pueri internuncii, salutigeruli », et comme gardes d'honneur de beaux jeunes gens aux cheveux élégamment bouclés et frisés « asseclæ calamistrati, cincinnatuli ». Puis il y avait les cochers et porteurs affectés aux divers modes de véhicules, chaises et litières, chars et carrosses, mules et attelages de toutes sortes : ils portaient les titres de « muliones, junctores, cathedralitii, lecticarii, rhodarii, carrucarii, basternarii ». Le général, au jour du triomphe, traînait après son char les captifs des nations vaincues ; toutes les races du monde figuraient auprès de la litière de la matrone ; comme porteurs, des Cappadociens ou des Syriens robustes, et même des Mèdes ; plus tard, des barbares du Danube et du Rhin ; des Liburniens tenaient des marchepieds, et par devant couraient des Numides, des Maziques à la peau d'ébène, dont le noir mat faisait mieux ressortir ces plaques d'argent suspendues sur leur poitrine et marquées sans doute au nom et aux insignes de la maîtresse qui les possédait. Quelquefois, dit Juvénal, pour frapper par le nombre, les dames romaines exhibaient, au dehors, leur maison entière, une armée ; car rien ne coûtait à leur manie de briller, et dans leurs jours de domination, elles réclamaient, elles exigeaient d'un mari complaisant tout son domestique, une troupe d'esclaves « pueros omnes, ergastula tota (1) ».

L'influence particulière de la Grèce avait fait naître des fantaisies et des besoins nouveaux : on voulut être lettré, avoir des secrétaires, bibliothécaires, écrivains, copistes, avec d'autres esclaves, colleurs, batteurs, polisseurs, pour préparer le papyrus ou le parchemin. L'éducation étrangère allait remplacer l'éducation de la famille : précepteurs et maîtres de toutes sortes, esclaves, s'emparèrent de l'enfant et le façonnèrent. Ces serviteurs lettrés, qui savaient Homère, Hésiode, Eschyle par cœur, se payaient très cher ; à table, ils soufflaient des vers, des citations à leurs maître. On achetait ainsi un philosophe ou un grammairien ; de même, les beaux-arts, peinture, sculpture, architecture, étaient entre les mains d'esclaves d'origine grecque. L'on sait les conséquences funestes qu'eut l'éducation donnée aux jeunes Romains par les esclaves : l'enfant recevait les influences mauvaises, en même temps que ses précepteurs lui enseignaient la langue et la littérature. « Aujourd'hui, dit Plutarque, s'ils ont quelques bons esclaves, ils font les uns laboureurs de leurs terres ; les autres, patrons de leurs navires ; les

____

(1) Tous ces détails sont fournis par les auteurs latins, Plaute, Pétrone, Martial, Juvénal, Sénèque, Lucain, etc. — Voir dans Wallon, *Histoire de l'esclavage*, l'étude remarquable sur le nombre et l'emploi des esclaves (tome II, chap. 3 et 4).

autres, facteurs ; les autres, receveurs ; les autres, banquiers, pour manier et trafiquer leurs deniers. Et s'il s'en trouve quelqu'un qui soit ivrogne, gourmand et inutile à tout bon service, ce sera celui auquel ils confieront leurs enfants (1). »

Tacite dit de son côté : « A présent, l'enfant, dès sa naissance, est abandonné à quelque servante grecque à qui l'on adjoint un ou deux esclaves pris dans la foule des serviteurs, et souvent c'est le plus vil et le moins propre à cet emploi (2). »

Exagération du moraliste mise à part, l'éducation des derniers temps de la République et de l'Empire offrait tous ces dangers. Et les empereurs ne durent point combattre ces tendances : la servilité de l'enseignement contribuait à la dégradation des âmes. Une telle politique les aidait à plier et à tenir le Romain sous le joug.

SECTION II. — ERREURS ÉCONOMIQUES DE CICÉRON. — AU Ve SIÈCLE, SUBSTITUTION DU TRAVAIL LIBRE AU TRAVAIL SERVILE.

Tels furent les motifs d'ordre économique pour lesquels les corporations ouvrières ne purent profiter de la situation nouvelle créée par les conquêtes à l'industrie.

(1) Plutarque, *de l'Éducation des enfants*, § X (tome 13, traduction Amyot).

(2) Tacite, *de Causis corr. eloq.*, 29. — Voir Wallon, *Hist. de l'escl.* (tome 2, ch. 9) : influence de l'esclavage sur les classes libres.

On a souvent reproché à Cicéron une opinion
émise par lui dans le *Traité des devoirs;* mais si l'on
se transporte à l'époque où il écrivait, on voit qu'il
ne fait que reproduire les idées, ou plutôt les
erreurs de ses contemporains. « Le salaire de
l'ouvrier est un gage de servitude. Le marchand qui
achète à vil prix et qui revend cher ne gagne que
par le mensonge et par la fraude : c'est un métier
peu délicat (1). »

Sa conclusion sur ce point est celle-ci : « Opifices
omnes in sordida arte versantur ; nec enim quidquam ingenuum potest habere officina. » Seulement,
il fait une restriction, que les mœurs lui imposaient,
en faveur du commerce maritime. « Le navigateur
est plus honorable : il nous apporte de loin les
denrées utiles à notre vie. »

D'ailleurs, le haut commerce en général était
entre les mains des chevaliers qui ne rougissaient
point de faire de grandes opérations. Ils ne rougissaient pas non plus de faire l'usure ; la Gaule notamment fut une des provinces les plus pressurées.
Remarquons enfin que l'agriculture fut toujours
honorée à Rome. Cicéron termine ainsi le passage
cité plus haut : « Si le navigateur est sage, il songe
de bonne heure à regagner le port, à retourner aux
champs. S'il achève sa vie dans les soins de l'agri-

______

(1) Cic., *de Officiis*, 1, 42.

culture, le métier le plus digne d'un homme libre, il aura droit à nos louanges. »

Malgré ses vices économiques, la société romaine était solidement constituée; l'on conçoit qu'elle ait pu remplir le monde de ses exploits et de ses conquêtes, et qu'elle se soit maintenue florissante pendant tant de siècles.

Cependant, le mépris constant des arts manuels n'a pas peu contribué, il faut le reconnaître, à la chute de l'Empire romain. La triste situation des corporations au Bas-Empire, avec les entraves de toutes sortes qui les étreignaient, empêcha le travail libre de rentrer en honneur à l'époque où l'esclavage tendait cependant à disparaître.

Comment cette transformation remarquable, à savoir la substitution du travail libre au travail servile, s'opéra-t-elle? Il est difficile de le dire. « Personne, je crois, dit M. Guizot, ne l'a découvert ; mais au commencement du cinquième siècle, ce pas était fait (1). »

Le nombre des esclaves a notablement diminué ; il y a eu en premier lieu trop d'affranchissements, puis les grandes conquêtes sont terminées. En même temps, les campagnes se dépeuplent et la fortune publique décroît. Alors on voit affluer dans les villes des troupes d'hommes libres qui viennent demander

(1) Guizot, *Hist. de la civilis. en France*, t. I, p. 57, 12e édition.

du travail pour vivre. C'est l'époque caractéristique des corporations ouvrières ; tous les métiers sont groupés et réglementés rigoureusement. L'artisan n'a plus aucune liberté en fait, il est rivé à la corporation ; il ne peut donc que végéter, et ce n'est que par la contrainte exercée sur les ouvriers que le triste état économique peut se maintenir. Aussi, ne doit-on pas reprocher aux Barbares qui envahirent l'Empire d'Occident d'avoir anéanti le travail libre ; quand ils arrivèrent, au ve siècle, ils trouvèrent une société à l'agonie, qui depuis longtemps n'avait plus d'énergie, plus de ressort, car elle ne pouvait plus travailler.

SECTION III. — CARACTÈRE DE CERTAINES CORPORATIONS ; LES DENDROPHORES. — COALITIONS D'ARTISANS, RARES A ROME ; PROTECTION DE LA LIBERTÉ DU TRAVAIL.

On a vu plus haut le caractère religieux des corporations ouvrières (1) ; toutes se plaçaient sous la protection d'une divinité. Les *mercatores* honoraient Mercure, et étaient chargés de la garde de son temple (2) ; les scribes célébraient leur culte particulier, en même temps que les histrions, dans le temple de Minerve, sur l'Aventin ; les dendrophores avaient choisi Sylvain comme dieu protecteur. On trouve dans les inscriptions le collège des couvreurs, *centonarii*, con-

____

(1) Voir *suprà*, page 6.
(2) Ovide, *Fastes*, V, vers 669 s. ; — Tite-Live, II, 27.

sidéré au point de vue religieux et désigné sous le nom de *collegium fabrum Veneris* ou de *collegium Veneris* (1). Même, ce caractère de religion était si remarquable chez certaines corporations que, de nos jours, on a beaucoup de peine à reconnaître si l'on se trouve en présence de collèges de prêtres ou de collèges d'artisans. Ainsi, pour les dendrophores, la controverse dure toujours; chargés de couper les arbres dans les bois et d'en faire le transport, ils avaient pris Sylvain comme dieu tutélaire, évidemment parce que celui-ci symbolisait leur profession.

Pour certains auteurs, les dendrophores sont un véritable collège de prêtres (2). Il est certain qu'ils avaient des temples, — comme beaucoup d'autres corporations ouvrières, — mais ils avaient aussi des terrains, consacrés au culte, d'une grande étendue, car Honorius et Théodose prennent soin de mentionner les dendrophores, en ordonnant la confiscation des propriétés qui servaient encore à la religion païenne (3).

Les dendrophores, placés, comme nous l'avons dit, sous la protection de Sylvain, dieu des forêts, — plus tard sous celle de Cybèle (4), portaient des

(1) *Corp. Berol.*, tome 3, inscr. 1981, 2106, 2107, 2108.
(2) Rabanis, *Recherches sur les dendrophores.*
(3) Loi 20, code Théod., liv. 16, titre 10, année 415 (*de paganis sacrificiis et templis*).
(4) Gruter, page 64, inscr. 7.

branches d'arbres dans certaines cérémonies religieuses ; c'étaient là leurs insignes. Mais cela ne prouve pas qu'ils étaient autre chose qu'une communauté d'artisans : nous savons au contraire que les artisans figuraient habituellement avec insignes et bannières dans les cérémonies religieuses et autres. Quoiqu'il soit assez difficile de déterminer le genre de travail des dendrophores, on peut croire, avec M. de Boissieu (1), qu'ils étaient chargés de la fourniture des bois, merrain et charbon pour les services publics, la construction et la marine ; ils avaient donc un certain caractère officiel. On peut même ajouter, avec M. de Boissieu, que nos corporations du moyen âge, à la fois industrielles et religieuses, donnent une idée assez juste du double caractère du collège des dendrophores.

Il devait en être de même pour toutes les corporations ouvrières ; il y avait une relation intime entre la nature du métier et les attributions de la divinité choisie. Celle-ci avait des temples, on lui élevait des statues ; son image ou ses emblêmes étaient figurés sur les bannières et les insignes de la corporation. Rappelons enfin l'éclat des manifestations du culte chez les artisans : fêtes, banquets, processions (2).

Mais de ce que nous venons de dire, il ne faut pas tirer la conclusion que les corporations ouvrières

(1) De Boissieu, *Inscript. de Lyon*, page 413.
(2) Voir *supra*, pages 18 et s.

n'avaient d'autre but qu'un but religieux ; elles avaient surtout, cela est incontestable, un but industriel, autrement elles n'auraient guère eu de raison d'être, seulement elles n'avaient en rien le caractère des corporations de métier de l'ancienne France ; rien de semblable aux règlements de travail du moyen âge.

A Rome, on ne trouve pas l'esprit de monopole et d'exclusion auquel nous faisons allusion. « Sans doute les corporations d'ouvriers cherchaient à écarter de leur sein quiconque n'était pas du métier ; toutefois, on ne constate chez les Romains ni tendance marquée au monopole, ni garanties organisées contre la fabrication de produits défectueux (1). »

Pline l'Ancien cite, il est vrai, une loi Métella, *de fullonibus*, rendue en l'an 534 de Rome, qui semble réglementer le travail des foulons, mais il est probable que nous nous trouvons plutôt en face d'une loi somptuaire.

Évidemment, les ouvriers pouvaient débattre librement leur salaire, suivant les principes de droit commun du louage de services, *locatio operarum*.

Au Bas-Empire, nous voyons des coalitions d'ouvriers ou de marchands qui se concertent dans un but d'accaparement ou de hausse ; déjà, du temps

(1) Mommsen, *Hist. rom.*, t. I, p. 262.

de Cicéron, une loi spéciale protégeait le commerce des grains en punissant tout individu coupable de manœuvres destinées à faire monter le prix du blé ; l'empereur Claude, de son côté, rendit de sages règlements dans l'intérêt des marchés de céréales (1).

Deux textes du Code de Justinien visent à réprimer ces tendances contraires à la liberté du travail ; l'empereur Zénon (2) défend d'établir un monopole pour la vente des vêtements, des objets de consommation et autres, nécessaires à l'existence ; il interdit les coalitions qui ont pour but de faire hausser les prix de vente ; les conventions par lesquelles les entrepreneurs et ouvriers se promettent réciproquement que l'un d'entre eux ne terminera pas l'ouvrage commencé par un autre, etc. « Si quis autem monopolium ausus fuerit exercere, bonis propriis exspoliatus, perpetuitate damnetur exilii. » Les peines étaient graves; ce n'était rien moins que la confiscation des biens et l'exil.

Quant aux chefs des professions, *primates professionum*, ils étaient frappés de lourdes amendes.

Les textes indiqués montrent bien que les artisans et les commerçants s'entendirent souvent dans le but de se rendre maîtres des marchés, et il est permis de croire que, dès l'époque de la Républi-

(1) Suét., *Claude*, ch. 18.
(2) Loi unique, C. J., liv. IV, tit. 59, *de Monopoliis...* Loi 12, § 8, C. J., liv. 8, tit. 10, *de Ædificiis privatis.*

que, les ententes de cette nature eurent lieu, d'autant plus qu'elles étaient facilitées par le rapprochement dans la corporation, mais il est impossible de rapporter des faits positifs : les documents ne sont pas assez nombreux pour qu'on puisse émettre une opinion absolue sur cette question. « Avouons d'ailleurs que, parmi toutes les branches de l'histoire économique de Rome, l'industrie est précisément celle où les renseignements nous font le plus défaut (1). »

(1) Mommsen, *Hist. rom.*, tome I, p. 262, traduction Alexandre.

CHAPITRE III

FIN DE LA RÉPUBLIQUE.

SECTION I. — GRANDE EXTENSION DES ASSOCIATIONS, EN GÉNÉRAL. — COLLÈGES DE CARREFOURS. — TROUBLES RÉVOLUTIONNAIRES.

A la fin de la République, les associations en général, *sodalitia*, avaient pris une grande extension.

Il y avait eu déjà des mesures de répression contre certaines : ainsi, l'interdiction des réunions nocturnes en vertu de la loi même des XII Tables (1), — la défense de célébrer les Bacchanales (2), qui avaient dégénéré en orgies, mais c'était là simplement des mesures d'ordre public, et non des mesures politiques. La liberté d'association accordée par la loi des XII Tables (3) restait telle qu'à l'origine.

A l'époque que nous étudions, deux espèces remarquables d'associations méritent un examen attentif :

(1) « Primum XII Tabulis cautum esse cognoscimus, ne quis in urbe cœtus nocturnos agitaret. » Porcius Latro, *Declamat. in Catilin.*, cap. 19.

(2) Tite-Live, XXXIX, 8-18.

(3) Dig., loi 4, liv. 47, tit. 22.

les *sodalitates sacræ*, composées de patriciens, et les *collegia compitalicia*, exclusivement plébéiens.

Les *sodalitates sacræ* étaient basées sur le culte; c'étaient de véritables confréries pieuses qui ne sortirent jamais de leur rôle paisible pour provoquer des troubles politiques comme firent les *collegia compitalicia*. Elles avaient probablement leur principe dans la *gens* et leur raison d'être dans le culte qui lui était propre. Plus tard, à défaut de *gentiles*, elles admirent même des étrangers dans leur sein. Elles n'avaient d'autre but que de réunir amicalement des hommes de condition élevée qui s'asseyaient à la même table après avoir célébré ensemble quelque cérémonie religieuse.

A en juger par les paroles que Cicéron place dans la bouche de Caton, les membres de ces associations ne changeaient pas en débauches leurs fêtes tout intimes : « Epulabar cum sodalibus omnino modice, sed erat quidem fervor ætatis, quâ progrediente omnia fiunt in diem mitiora (1). »

Les collèges de carrefours, *collegia compitalicia*, eurent un tout autre rôle. Ils s'étaient formés, à l'origine, en petit nombre, dans le but de célébrer les grandes fêtes annuelles des dieux Lares, les *compitalia*, qui se tenaient dans les carrefours, *compita*, où les Lares publics avaient leurs images (2). C'é-

(1) Cic., *de Senectute*, XIII.
(2) Denys, IX.

taient des réjouissances toutes populaires, d'où le faste et les prodigalités étaient absents. On immolait de petites victimes devant les laraires, modestes oratoires en plein vent, ou simples niches pratiquées dans les murs, puis, comme toujours, les cérémonies se terminaient par un repas et des jeux. Cette fête, instituée par le roi Servius, était célébrée dans chaque quartier, et chaque quartier avait ses divinités locales. Nul doute que, à l'origine, les collèges de carrefours ne fussent, d'après le même principe, composés des habitants voisins de chaque laraire public.

A la fin de la République, toute la plèbe est enrôlée dans des associations semblables, et l'on comprend le rôle qu'elles durent jouer dans les luttes politiques qui attristèrent cette période. L'association fut une aide puissante pour les chefs de partis qui se disputaient le pouvoir : la brigue électorale était admirablement organisée alors, et les corporations , les *collegia compitalicia* , en particulier, eurent une influence considérable sur les élections et sur le choix des magistrats.

La lettre de Quintus Cicéron à l'orateur, son frère, ne laisse point de doute à cet égard. « Habes (écrit-il) omnes publicanos, totumque equestrem ordinem ;... aliquot collegia (1). » Puis il cite quatre

____

(1) *De Petitione consulatûs*, I.

importantes corporations, présidées par des hommes puissants, qui seront favorables au candidat en souvenir de services rendus par ce dernier (1).

Celui qui brigue les suffrages publics doit donc se ménager des corps aussi influents que les *collegia*, à cause de leur autorité dans les tribus (2).

L'importance même prise par les associations de tout genre, et en particulier par les collèges de carrefours, devint un danger pour la sécurité de la République. Le jour de la fête des *compitalia*, toute la population servile de Rome était libre (3); or, cet affranchissement éphémère, en masse, fut une occasion de troubles graves, et le Sénat se vit forcé d'interdire la célébration des jeux compitaliens (4). Il supprima du même coup les associations qui en étaient la conséquence. Le sénatus-consulte est de l'an 686 de Rome.

Cependant, si les manifestations publiques, telles que jeux, banquets, étaient interdites, les associations populaires n'en continuèrent peut-être pas

(1) *De Petitione consulatûs*, V.

(2) *De Petitione consulatûs*, V et VIII.

(3) Il en était de même pendant la fête des Saturnales. On retrouve les mêmes coutumes chez les Grecs : les esclaves athéniens étaient libres le 1er jour des fêtes consacrées à Bacchus, les *anthestéries*. Ils venaient goûter, comme les citoyens, au vin nouveau, présent du dieu. En Arcadie, en Thessalie, en Crète, les esclaves, à l'occasion de certaines fêtes, prenaient place à la table de leurs maîtres, et étaient quelquefois servis par eux. De même qu'à Rome, les fêtes de Saturne ramenaient le temps où il n'y avait pas d'esclaves, l'âge d'or.

(4) Cic., *in Pisonem*, IV. — Auguste les rétablit en 747.

moins à subsister ; il y en a de nombreuses preuves
dans les écrits des contemporains, notamment dans
la lettre, rappelée précédemment, de Quintus Cicéron, *de Petitione consulatûs*, qui est postérieure de
quelques années au sénatus-consulte.

Quoi qu'il en soit, dix ans plus tard, sous le consulat de Pison, les jeux furent de nouveau célébrés
publiquement, en violation de l'acte du Sénat (1).
Alors commence la période révolutionnaire qui
amènera les Césars au pouvoir. Le tribun Clodius
est tout puissant ; sachant tout le parti qu'on peut
tirer de la coalition des forces, il fait rétablir par
une loi les associations dissoutes (2), et sa popularité
grandit, soutenue par les collèges compitaliciens, où
sont enrôlés une multitude d'esclaves. De nouveaux
collèges sont créés en grand nombre. Cicéron nous
apprend comment ils sont composés : « Sous prétexte
de former des collèges, on enrôlait des esclaves qu'on
répartissait par quartiers et qu'on divisait en décuries. Mais au fond c'était pour la lutte, le massacre,
le pillage et les troubles civils qu'ils étaient organisés (3). »

Le parti démagogique triomphe : Cicéron est
exilé (4). Bientôt le forum est le théâtre de luttes

(1) Cic., *in Pisonem*, IV. — *Pro Sextio*, 25.
(2) Cic., *Lettre à Atticus*, III, 15 (lettre 70, édit. Panckoucke).
(3) *Pro Sextio*, ch. 15. — Cf. Cic., *in Pisonem*, IV (*... ex omni
fœce urbis ac servitio*).
(4) Voir dans Cic., *pro Domo*, 5, la situation de Rome à cette époque
bouleversée.

sanglantes entre les satellites des deux tribuns Milon
et Clodius : celui-ci périt sous les coups des esclaves
de son rival.

Alors, tandis que César fait la conquête de la
Gaule, Crassus et Pompée sont portés au consulat, et
les agitations de la plèbe s'apaisent.

SECTION II. — SUPPRESSION DE LA LIBERTÉ D'ASSOCIATION; — AUTORISATION NÉCESSAIRE.

Le Sénat se hâta de dissoudre de nouveau toutes
les associations politiques, qui avaient été la cause
des derniers troubles (1). Ce second sénatus-consulte
a une grande importance juridique; il supprime la
liberté d'association.

Vraisemblablement, les corporations ouvrières
proprement dites ne furent pas atteintes; les artisans, cela n'est pas douteux, prirent une part active
aux troubles (2), car la situation inférieure qu'ils
occupaient dans la société romaine devait leur faire
souhaiter des réformes et désirer un changement,
quel qu'il dût être. Ils soutinrent successivement
Marius, puis Catilina et ses complices; et Clodius,
exploitant leurs passions, les attira à lui par des faveurs. Les auteurs nous les montrent faisant partie
des associations dangereuses que le Sénat frappa

(1) « Ut sodales decuriatique discederent. »
(2) Cic., *pro Domo*, 5, 33, et *pro Flacco*, 8.

d'interdiction, et le soin même que prend Cicéron pour rassurer le Sénat au sujet des dispositions des artisans prouve qu'ils étaient à craindre (1). Ce qui montre qu'ils s'occupèrent toujours de politique, c'est qu'on a retrouvé sur les murs de Pompéi de véritables affiches électorales recommandant des candidats présentés par telle ou telle corporation ouvrière. Quand cette ville fut engloutie sous l'éruption du Vésuve, elle était à la veille de procéder à des élections municipales, et l'on peut lire sur les affiches qu'on a pu conserver des déclarations comme celles-ci :

« Posidium Rufum, ædilem, piscicapi faciunt. — C. Cuspidium Pansam, ædilem, aurifices universi rogant. — Marcellinum, ædilem, lignarii et plostrarii rogant ut faciatis (2). »

Au moyen âge, les corporations ouvrières ne se feront pas faute non plus de participer aux élections municipales ; les corps de métier d'Amiens, les tisserands et les drapiers des villes de Flandre, les six corps puissants des marchands de Paris seront souvent les arbitres du sort de la Cité.

Mais les corprations d'artisans à Rome, en tant qu'associations industrielles, durent rester en dehors des agitations politiques, et il est admis que les mesures prohibitives prises par le Sénat ne visaient pas

(1) Cic., *in Catilinam*, IV, 9.
(2) Orellius, 3700, 4265.

les corps de métier, qui continuèrent à subsister modestement comme auparavant. Asconius dit formellement d'ailleurs que le Sénat maintint les corporations utiles, qui rendaient des services à l'État, telles que les corporations de *fabri* et de *lictores* (1). Or, qu'est-ce que les *fabri*, sinon la masse même des artisans (2)?

Quoi qu'il en soit de cette faveur limitée à quelques corps modestes, la liberté d'association disparut à la suite de l'abus qu'on venait de faire de cette liberté elle-même.

Nous entrons dans une nouvelle phase : désormais, les associations ne pourront se former et fonctionner qu'avec l'assentiment du Sénat et de la loi. C'est le régime de l'autorisation. De là la mention que nous retrouvons dans tant d'inscriptions : « quibus ex senatusconsulto coire licet. » Marcien fera un résumé exact de la législation des corporations quand il écrira : « In summa autem, nisi ex senatusconsulti auctoritate, vel Cæsaris, collegium vel quodcunque tale corpus coierit, contra senatusconsultum et mandata et constitutiones collegium celebrat (3). »

---

(1) Asconius, *in Cornelianam.*

(2) Les licteurs sont ces fonctionnaires inférieurs qui assistaient chacun des magistrats romains. Ils formaient l'*apparitio.*

(3) Loi 3, § 1, D., liv. 47, tit. 22.

CHAPITRE IV

PREMIERS TEMPS DE L'EMPIRE.

SECTION I. — MÉFIANCE DES PREMIERS CÉSARS VIS-A-VIS DES
CORPORATIONS; — LEUR POLITIQUE A CET ÉGARD. — INTER-
DICTION DES *collegia sodalitia*. — LES *collegia tenuiorum*
SONT LICITES.

Au début de l'Empire, la situation des corporations est bien changée. Les empereurs devaient voir
avec méfiance ces associations qui avaient abusé de
la liberté accordée par la législation primitive (1),
et qui avaient profité de leur force matérielle et
morale pour attenter à la sécurité de la République ;
en fait, elles étaient devenues des instruments de
troubles entre les mains des chefs de partis. Déjà, en
l'an 55, une loi, la loi *Licinia, de sodaliciis,* avait été
rendue pour déférer aux jurys criminels les membres des clubs politiques et des comités électoraux
qui avaient provoqué des soulèvements populaires (2).
Et quelques années plus tard, en l'an 47, César se
voyait obligé de prendre de sévères mesures de ré-

(1) Loi 4, Dig., liv. 47, tit. 22.
(2) Cic., *pro Plancio*, 15. — Cf. Dion Cassius, XXXIX, 37.

pression contre les corporations, et de les supprimer pour la plupart; il n'épargna, comme on l'a vu, que les très anciennes corporations, en même temps que la colonie juive de Rome (1).

Les empereurs devaient donc suivre vis-à-vis des associations une ligne de conduite absolument opposée à celle du régime précédent ; avares d'autorisation, ils pensaient en cela comme Trajan qui ne permit pas à Pline de constituer à Nicomédie un corps de pompiers, malgré les services que ceux-ci auraient pu rendre aux habitants de la cité : ce prince alléguait que des sociétés de ce genre dégénèrent forcément en associations prohibées, en « hétairies » (2).

L'autorisation du Sénat ou de l'empereur fut désormais nécessaire pour donner force de vie aux associations, telle fut la conséquence du principe nouveau.

En dépit des entraves législatives, il y a encore, même à cette époque, de nombreuses corporations à Rome, et surtout dans les pays de domination romaine, colonies et municipes, en Gaule notamment : plusieurs inscriptions l'attestent (3).

La correspondance de Pline et de Trajan donne de curieux détails sur les premières associations de

---

(1) Joseph., *Antiq. Jud.*, XIV, 10, 8. — Suétone, *J. César*, 42.
(2) Ep. Pline, liv. X, 42 et 43.
(3) Orellius, 2773, 4077, 4085, 4120, 4241.

chrétiens. Pline, alors proconsul en Bithynie, informe l'empereur « que des associations se réunissent à jour marqué sous prétexte de chanter des vers à la louange du Christ », et qu'il les a dissoutes, conformément à la loi et aux ordres du prince (1).

Mais Trajan est hésitant ; il recommande à son ami une grande tolérance vis-à-vis de ces réunions jusqu'à nouvel ordre, sauf à les interdire si elles deviennent inquiétantes.

« Il n'est pas possible, dit-il, d'établir une forme certaine et générale dans cette sorte d'affaires. Il ne faut pas faire de recherches contre les chrétiens ; s'ils sont accusés et convaincus, il faut les punir. »

C'est là un exemple significatif d'associations existant en fait sans avoir reçu l'autorisation.

Suétone rapporte qu'un des premiers soins de César fut de prononcer la dissolution de toutes les corporations, sauf celles qui étaient établies de toute antiquité : « Cuncta collegia, præter antiquitus constituta, distraxit (2). »

Or, par collèges très anciens il faut entendre en premier lieu les corps religieux, — nous ne disons pas « les collèges de prêtres », car ceux-ci, établis par le droit public, faisaient partie du gouvernement de l'État, et ne pouvaient être supprimés par la simple volonté du dictateur, quelque puissant qu'il fût

(1) Ep. Pline, liv. X, 97 et 98.
(2) Suétone, *J. César*, XLII.

alors ; — les corps religieux maintenus étaient sans doute les *mercatores*, les dendrophores, les *centonarii*, et les collèges analogues.

Marcien dit d'ailleurs formellement que les réunions dans un but religieux n'ont jamais été défendues, sous la condition de ne pas violer les actes législatifs et de ne pas dégénérer en collèges illicites : « Sed religionis causa coire non prohibentur ; deum tamen per hoc non fiat contra senatusconsultum, quo illicita collegia arcentur (1). »

En second lieu, César voulait conserver celles des corporations ouvrières que le Sénat n'avait pas abolies après les troubles et pour les mêmes raisons : antique fondation et services rendus à l'État.

Auguste suivit la même politique que César vis-à-vis des associations. « Au commencement de son règne, dit Suétone, des bandes nombreuses s'associaient sous le titre de collèges nouveaux pour commettre toute espèce de crimes (2). » Aussi, poursuivant la répression de tous les abus, s'attaqua-t-il aux communautés : il supprima toutes celles qui n'étaient pas anciennes et consacrées par la loi, « collegia, præter antiqua et legitima, dissolvit (3). »   -

Antiqua, c'est-à-dire corporations revêtues d'un

(1) Loi 1, § 1, Dig., liv. 47, t. 22.
(2) « Plurimæ factiones, titulo collegii novi, ad nullius non facinoris societatem coibant. » Suétone, *Auguste*, 32.
(3) Suétone, *ibid.*

caractère religieux, —*legitima*, corporations ouvrières autorisées par les sénatus-consultes.

Après Auguste, les Césars ne prodiguèrent pas
leur autorisation ; ils ne voulurent reconnaître que
les associations qui pouvaient rendre des services à
l'État. Ils exigeaient en outre qu'elles ne fussent
pas secrètes, et que leurs réunions ne fussent pas
trop fréquentes (1).

Le Digeste renferme sur la matière des corporations un texte important de Marcien qui nous donne
d'utiles renseignements (2).

1ʳᵉ disposition. — Les *collegia sodalitia* sont interdits, et c'est aux présidents de provinces à faire
respecter la loi dans leur ressort ; même prohibition en ce qui regarde les militaires. « Mandatis
principalibus præcipitur præsidibus provinciarum,
ne patiantur esse (collegia) sodalitia, neve milites
collegia in castris habeant. »

2° disposition. — Sont licites les *collegia tenuiorum*,
sous d'étroites conditions d'ailleurs.

Que veut entendre Marcien par les « tenuiores » ?

Nous possédons heureusement un texte développé
qui éclaire toute la matière ; c'est un long fragment
de Callistrate sur les immunités accordées à certaines corporations (3). Le jurisconsulte, s'occupant

(1) Cf. lois 1 et 3, D., liv. 47, t. 22, et loi 1, D., liv. III, tit. 4.
(2) Loi 1, D., liv. 47, t. 22.
(3) Loi 5, Dig., liv. 50, tit. 6.

des exemptions et privilèges spéciaux « privilegiis quæ tenuioribus per collegia distributis concessa sunt (1) », dit formellement que les *collegia tenuiorum* sont composés d'artisans. « Ces corporations sont autorisées, parce que l'État a besoin d'elles; tels sont les corps de *fabri*, et autres analogues qui ont pour but d'assurer l'exécution des travaux nécessaires à la société. On n'y est admis qu'en raison de son métier, et l'immunité n'est accordée qu'aux artisans seulement, *artificibus duntaxat*. » Ce passage mérite d'être cité en entier : « Quibusdam collegiis vel corporibus, quibus jus coeundi lege permissum est, immunitas tribuitur : scilicet eis collegiis vel corporibus, in quibus *artificii sui causa unusquisque adsumitur :* ut *fabrorum* corpus est, et si qua eamdem rationem originis habent, id est, idcirco instituta sunt, ut necessariam operam publicis utilitatibus exhiberent. Nec omnibus promiscue qui adsumpti sunt in his collegiis immunitas datur; sed *artificibus duntaxat* (2). »

Les *tenuiores* sont donc les ouvriers, gens de condition inférieure, qui ne faisaient pas partie de la curie (3), et leurs corporations, *collegia tenuio-*

---

(1) *Ibid.*, § 12.

(2) *Ibid.*, loi 5, § 12.

(3) Les *collegiati*, aux termes d'une nouvelle de Majorien, forment dans la Cité un ordre inférieur à la curie et placé sous la direction des *curiales*.

rum (1), sont seules autorisées à l'époque classique, — d'après le témoignage de Marcien, — parce qu'elles rendent d'importants services à l'État. Chargées des approvisionnements de Rome et de travaux de toute sorte, elles dépendent de l'Administration ; nous constaterons au Bas-Empire la situation tout originale des corporations ouvrières, que maintes entraves enserraient, et qui étaient devenues les rouages indispensables de la grande machine romaine.

On peut donc résumer ainsi la législation existante dès le début de l'Empire : « Les associations, *sodalitia*, sont interdites ; une exception est faite en faveur des *collegia tenuiorum*, c'est-à-dire des corporations ouvrières (2). »

Nous sommes donc amené à ne plus nous occuper que de celles-ci.

SECTION II. — DÉVELOPPEMFNT DES CORPORATIONS OUVRIÈRES, QUi SONT DEVENUES DES ROUAGES ADMINISTRATIFS. — SERVICE DE L'ANNONE.— CIVILISATION EN GAULE. — RÉGLEMENTATION DES CORPS DE MÉTIERS PAR ALEXANDRE SÉVÈRE.

L'industrie, peu développée à l'origine, appropriée aux besoins d'un peuple simple, rude et sans faste,

---

(1) Les premières communautés de chrétiens furent tolérées d'abord comme *collegia tenuiorum :* elles se cachaient sous les dehors de corporations funéraires.

(2) Cf. les divers textes du Digeste sur la matière que nous avons cités jusqu'ici.

devait progresser à mesure que Rome élargissait son empire ; deux conquêtes surtout vinrent modifier la situation primitive : la conquête de Carthage qui fut la source d'un vaste commerce maritime, et la conquête de la Grèce qui amena à Rome une foule d'artistes, et y introduisit le goût des arts et du luxe (1).

Si, comme nous l'avons dit précédemment, les corporations ouvrières ne purent pas tirer tout le profit désirable du nouvel état de l'industrie, à cause de la concurrence redoutable du travail esclave, et à cause du mépris où étaient tenus les arts mécaniques, elles n'en prirent pas moins une grande extension au début de l'Empire. C'est qu'elles étaient devenues des rouages administratifs utiles au service et à la splendeur de Rome et des grandes villes ; beaucoup d'entre elles allaient compter parmi les institutions officielles de l'État ; elles étaient chargées d'une multitude de services publics, notamment de l'approvisionnement, *annona*. Le service de l'*annona* occupait à lui seul une importante administration publique ; il concernait l'approvisionnement, la vente ou la distribution gratuite (suivant les époques) du blé nécessaire à la nourriture du peuple.

(1) Remarquons que les mœurs iront toujours se modifiant sous cette inflence grecque, véritable conquête du vainqueur par le vaincu qui mena son maître à la ruine par un chemin semé de fleurs. —Voir, *supra*, ce qui a été dit sur la question, pages 55 et s.

Ce service était assuré par des achats aux frais du Trésor, et par des contributions en nature imposées à certaines provinces. Ces contributions étaient le *canon fromentaire*(1), quantité de blé à fournir annuellement, ou encore l'*indiction* (2), tribut spécial imposé à la Sicile et à la Sardaigne ; il y avait aussi l'*oblation*, tribut en blé que la Sicile offrait spontanément pour les besoins extraordinaires de l'annone, en sus de l'impôt annuel. Les distributions de blé faites à la plèbe romaine furent d'abord intermittentes. — En l'an 123 avant Jésus-Christ, elles devinrent régulières ; à cette époque, le blé n'était pas livré gratuitement, mais à moitié prix. En l'an 58 avant notre ère, les distributions devinrent gratuites. Dès le temps de Cicéron, le cinquième des *vecdigalia* était absorbé ainsi par les distributions gratuites dans la seule ville de Rome (3). Sous Aurélien, en 270 les distributions, mensuelles jusque-là, devinrent journalières et changèrent de nature : au lieu de cinq mesures de blé par mois, chaque *accipiens* reçut par jour une couronne de pain (4).

Pour suffire à ces largesses et ne pas faillir un seul jour, sous peine de compromettre la sûreté de l'État, à l'approvisionnement de Rome et des gran-

---

(1) Code J., liv. 11, tit. 22 et 23.
(2) Code J., liv. 10, t. 16 et 17.
(3) Cic., *pro Sextio*, 25, 48.
(4) Fl. Vopiscus, *Aurélien*, 35.

des villes, l'on comprend qu'une administration nombreuse était nécessaire et qu'il fallait une surveillance active sur les artisans chargés de la subsistance du peuple.

Les profusions des empereurs allèrent toujours en croissant. Aux distributions régulières, ils ajoutèrent les *largitiones* extraordinaires : augmentation de la ration de blé ou de pain, distributions supplémentaires de vin, d'huile, de viande. Au pain frais distribué tous les jours, Aurélien joignit de la viande de porc (1); il allait même y ajouter une ration quotidienne de vin, quand le préfet du prétoire l'arrêta, en lui faisant entrevoir comme conséquence la nécessité de faire aussi un jour des distributions d'oies et de poulets. Les sujets regardaient ces faveurs comme un droit; dans la situation économique de l'Empire, elles devinrent une nécessité politique. Nous voyons Claude prendre des mesures pour faire venir des vivres à Rome, même pendant l'hiver (2).

L'annône occupait de nombreux corps de métier.

Les bouchers se divisaient en plusieurs métiers dictincts : les *pecuarii* vendaient du mouton; les *boarii*, du bœuf; les *suarii* et *porcinarii*, du porc. Les bouchers allaient, à certaines époques, faire, au nom de l'État, leurs réquisitions dans les campagnes de l'Italie, car la fourniture de la viande destinée au

(1) Fl. Vopiscus, *Aurélien*, 35.
(2) Suétone, *Claude*, 18.

peuple était une charge qui pesait, comme bien d'autres, sur l'agriculture.

Les *pistores,* qui étaient à la fois meuniers et boulangers, étaient répartis en *officinæ*, c'est-à-dire en
ateliers; chaque atelier était dirigé par un patron à
qui étaient confiés les animaux, les esclaves, les meu-
les, les instruments de travail, et aussi l'administration du patrimoine de la corporation pour la portion
afférente à chaque officine (1).

La situation du *pistor* était particulièrement dure,
en ce qu'il était rivé, plus étroitement qu'aucun
autre artisan, à sa condition (2).

Une organisation analogue existait pour les corporations de *suarii* et de *caudicarii* (bateliers).

L'annone avait des magasins dans les pays de production, des greniers à Rome et aux environs pour
la réception et la garde du blé; une corporation
spéciale, les *navicularii*, était chargée des transports.
Les corps de naviculaires furent créés pour amener
le blé d'Egypte d'abord ; au iie siècle, d'après le témoignage de Gaius et de quelques inscriptions, ils
sont répandus dans tout l'Empire (3). L'organisation
complète de ces corps de métiers ne se fit que peu à
peu ; dans le principe, c'étaient des entrepreneurs
particuliers qui se chargeaient des transports mari-

(1) Loi 7, code Théod., liv. 14, tit. 3.
(2) Loi 8, *ibid.*
(3) Loi 1 pr., D., liv. 3, t. 4.

times. Sous Claude, il leur fut accordé de grands avantages; les constructeurs de navires notamment furent favorisés (1). La navigation maritime ne préoccupa pas seule les empereurs qui organisèrent aussi des corps de bateliers sur les fleuves et rivières. Un corps de bateliers, les *caudicaires*, était chargé d'amener d'Ostie à Rome le blé que les naviculaires déchargeaient dans ce port. Sénèque parle même des caudicaires comme d'une corporation très ancienne (2). Ils n'étaient d'ailleurs pas les seuls ouvriers du port : il y avait encore les mesureurs, les déchargeurs, les chargeurs, les portefaix qui contribuaient pour leur part au service de l'annone; des inscriptions révèlent l'existence des *scapharii* dans la Bétique (3), — des *lintrarii*, à Cadix, — des mariniers de la Saône et du Rhône,— et des *nautæ* dans diverses contrées (4). Parmi ces derniers, nous trouvons les bateliers parisiens, *nautæ parisiaci,* qui existaient déjà sous Tibère, ainsi que l'atteste l'inscription :

Tib. Cæsare. Aug. Jovi. Optumo.
Maxumo. (Ara). Nautæ. Parisiac.
Publice. Posuerunt (5).

Des corporations semblables s'étaient formées à la

(1) Suétone, *Claude*, 18-19.
(2) Sénèque, *de Brev. vitæ*, 13.
(3) *Corp. Berol.*, II, 1180.
(4) *Corp. Berol.*, V, 4990.
(5) Dulaure, *Hist. de Paris*, t. I, p. 47. — Ce monument, fragment d'un autel dédié à Jupiter, est au musée des Thermes de Cluny.

même époque dans différentes parties de la Gaule, situées sur des cours d'eau navigables. En effet, « les routes de terre étant rares et impraticables, les Romains n'effectuaient le transport des vivres et munitions nécessaires à leurs armées que par la voie des rivières navigables.

Lutèce, située sur la Seine, rivière dont la navigation est commode, dans laquelle viennent déboucher quelques autres, telles que l'Yonne, la Marne et l'Oise, parut dans une position heureuse, et servit de point central à la navigation d'une partie de la Gaule. Aussi voit-on, vers la fin du IV siècle, qu'il existait sur la Seine, à Andresy, une flotte de bateaux sous la direction d'un préfet résidant à Paris, et que, lorsque les Francs eurent succédé aux Romains, une corporation de bateliers s'est maintenue longtemps dans cette ville, sous les noms de *Mercatores aquæ parisiaci, confrérie des marchands de l'eau* (1) ».

La navigation en Gaule, au temps de la domination romaine, avait pris un grand développement ; d'importants travaux, au dire de Strabon, avaient été faits sur la Seine, la Saône, la Loire, le Rhône, l'Aude, la Garonne. Sur ces différents fleuves, les mariniers formèrent des associations semblables à celles des artisans et marchands de Rome ; ils furent les premiers commerçants d'une nation dont la prin-

(1) Dulaure, *ouvr. cité*, p. 51.

cipale richesse consista d'abord dans l'exportation des
produits du sol. Les nautes, que l'on rencontre dans
toutes les régions, étaient regardés comme une honorable et puissante corporation ; ceux du Rhône et
de la Saône avaient quarante places réservées dans
l'amphithéâtre de Nîmes (1).

La Gaule, d'ailleurs, enrichie par son commerce
et son industrie, était une des provinces où les
classes ouvrières avaient le plus prospéré et où les
corps de métiers étaient le plus nombreux : nous en
avons le témoignage dans les inscriptions des tombeaux qui ont conservé pour l'histoire les noms et
les professions d'artisans de tout genre (2). Ces artisans étaient presque tous membres d'une corporation ; souvent plusieurs métiers ne formaient qu'un
même collège.

Quelques-unes de ces corporations paraissent
avoir possédé de grandes richesses et joué un rôle
assez important dans les cités gauloises. Il suffit de
citer les' corporations de nautes et de naviculaires
qui s'étaient établies, comme nous l'avons vu, non
seulement sur la Seine, mais sur la Loire, sur la
Saône, sur le Rhône, sur la Durance (3), sur la Mo-

(1) A. de Boissieu, *Inscript. de Lyon*, 396.
(2) Voir : liste de quelques professions en Gaule, d'après des in_
scriptions, dans Levasseur, *Hist. des classes ouvrières*, tome I, ch. 6,
page 70, note 1.
(3) Orellius, 4120.

selle, à Narbonne (1), à Arles ; — les corporations des *utricularii* (2), qui semblent accompagner partout les nautes , sous la protection d'un même patron ; — celles des marchands de vins (3), des tireurs de sable (4), des forgerons (5) et des charpentiers.

La conquête romaine fut particulièrement bienfaisante pour la Gaule ; une révolution très brusque se fit de suite dans les mœurs du peuple gaulois et dans l'aspect même du pays. Barbare au temps de César, la Gaule était civilisée sous Auguste, et, à l'époque des Antonins, l'une des provinces les plus florissantes de l'Empire et des plus « romaines ». Les villes avaient adopté tout de suite non seulement les institutions politiques de Rome, mais ses institutions civiles, ses mœurs, ses goûts.

L'esclavage ne paraît pas avoir exercé sur les arts manuels une influence aussi funeste qu'en Italie, parce qu'en Gaule la population servile ne fut jamais aussi nombreuse ; les corporations y étaient moins turbulentes et moins méprisées, et les artisans contribuèrent pour une large part à la prospérité du pays. La Gaule s'était approprié avec une merveilleuse facilité la civilisation du vainqueur. Du temps

(1) Orellius, 4241.
(2) *Ibid.*, 4120.
(3) *Ibid.*, 4077.
(4) *Ibid.*, 2773.
(5) *Ibid.*, 4085.

de Strabon, on ne trouvait plus guère les vieilles coutumes gauloises qu'au delà du Rhin ; il y avait des écoles dans beaucoup de villes, les Gaulois se rendaient même à Marseille pour y étudier les lettres grecques, dit Strabon.

Au IIᵉ siècle, les corporations ouvrières se multiplient et deviennent indispensables à la vie sociale. Gaius et les jurisconsultes classiques en font foi. Les corps de métiers, tels que les *pistores* (boulangers) et les *fabri* de tout genre, existent partout, non seulement à Rome, mais dans les principales villes des provinces (1) ; l'autorisation leur est facilement accordée, parce que, comme on l'a vu précédemment, l'État a besoin de leurs services. Aussi, en échange, les artisans jouissent de certaines immunités qui ne compensent pas toujours, il est vrai, les lourdes charges qui pèsent sur eux, surtout au Bas-Empire (2).

En apparence, la politique impériale favorise les corporations d'ouvriers : Marc-Aurèle les autorise à recevoir des legs ; Pertinax reconnaît certains privilèges aux naviculaires (3) ; Antonin le Pieux règle pour tous les corps de métiers les conditions où l'immunité est accordée (4).

(1) Loi 1 pr., Dig., liv. 3, t. 4.
(2) Voir au Dig., le titre « de jure immunitatis », liv. 50, t. 6.
(3) Loi 5, § 13, D., liv. 50, t. 6.
(4) *Ibid.*

Au dire de Lampride, c'est Alexandre Sévère qui s'occupa le plus des corporations ; ce prince en créa une multitude, « mechanica opera Romæ plurima instituit. » L'historien exagère même en disant : « Corpora omnium constituit, vinariorum, lupinariorum, caligariorum, et *omnino omnium artium* » (1), car personne n'a jamais soutenu qu'il n'existât pas de corps de métiers avant Alexandre Sévère. Celui-ci donna encore aux artisans des juges spéciaux et une juridiction spéciale : « Hisque ex sexe *defensores* (2) dedit et jussit quid ad quos judices pertineret (3). » Une constitution d'Anastase défendit aux marchands et aux artisans de décliner la juridiction des juges dont parle Lampride : « Periniquum et temerarium esse perspicimus, eos qui professiones aliquas seu negotiationes exercere noscuntur, judicum ad quos earum professionum seu negotiationum cura pertinet, jurisdictionem et præceptionem declinare conari (4).» Aucune charge publique, aucun privilège ne peut le soustraire à cette juridiction, restreinte d'ailleurs aux seules affaires du métier (5).

(1) Lampride, *in Alex. Sev.*, ch. 33.

(2) Nous verrons plus tard le rôle des *defensores* créés par Alex. Sévère. — V. *infrà*, page 127.

(3) Lamp., *loc. cit.* — Sur Alex. Sévère, voir encore loi 1 pr., Dig., liv. 47, t. 22.

(4) Loi 7, C., liv. 3, t. 13.

(5) La juridiction de ces magistrats répondait sans doute à la juridiction que les jurés des corporations du moyen âge exerçaient sur leurs confrères, pour apaiser entre eux les dissensions et réprimer les contraventions aux statuts.

CHAPITRE V

FIN DE L'EMPIRE. — PHYSIONOMIE ORIGINALE DES CORPORA-
TIONS OUVRIÈRES. — DÉPENDANCE COMPLÈTE DE L'ÉTAT. —
MANUFACTURES IMPÉRIALES. — MULTITUDE DE CORPS DE
MÉTIERS. — CONDITION DES ARTISANS VOISINE DE LA SER-
VITUDE.

Sous les empereurs chrétiens, la physionomie
des corporations est tout à fait originale; c'est l'é-
poque la plus intéressante à étudier au point de vue
de l'organisation industrielle. Les conceptions économiques d'alors ne ressemblent en rien aux théories
modernes.

Les textes du Code Théodosien nous montrent les
artisans sous la dépendance presque absolue de l'É-
tat ; celui-ci se substitue partout à l'individu, dans le
but d'assurer le fonctionnement de la vie sociale :
ainsi est à peu près annihilée la liberté individuelle.

Presque toutes les lois qui font sentir à l'ouvrier
sa servitude appartiennent à l'histoire du ɪvᵉ siècle ;
c'est à cette époque que les boulangers, les bouchers
et les naviculaires se voient irrévocablement attachés, corps et biens, à leur métier, que les membres
des autres corporations sont ramenés de force à

leur travail et que la condition de tous tend de plus
en plus à se rapprocher de celle des esclaves employés dans les manufactures impériales.

Tous les corps de métiers dépendent de l'Administration centrale, et leur exercice est minutieusement
réglementé. Réglementation excessive en tout, telle
fut en effet la politique intérieure des derniers empereurs : le fonctionnarisme administratif, la plaie
du Bas-Empire, a tout envahi, et il faut de toute nécessité l'impulsion d'une force supérieure pour mettre en mouvement des rouages aussi compliqués ;
mais un jour viendra où cette force sera impuissante, et la grande machine, usée, se disloquera, incapable de continuer son service.

Il n'y a donc pas lieu d'être surpris si l'on trouve,
à la fin de l'Empire, tous les métiers groupés en corporations, sous les noms les plus divers ; au fond,
toutes ont la même organisation et la même utilité
publique. Les *fabricenses*, ouvriers des manufactures
impériales, avaient une situation particulièrement
dure ; c'étaient des agglomérations d'hommes libres
réunis dans un atelier et travaillant sous les ordres
d'un chef. Le recueil des inscriptions de Gruter cite
les *castellarii*, les *plombarii*, les *monetæ officina-
tores* (1), et les *murilegati*, — occupés les uns et les
autres au service des eaux, aux plomberies, aux fabriques de monnaie et à celles de pourpre. Il y avait

(1) Gruter, *Inscr.* 1, p. 74.

encore les ouvriers de l'armée et ceux de la maison du prince (1).

Placées sous la surveillance du maître des offices ou du comte des largesses sacrés, ou de tout autre fonctionnaire de la cour, les manufactures de l'État occupaient aussi des esclaves; elles comprenaient d'ailleurs les mêmes classes de personnes que celles travaillant dans les carrières, mines et salines, c'est-à-dire quatre sortes d'ouvriers dont voici l'énumération : 1° les condamnés, qui étaient chargés de chaînes et esclaves sans espoir d'arriver à la liberté, car la grâce du prince les laissait en servitude ; 2° les esclaves non condamnés qui avaient le même sort que les anciens esclaves publics, par conséquent n'avaient pas de chaînes à porter, pouvaient être affranchis et possédaient un pécule dont ils pouvaient disposer par testament jusqu'à concurrence de moitié (2); 3° les affranchis, qui étaient d'anciens esclaves publics attachés à ces travaux et devenus contremaîtres ou surveillants en même temps que libres ; 4° enfin les personnes libres, mais attachées à ces travaux soit par la naissance, soit volontairement. Dans ce dernier cas, la personne qui entrait dans ces services devait fournir une attestation indiquant qu'elle était libre.

(1) C. Th., l. X, t. 20, loi 16, § 426.

(2) Ulpien, *Rég.*, t. XX, § 16 : « Servus publicus populi romani partis dimidiæ testamenti faciendi habet jus. »

Tous, libres ou esclaves, une fois incorporés, ne pouvaient quitter les travaux, et étaient marqués à la main, afin de faciliter leur découverte en cas de fuite : « Stigmata (hoc est nota publica) fabricensium brachiis ad imitationem tyronum infligantur, ut hoc saltem modo possint latitantes agnosci (1)... » «... Singulis manibus eorum (c'est-à-dire les *aquarii*) felici nomine pietatis nostræ impresso signari decernimus, ut hujusmodi adnotatione manifesti sint omnibus (2). » Cette ignominieuse mesure de précaution prouve combien les membres des corporations officielles étaient heureux; ils ne songeaient qu'à fuir.

Plusieurs constitutions de Valentinien frappaient de lourdes amendes ceux qui recèleraient les *textrini*, les *gynæcæi*, les *linteones*, ouvriers occupés à la fabrication des vêtements de la cour (3). Les armuriers fugitifs étaient marqués de même sur les bras ou à la main, comme les soldats (4).

En dehors des manufactures impériales, l'on voit fonctionner une multitude de corps de métiers, organisés avec soin par les empereurs. Outre les bateliers et les boulangers (*navicularii, nautæ, pisto-*

(1) Code J., loi 3, liv. 11, t. 9.

(2) C. J., loi 10, *in fine*, liv. 11, t. 42.

(3) Lois 2, 6, 9, C. Th. ,l. X, t. 20. Voir aussi au Code, loi 3, déjà citée, liv. 11, t. 9.

(4) Loi 4, C. Th., X, 22. Voir à la suite de cette loi 4 le commentaire de Godefroy qui cite les différentes parties du corps où étaient imprimées les marques, etc.

res), que nous connaissons déjà, il y avait de nombreuses corporations chargées du service de l'*annona :* ainsi les *olearii,* qui apportaient l'huile à Rome et à Constantinople, les *pecuarii*, les *suarii*, les *porcinarii* (1), qui s'occupaient des approvisionnements de viande, les *geruli,* portefaix. Le salaire de ceux-ci était taxé, mais nul n'avait le droit d'enlever du port ses denrées sans leur intermédiaire. « S'il est prouvé qu'un particulier a fait transporter par ses hommes des marchandises qui lui arrivaient, le cinquième de ces marchandises sera confisqué au profit du Trésor (2). »

Tous ces corps étaient placés sous l'autorité d'un magistrat spécial, le *præfectus annonæ.* « Tous les corps d'entrepreneurs attachés à l'Administration étaient placés immédiatement sous les ordres et sous la juridiction des préfets de l'*annonæ* de Rome, d'Alexandrie et d'Afrique. Ces préfets cumulaient les deux pouvoirs administratif et judiciaire en même temps qu'on exerçait la direction et qu'on tenait les comptes des approvisionnements dans leurs bureaux ; leurs officiers poursuivaient les membres des corporations prises en faute, et c'était à leur tribunal qu'étaient jugés les délits. Ils pouvaient condamner à mort (3). »

(1) C., liv. 11, t. 16.
(2) Loi 1, C. Th., liv. 14, t. 21.
(3) Naudet : *Les secours publics à Rome.* Mém. de l'Acad. des inscriptions, t. XIII.

Le préfet de l'*annona* avait au-dessus de lui le préfet de la ville qui intervenait pour surveiller les dépôts, apurer les comptes, faire les enquêtes, etc.

Venaient enfin toutes les corporations ouvrières proprement dites, c'est-à-dire celles composées d'artisans se livrant aux travaux de toute sorte nécessités par les besoins d'une société très civilisée : construction et bâtiment, mécanique, vêtement, luxe, arts, etc. On en trouve de longues énumérations, principalement dans le Code Théodosien (1); un seul texte du Code de Justinien cite une quarantaine de corporations (2). Semblable énumération au Digeste (3). M. Houdoy, dans son ouvrage sur le droit municipal, donne la liste suivante des corps de métiers auxquels l'immunité est accordée par Constantin : l'empereur comprend dans son énumération les architectes, les médecins, les sculpteurs de bois, les ouvriers en mosaïque, les doreurs, les crépisseurs, les ouvriers qui travaillent l'argent, les brodeurs, les tourneurs, les ciseleurs sur bronze, les fondeurs, les constructeurs de machines, les ouvriers en maroquin, les niveleurs, les potiers, les orfèvres, les verriers, les plombiers, les miroitiers, les ouvriers en ivoire, les pelletiers, les foulons, les charpentiers, les peintres de murailles, les monnayeurs, les con-

(1) C. Th., voir à l'Index bibliographique.
(2) Loi 1, C. J., liv. 10, t. 64.
(3) Loi 6, Dig., liv. 50, t. 6.

structeurs de triges (chaises à deux roues), enfin les batteurs de métaux (1).

L'empereur Adrien avait beaucoup développé les corps d'ouvriers lors des grands travaux entrepris à cette époque, aqueducs, amphithéâtres, thermes, ponts. « Ad specimen legionum militarium, dit de ce prince l'historien Aurélius Victor, fabros, perpendiculatores, architectos, genusque cunctum exstruendorum mœnium seu decorandorum in cohortes centuriaverat (2). »

Dans les provinces en effet on trouve les corporations réunies quasi militairement sous l'autorité d'un haut magistrat, le *præfectus fabrum* : il a sous ses ordres les *fabri ærarii*, fondeurs et ciseleurs en bronze, les *fabri tignarii*, charpentiers, les *centonarii*, couvreurs, les *ferrarii*, serruriers, et bien d'autres encore.

Enfin, soit à Rome ou à Constantinople, soit dans les villes importantes, dans les colonies ou dans les municipes, il existe des corps multiples dont maintes inscriptions révèlent l'existence, depuis les *fabri navales* et *aurifices*, constructeurs de navires et orfèvres, jusqu'aux *tinctores* et *sutores*, teinturiers et cordonniers; tous dépendent plus ou moins directement du préfet de Rome ou des gouverneurs de provinces et des magistrats municipaux.

(1) Houdoy, *Droit municipal,* p. 508 et s.
(2) Aur. Victor, *de Vita et moribus imper.,* ch. XIV.

On peut se rendre compte, d'après les développements qui précèdent, du rôle de l'État à la fin de l'Empire vis-à-vis de l'industrie. L'intervention administrative devient de jour en jour plus étroite. Même pour les corporations qui ne dépendaient pas directement de l'État, dont les services n'étaient pas tarifés et payés par les agents officiels, la condition était voisine de la servitude. C'est l'État qui assurait le recrutement des membres, par tous les moyens possibles, même par la force : on a vu plus haut les mesures prises contre les artisans qui cherchaient à se soustraire à leur misérable situation. C'est l'État aussi qui réglait les conditions d'existence des corps de métiers, cherchant à compenser, par de nombreux privilèges et immunités, les lourdes charges qui les écrasaient (1).

Ainsi se résume toute la politique de cette époque : l'État se substitue à l'individu, il pourvoit à tous les besoins d'une société impuissante à y pourvoir elle-même. Aussi les sujets de l'Empire s'amollissent de plus en plus, ils n'ont qu'à se laisser vivre, plongés dans l'indolence et la torpeur : ils savent que l'administration se charge pour eux des approvisionnements de tout ce qui est nécessaire à l'existence. Même il y a des distributions gratuites de vivres.

Les Romains d'alors ne demandent qu'une chose,

(1) V. ci-dessous, chapitre sur les immunités.

les spectacles. « Du pain et les jeux du cirque! »,
s'écriait, avec une amère ironie, Juvénal, dès le
1er siècle. Ce cri est celui du peuple au Bas-Empire,
l'époque des spectacles par excellence. Les empereurs veillaient eux-mêmes à ce que ce besoin de
plaisirs fût satisfait ; pour n'en citer qu'un exemple,
les actrices, *thymelicæ*, *scenicæ*, ne pouvaient plus
sortir de leur profession dégradante, et leurs enfants,
en naissant, devenaient membres de la corporation (1).
C'est d'ailleurs le même principe qui était mis en
pratique pour tous les corps de métiers, et pour la
classe particulière des colons.

(1) Orelli, 2619. — Cf. C. Th., *de Scenicis*, lois 2, 4, 9, liv. XV,
t. 7.

DEUXIÈME PARTIE

ORGANISATION INTÉRIEURE DES CORPORATIONS

CHAPITRE PREMIER

AU BAS-EMPIRE, L'INDIVIDU EST ATTACHÉ PAR L' « ORIGO » A SA POSITION. — EXEMPLES, POUR LES MEMBRES DES CORPORATIONS. — BIENS IMMOBILISÉS AU SERVICE DE CERTAINES CORPORATIONS.

Il est un principe fondamental que nous trouvons, à tous les échelons de la vie sociale, au Bas-Empire : c'est que chaque individu est attaché par l'*origo* à sa position. L'Empire déjà croulant ne pouvait se maintenir que par la permanence des institutions, et il était secondé en cela par le fonctionnement d'une administration développée à l'excès.

Les nombreux textes du Code Théodosien qui ont rapport à notre matière consacrent tous l'application de ce principe : le *corporatus* ou *collegiatus* est lié à sa corporation par l'*origo*. Les charges de toutes sortes, imposées par l'État, passent du père au fils ; elles deviennent héréditaires comme le passif d'une succession, — et dans l'ordre économique il n'y a pas de renonciation possible.

Déjà, en fait, depuis longtemps les charges municipales avaient ce caractère de perpétuité à l'égard des descendants; il en advint de même pour les charges corporatives. Les enfants ne pouvaient avoir une profession autre que celle de leurs parents, — nous ne disons pas seulement « celle de leur père », car les textes nous apprennent, entre maints exemples, que les filles d'actrices naissaient actrices elles-mêmes (1). Et cependant cette profession peu estimée était classée parmi les professions viles : c'était donc une déchéance imposée à l'enfant venant au monde. De même les enfants, nés d'un *monetarius* (ouvrier des fabriques de monnaie) et d'une femme libre de toute charge personnelle, entraient dans le corps des *monetarii* (2). En général, l'ouvrier d'une manufacture publique ne pouvait épouser une femme libre ou la fille d'un colon qu'en faisant partager sa propre condition à sa femme et à sa postérité; la femme libre avait cependant le droit de se séparer et le maître pouvait réclamer sa colone, mais il ne fallait pas laisser passer certains délais. De pareils règlements devaient rendre bien rares les unions entre les ouvriers des manufactures et le reste de la société ; aussi vivaient-ils en quelque sorte isolés des autres

(1) Lois 2, 4, 9, C. Th., l. XV, t. 7.
(2) 10, C. Th., l. X, t. 20. — Cf. 3 et 5, C. Th., X, 20.

hommes. A l'inverse, si un homme n'appartenant à aucun corps de métier épousait une femme liée à une corporation, il devenait membre de la corporation, lui et les enfants à naître de cette union ; les choses se passaient ainsi pour le corps des *pistores*, d'après une constitution de l'empereur Constance (1), et il ne faut pas douter que cette disposition législative était applicable à d'autres corps d'artisans.

Ainsi les empereurs avaient ordonné que tout homme qui prendrait une femme dans la classe des pêcheurs de *murex* deviendrait lui-même pêcheur (2). On peut dire d'une manière générale que tout enfant né de la fille d'un ouvrier suivait la condition de sa mère, quelque fût d'ailleurs le père (3).

Donc l'*origo* qui, suivant l'expression des auteurs, rendait l'individu *obnoxius collegio* (4), — c'est-à-dire soumis à toutes les charges de la corporation, — n'était pas seulement communiquée par la naissance, mais par d'autres modes encore : par le mariage, ainsi qu'on vient de le voir ; d'autres fois, c'était la conséquence d'une peine, d'une déchéance : en vertu d'une constitution de Constantin et Valentinien, on devenait *pistor* à la suite de certaines condamnations peu graves : « ad pistrina revocentur (5). »

(1) 2 et 14, C. Th., XIV, 3.
(2) Loi 5, C. Th., liv. 10, t. 20.
(3) Loi 15, *ibid*.
(4) Loi 8, C. Th., liv. 14, t. 4 ; — loi 15, C. Th., liv. 10, t. 19.
(5) Loi 3, C. Th., l. IX, t. 40.

Un autre moyen employé à cette époque était l'enrôlement forcé, par ordre de l'empereur ou par
désignation du magistrat (1). Ainsi les individus
vacui publico officio, c'est-à-dire exempts de charges
publiques, étaient attribués à certaines corporations (2).

Remarquons que, lorsqu'un membre décédé laissait un enfant mineur, celui-ci, jusqu'à vingt ans,
était, par une sorte d'excuse légale, dispensé d'exercer le métier de son père ; seulement, la corporation
devait lui donner un remplaçant. Et, chose singulière, ce remplaçant restait membre de la corporation même après la majorité qui permettait à l'héritier de remplir son rôle actif au sein du collège.
Cette particularité est une preuve de la nécessité où
se trouvait le législateur de recruter des membres
par tous les moyens possibles.

Enfin, certains biens étaient également *obnoxia
collegio ;* leur destination ne pouvait être changée,
parce qu'ils étaient frappés d'une charge, d'une servitude d'une nature particulière au profit de la personne morale « corporation ». L'exemple le plus
remarquable est fourni par le corps des naviculaires ; le patrimoine du *navicularius* était affecté irré-

----

(1) C. Th., *de Navicul.*, lois 14 et 27, et *passim* (liv. 13, tit. 5).
(2) Voir notamment pour le corps des naviculaires loi 3, C. Th.,
l. XIII, t. 9.

vocablement au service de la corporation (1); les acquéreurs de ses *prædia* étaient tenus des mêmes obligations, s'ils ne préféraient délaisser (2). La législation était très sévère sur ce point (3), à cause de l'utilité même des corps qui étaient chargés du transport de l'annone.

Le Code Théodosien renferme des dispositions analogues en ce qui concerne les biens des boulangers et des charcutiers, *pistores* et *suarii* (4).

L'immeuble lui-même est donc soumis directement à l'obligation ; c'est la substitution du lien réel au lien personnel. Il n'y a pas lieu de s'en étonner lorsqu'on sait la situation du colon attaché à sa terre et lorsqu'on voit à la même époque le service militaire et l'impôt dus par cette même terre.

(1) Loi 5, D., liv. 50, tit. 4.
(2) C. Th., *de Prædiis navic.*, liv. 13, t. 6.
(3) Lois 3, 9, 10, C. Th., l. XIII, t. 6.
(4) 13, C. Th., l. XIV, t. 3.

CHAPITRE II

LES ARTISANS ESSAYENT DE FUIR LEURS CORPORATIONS ; MESURES VIOLENTES CONTRE EUX. — RECRUTEMENT DES MEMBRES. — CONSTITUTION DE LA CORPORATION A L'IMAGE DE LA CURIE MUNICIPALE.

Pour être logique, l'État, une fois entré dans cette voie, devait non seulement veiller au recrutement des artisans dans les collèges, mais aussi à leur maintien après l'incorporation. Il fallait les empêcher de se soustraire aux charges qui leur incombaient ; les empereurs furent souvent obligés d'employer la contrainte. On a vu plus haut (1) les mesures édictées contre les *collegiati* fugitifs et leurs recéleurs : l'existence même de ces mesures violentes révèle la condition malheureuse des ouvriers qui cherchaient à se cacher, et surtout à fuir les villes où l'Administration faisait plus lourdement sentir le poids de son autorité. Le Code Théodosien renferme une constitution d'Arcadius et Honorius qui en dit plus sur la situation des corporations à cette époque que tous les commentaires possibles. « Les cités, privées de leurs corps de métiers,

____

(1) Voir *supra*, page 93.

ont perdu leur antique splendeur, car beaucoup de membres des corporations, abandonnant les villes pour la vie des champs, se sont réfugiés dans des lieux solitaires et inaccessibles. Mais nous voulons, par notre autorité, anéantir de tels projets ; en quel⁻ que endroit que soient découverts les fugitifs, nous ordonnons qu'ils soient ramenés aussitôt à leur service, sans aucune exception (1). » En lisant ce passage, où l'on voit les habitants des villes rechercher le sort, — peu enviable pourtant au Bas-Empire, — des populations rurales, un rapprochement se fait spontanément dans l'esprit avec la situation inverse d'aujourd'hui : le paysan désertant sa campagne pour la ville.

Une particularité curieuse sur les étudiants romains est à noter à cette place.

Après l'âge de vingt ans, les jeunes gens qui étaient venus à Rome pour y faire leurs études étaient renvoyés à leur province d'origine par les soins des magistrats (2) : cette mesure avait pour but d'empêcher ces jeunes gens de se soustraire, sous prétexte d'études, aux charges locales dont ils allaient être tenus chez eux. Cependant, il y avait un moyen pour eux d'échapper à l'obligation du retour, c'était de s'engager dans les corporations de la ville de Rome ; ils étaient alors astreints à demeurer à

(1) Loi 1, C. Th., l. XII, t. 19.
(2) Loi 1, C. Th., l. 14, t. 9.

Rome pour y remplir le service public qu'ils avaient choisi.

L'on voit, par les développements qui précèdent, combien les corporations étaient devenues indispensables à la société, et l'on comprend pourquoi les empereurs veillaient avec un soin si jaloux à ce que leurs cadres fussent toujours remplis. Les *pistores* (boulangers), par exemple, étaient étroitement liés par leur charge ; ils ne pouvaient jamais sortir de leur corporation (1) ; Valentinien défendit même au *pistor* d'implorer directement l'empereur par une supplique pour obtenir sa libération : « Nulli liceat pistorum, supplicatione delata, subterfugiendi muneris impetrasse licentiam. » Il lui défendit également d'entrer dans les ordres, pour échapper au service des *pistrina* (2).

Cependant pour les *suarii* (marchands de viande de porc), les règlements étaient différents : ils pouvaient entrer dans le clergé, par conséquent quitter la corporation, mais à une condition bien rigoureuse, celle d'abandonner leurs biens à leur collège (3).

Le refuge dans l'Église était en effet un bon moyen pour se soustraire aux charges imposées par l'État dont les clercs avaient l'immunité. Aussi les empe-

(1) 8, C. Th., XIV, 3.
(2) 11, C. Th., XIV, tit. 3.
(3) 8, C. Th., XIV, 4.

reurs s'efforcèrent-ils d'entraver cette faculté tant
pour les *curiales* (1), que pour les membres des corporations ; une constitution de Théodose II et Valen-
linien III ordonne de ramener à leurs collèges les
corporati entrés déjà dans les ordres mineurs, et
une constitution postérieure se montre encore plus
sévère : « Que nul *corporatus* de Rome ou des autres
villes, que nul *collegiatus*, que nul *curial* n'entre dans
le clergé ni dans les monastères, que nul membre
des corporations des villes ne soit élevé à la dignité
de défenseur de la Cité, sous peine de la confiscation
de ses biens, qui seront attribués à la curie, s'il s'a-
git d'un *curial*, à la corporation, s'il s'agit d'un *corporatus*... Ceux qui, dans les dix ans qui précèdent
la date de la présente loi, ont été ordonnés diacres
devront fournir des remplaçants à leur corporation,
sinon ils seront réduits à leur ancienne condition.
Quant aux ministres sacrés d'un rang inférieur, ils
devront être ramenés à leur première condition. Il
n'en sera pas ainsi des évêques et des prêtres ; on
ne leur appliquera que les lois anciennes concernant
le patrimoine, c'est-à-dire que les prêtres et les
évêques pourront se libérer complètement en abandonnant leurs biens (2). »

A l'indissolubilité du lien corporatif il y avait

____

(1) Voir 163, C. Th., l. XII, t. 1.
(2) Nov. Valent., III, titre 12.

pourtant des tempéraments, extrêmement peu nombreux, il est vrai, et tout à fait exceptionnels. Ainsi le *prior patronus* des boulangers était libéré de sa charge après cinq ans de fonctions et sortait de la corporation (1). Mais c'est une exception qu'il ne faudrait pas étendre aux patrons des autres corps de métiers. Un autre mode de se libérer, que nous avons vu pratiqué plus haut pour ceux qui entraient dans les ordres, était de présenter un remplaçant et d'abandonner ses biens ; — quelquefois l'une des deux conditions suffisait. Enfin, on faisait parfois sortir des artisans de leur collège pour les placer dans la curie (2); cela n'avait lieu qu'en cas de besoin absolu, quand la curie était vide. Bien entendu, le nouveau curial n'était plus tenu d'aucune des charges de son ancienne corporation. Nous ne trouvons pas dans les textes que le moyen inverse fût jamais employé : enlever un membre à la curie pour combler un vide dans un corps de métier. Remarquons en outre qu'il n'était pas permis de se réfugier volontairement dans les corporations pour fuir la curie, pas plus qu'il n'était permis de se réfugier des corporations dans la curie.

Le même caractère de perpétuité et de quasi servitude se retrouve au Bas-Empire pour toutes les

______

(1) 7, C. Th., l. XIV, 3.
(2) 19, C. Th., XII, t. 1.

charges comme pour tous les honneurs et pour toutes les dignités de l'État (1).

L'ensemble des membres de l'*universitas* « corporation » prend différents noms dans les inscriptions : *populus,* ou *plebs,* ou *respublica collegii* (2). On retrouve les mêmes termes dans l'organisation intérieure de la Cité ; ceci montre une fois de plus que les corporations étaient modelées sur la curie municipale, *ad exemplum reipublicæ,* comme le dit Gaius (3).

A Rome et dans les grandes villes, les corporations avaient pour membres les artisans exerçant le même métier ; mais dans les petites villes, le plus souvent la même corporation comprenait diverses professions. C'était même l'ordinaire pour l'industrie du bâtiment (4). Le service des incendies était assuré par le concours de toutes les corporations, à raison de deux membres par corporation.

Il y avait des corporations qui ne pouvaient pas recevoir plus d'un certain nombre de membres : ainsi celle des *pistores* (boulangers). Le texte d'Ulpien est formel à cet égard : « Sed non alios puto excusandos quam qui intra numerum constituti cen-

______

(1) Cf. loi 2, C. Th., XIV, 8 ; — 162, C. Th., XII, t. 1 ; — 3 et 11, C. Th., XIII, 5|; — 8, C. Th., XIV, 4.

(2) Orelli, 2417, 4104, 4054, 4075.

(3) Loi 1, D., l. 3, t. 4.

(4) V., au Code Th., liv. XIV, t. 8, la loi 1 qui nous fournit de précieux renseignements à ce sujet.

tenarium pistrinum exerceant (1) ». Cette opinion d'Ulpien semblerait confirmer l'idée qu'il y avait probablement des membres honoraires dans certains collèges d'artisans : ces membres honoraires, enrôlés dans un but de bienfaisance, venaient grossir la caisse commune de leurs cotisations.

Callistrate, dans un texte déjà commenté (2), dit que l'immunité, accordée aux membres des corporations ouvrières, ne doit pas s'étendre à d'autres qu'aux artisans : « Nec omnibus promiscue qui adsumpti sunt in his collegiis immunitas datur, *sed artificibus duntaxat.* » « Et l'immunité n'est pas accordée indistinctement à tous ceux qui sont admis dans ces corporations, mais à ceux seulement qui ont la condition d'*artisans.* » C'est donc qu'en dehors des artisans proprement dits, d'autres membres étaient reçus au sein du collège, et l'on peut sans témérité comparer ces derniers aux membres honoraires de nos sociétés de secours mutuels (3).

Recrutement des membres des corporations. — Il nous reste à examiner comment étaient recrutés les membres des corporations.

(1) *Frag. vatic.* 233; — loi 46, D., liv. 27, t. 1.
(2) Loi 5, Dig., liv. 50, t. 6.
(3) Nous verrons plus loin (page 123) le subterfuge de certains citoyens riches qui se faisaient admettre dans les corporations ouvrières dans le but inavoué d'échapper aux charges municipales : des particuliers notamment qui possédaient un ou plusieurs navires cherchèrent à entrer dans le collège des naviculaires, mais les empereurs se hâtèrent de remédier à cet abus. (V. p. 123.)

Les documents manquent pour les époques de la République et des premiers empereurs ; toutefois, comme il est bien prouvé, — Gaius lui-même l'attestant, — que les corporations étaient organisées intérieurement « ad exemplum Reipublicæ » (1), c'est-à-dire à l'image de la curie municipale, il est hors de doute que c'est par l'élection qu'on devenait membre d'une corporation. Les textes du Digeste qui peuvent nous renseigner sur la matière emploient les termes *alligi, allectus* (2). C'était par une *allectio* qu'on entrait dans la curie municipale et dans l'ordre des décurions ; c'est par une *allectio* aussi qu'on était admis dans la corporation ouvrière.

Il y avait des esclaves dans les *collegia tenuiorum* qui sont, ainsi qu'il a été expliqué plus haut, composés d'artisans (3). L'admission des esclaves offrait-elle quelque chose de particulier ? Oui. Ils ne pouvaient être reçus que du consentement de leurs maîtres, — et les curateurs des collèges devaient veiller, sous peine d'amende, à ce que le maître fût averti (4). On voit dans les textes que les esclaves étaient *fullones* (foulons) *sarcinatores* (tailleurs), *textores* (tisserands), *venaliciarii* (maquignons) (5), ce

---

(1) Loi 1, § 1, D., liv. 3, t. 4.
(2) Loi 5, §§ 12 et 13, D., liv. 50, t. 166.
(3) Voir *supra*, page 78.
(4) Loi 3, § 2, D., liv. 47, t. 22. « Servos quoque licet in collegio tenuiorum recipi, volentibus dominis... »
(5) Loi 1, § 1, D., liv. 14, t. 4. — Sur le sens du mot *venaliciarii*

qui prouve bien qu'ils pouvaient, grâce à leur pécule, être membres des corporations ouvrières.

Tel était l'état de fait jusqu'aux ii⁰ et iii⁰ siècles après J.-C. — Au Bas-Empire, le principe de la liberté de recrutement, à l'élection, subsiste en apparence (1), mais il reçoit de nombreuses modifications. La situation des artisans devient de plus en plus triste (2). Il font de vains efforts pour échapper à leur dure condition ; les fugitifs sont traqués et ramenés de force à leurs occupations.

Et comme il y a quand même des vides dans les corps de métiers, il faut de toute nécessité recruter des membres : on voit, par exemple, que tous les affranchis possédant 30 talents sont obligés de se faire déchargeurs (3). Nous avons déjà vu que des hommes condamnés à certaine peine sont incorporés parmi les boulangers. Toutes ces mesures ne devaient pas contribuer à relever le travail libre dans la considération des Romains.

Dé même que les empereurs rendaient diverses constitutions pour maintenir les *curiales* dans leur qualité et les empêcher de se soustraire à leurs

V. loi 207, D., liv. 50, t. 16 : « Mangones non mercatores, sed venaliciarios appellari. »

(1) Loi 4, C. J., liv. XI, t. 9.

(2) V. une importante constitution d'Honorius qui montre bien l'état de la société d'alors, — au Code Théod., loi 1, liv. 12, tit. 19, *de his qui conditionem propriam reliquerunt.*

(3) Loi 9, liv. 14, tit. 2, C. Théod.

lourdes charges, de même, en ce temps de réglementation à outrance et de tutelle administrative,
les membres des corporations étaient en butte aux
mesures qui les enrôlaient de force et qui les rivaient
à leur condition; la législation employait tous les
moyens pour atteindre ce but, d'où dépendait la
constitution économique du monde romain d'alors.
La destruction générale se préparait, la société
était amollie, gangrenée; toute la charpente du
grand édifice était pourrie, et c'est seulement par de
telles mesures et des procédés de gouvernement
semblables que l'État pouvait se maintenir encore
sans s'écrouler. Il faut reconnaître d'ailleurs que ces
procédés étaient efficaces, puisque cette société
résista encore pendant plusieurs siècles, avec des
périodes très brillantes, — notamment au point de
vue des arts, ainsi qu'il arrive pour les nations à
l'apogée de leur civilisation, — et qu'il ne fallut rien
moins que les invasions formidables du vi⁰ siècle
pour disperser les débris du grand peuple qui avait
rempli le monde du fracas de ses armes et des bienfaits de ses conquêtes.

CHAPITRE III

IMMUNITÉS ET PRIVILÈGES DES CORPORATIONS.

Dans le but de compenser les lourdes charges qui incombaient aux corporations d'artisans, les constitutions impériales avaient à toutes accordé diverses immunités et divers privilèges. Toutes n'étaient pas traitées avec une faveur égale, car il y avait, à vrai dire, au Bas-Empire, une véritable hiérarchie dans les corporations.

M. Levasseur répartit les artisans en trois groupes. A partir du IIe siècle av. J.- C., dit-il, il faut distinguer : 1° les manufactures de l'État; 2° les corporations chargées de la subsistance du peuple ; 3° les métiers libres (1). Les collèges chargés de l'approvisionnement, annone, étaient au sommet de l'échelle, et, entre eux tous, les naviculaires, — à qui Constantin accorda la dignité de chevaliers. C'est qu'ils rendaient à l'État des services plus importants qu'aucun autre corps de métiers, et qu'ils étaient indispensables à la vie sociale. « Les industriels qui viennent en aide au service des approvi-

(1) Levasseur. *Les classes ouvrières en France*, t. 1, p. 33.

sionnements de Rome, et les naviculaires, qui transportent l'annone, jouissent de l'immunité des charges publiques, tant qu'ils sont en fonctions, car il faut les récompenser des dangers qu'ils courent et même les encourager par des récompenses : Nam remuneranda pericula eorum, quin etiam et hortanda præmiis.... Et il n'est pas impropre de dire qu'ils sont absents pour le bien de l'État, tandis qu'ils veillent aux approvisionnements : hos reipublicæ causa, dum annonæ urbis serviunt, abesse (1). »

En vertu de la même idée, les porteurs du port (*geruli*) avaient un privilège exclusif dont il a été traité précédemment (2).

Nous allons voir que ce sont surtout les corps de naviculaires qui étaient privilégiés ainsi que les corporations chargées spécialement des subsistances.

1. *Impôts ; chrysargyre.* — Au Bas-Empire, les membres des corporations n'étaient pas plus épargnés que les autres citoyens au point de vue de l'impôt. Ils étaient particulièrement grevés par le *chrysargyre*, ou *collatio lustralis*, œuvre de Constantin ; c'était une espèce de patente due par les commerçants et industriels, qu'il fallait acquitter lorsque l'État était à bout de ressources (3).

D'ailleurs, le fisc finit par prélever des droits sur

(1) Loi 5, § 3, D., liv. 50, t. 6. — Cf. Levasseur, ouv. cité, t. 1, p. 51.
(2) V. *suprà*, page 94.
(3) Lois 2 et 9, C. Théod., liv. 13, t. 1.

toute matière imposable, personnes et terres : le canon, la capitation, les prestations extraordinaires, les corvées pesaient sur l'agriculture ; — l'*ostiarium*, sorte d'impôt des portes et fenêtres, sur les maisons ; — l'or coronaire, la glèbe sénatoriale, sur les grands dignitaires de l'Empire. Quant à l'industrie, elle eut de lourdes charges à supporter : la taxe que Caligula et Vespasien avaient mise sur quelques professions fut étendue à tous les métiers par Alexandre Sévère, le grand organisateur des classes ouvrières; c'est de ce prince que date véritablement l'impôt désigné sous le nom de *aurum negotiatorium* (or du commerce) que son historien, Lampride, appelle un très bel impôt, « vectigal pulcherrimum (1). » Lampride nous apprend que le produit de cet impôt sur les divers corps de métiers (tailleurs, tisserands, verriers, fourreurs, carrossiers, banquiers, orfèvres et autres) était spécialement affecté à l'entretien des bains publics, et qu'Alexandre Sévère ajouta même de l'huile pour l'éclairage de ces établissements, — qui auparavant n'étaient pas ouverts avant le jour et se fermaient au coucher du soleil (2).

Dans la suite, Constantin modifia l'*aurum negotiatorium* par de nouveaux règlements sur la perception; et à la liste de ceux qui y étaient déjà assujettis avant son règne, il adjoignit les prêteurs d'ar-

(1) Lampride, *Alex. Sévère*, § 24.
(2) Lampride, *ibid.*

gent, les femmes publiques et même, dit-on, les mendiants. Cette contribution prit alors le nom grec de *chrysargyre*, parce qu'elle se percevait en or ou en argent, ou celui d'*or lustral*, parce qu'elle était exigible à chaque lustre. Quelques historiens du Bas-Empire en attribuèrent l'invention première au prince qui n'avait fait que lui donner sa forme définitive. « Tous ceux qui s'occupent de commerce, à quelque corporation qu'ils appartiennent, sont obligés de payer la contribution qui est imposée aux commerçants (1). » Ainsi s'exprime la loi, et elle répète plusieurs fois qu'elle n'admet à cet égard aucun privilège (2). Elle exempte cependant deux classes de personnes : les cultivateurs, qui se contentent de vendre les produits de leurs champs (3), et les ouvriers, qui gagnent leur pain de chaque jour par le travail de leurs mains (4).

Les officiers du fisc inquiéteront même le peintre, parce qu'il possède une provision de couleurs qu'il vendra sous forme de tableaux (5).

C'est bien, comme on le voit, une patente que paye chaque profession.

Seuls, les naviculaires étaient exempts du chry-

(1) Loi 9, C. Théod., liv. 13, t. 1.
(2) Lois 1, 10, 16, *ibid*.
(3) Loi 12, *ibid*.
(4) Loi 10, *ibid*.
(5) Loi 4, C. Théod., liv. 13, t. 1.

sargyre ; ils échappaient aussi aux *oblationes*, impôts déguisés sous le nom de dons volontaires (1).

Les impôts de toutes sortes devinrent fort lourds dans les derniers siècles de l'Empire, et si l'on veut se faire une idée des charges qui pesaient à cette époque sur le citoyen romain, il faut consulter le tableau qu'en donne M. Levasseur dans son ouvrage sur les classes ouvrières (2).

Liste des principaux impôts, directs et indirects, pendant les derniers siècles de l'Empire.

Impôts directs

Capitation canon : formés de deux parties : 1° Une somme fixe répartie d'après le recensement qui avait lieu tous les quinze ans. Dans l'intervalle, les terres cultivées payaient la quote-part des terres abandonnées. Le payement avait lieu en argent ou en nature ; 2° Un supplément variable, et souvent exigé; on l'appelait *superindictio*.

Services extraordinaires et sordides : 1° Réquisitions de céréales et autres denrées achetées à bas prix par l'État ; 2° Fournitures des chevaux pour l'armée; 3° *Temonaria functio* (recrutement des impôts). 4° Entretien des routes; — 5° dépenses des envoyés de l'empereur; — 6° corvées; — 7° Fournitures d'ouvriers; — 8° Fournitures de chevaux et chariots pour les postes et transports.

Divers : *Ostiarium* (impôt des portes et fenêtres). Or coronaire. — Glèbe sénatoriale et *aurum oblatitium*. — Or lustral (*lustralis collatio.*)

Impôts indirects

Douanes et octrois (*vectigalia.*)

Centième des ventes

Vingtième des héritages.

Vingtième des affranchissements.

Vingt-cinquième de la vente des esclaves.

Impôts des aqueducs et égouts.

(1) Lois 5, 7, 14, 32, C. Théod., liv. 13, t. 5.

(2) Levasseur. *Les Classes ouvrières en France depuis Jules César*, livre I, chap. VII.

2. *Privilège en matière judiciaire*. — En matière judiciaire, les naviculaires, avaient sur les autres corps un avantage, concédé en raison même de leur condition nomade : ils ne pouvaient être appelés, même en vertu d'un rescrit impérial, que devant leur juge ordinaire (1).

3. *Torture*. — Seuls, parmi tous les corps de métiers, les naviculaires échappaient à la torture, comme les membres de la curie municipale. Mais remarquons qu'ils jouissaient de ce privilège non à cause de leur qualité d'artisans, mais à cause de leur titre de chevaliers; l'ordre équestre était exempt, en effet, de cet odieux usage (2).

Donc, sauf les naviculaires, les membres des corporations ouvrières n'échappaient pas à la torture; les *curiales* y échappaient, au contraire. C'est là, entre corporations et curie, une différence caractéristique au point de vue de la hiérarchie sociale.

4. *Concession du* jus liberorum. — Les naviculaires n'étaient pas atteints par les déchéances qu'encouraient les célibataires en vertu des lois Julia et Papia Poppœa (3); ce n'était que justice, les naviculaires, toujours en voyage, étaient presque dans l'impossibilité d'avoir un foyer.

Il est probable, malgré le silence des textes, que

(1) Loi 7, C. Théod., liv. 13, t. 5; — loi 1, C. Th., liv. 2, t. 7.
(2) Loi 16, C. Th., l. 13, 5.
(3) 7, C. Th., l. 13, 5. — Cf. loi 2, C. Th., l. 8, t. 17.

d'autres corps de métiers devaient avoir aussi ce privilège; ainsi nous voyons dans Suétone que Claude accorda cette faveur aux constructeurs de navires (1).

5. *Service militaire.* — Les membres des corps d'artisans échappaient à l'obligation du service militaire (2). Celui-ci, d'ailleurs, avait depuis long-temps perdu son caractère national; les habitants des villes ne devaient qu'un service de milice, ils n'étaient tenus qu'à la garde et à la réparation des murs, portes et tours (3).

Les hommes qui supportaient les charges civiles étaient exclus de l'armée, au Bas-Empire (4), par-ce que l'État en était venu à se persuader que, si les citoyens avaient la faculté de se réfugier dans les camps, ils se déroberaient par ce moyen aux obliga-tions qui leur incombaient. C'est par les engage-ments volontaires que se complétait l'armée, dit le jurisconsulte Menander, contemporain de Dioclé-tien (5). Mais d'où ces volontaires pouvaient-ils sortir, puisque les artisans étaient rivés à leur métier ? des rangs de la classe servile ; les esclaves en effet furent bientôt le principal contingent militaire. Justinien les déclara libres, — mieux que cela même, ingénus, —

(1) Suétone, *Claude*, 18-19.
(2) Nov. Théod., 43 et 26.
(3) Loi 49, C. Th., l. 15, t. 1 ; — loi 12, C. J., liv. 8, t. 12.
(4) Lois 17, 38, 51, 55, C. J., liv. 10, t. 31 ; — lois 3, 4, C., liv. 12, t. 34.
(5) Loi 4, § 10, D., liv. 49, t. 16.

dès qu'ils étaient entrés dans l'armée (1). Leur ancien maître perdait son droit de patronat. Quant aux frontières, elles étaient gardées par les barbares eux-mêmes : le Rhin était confié aux Francs, les Goths gardaient la Thrace et les rives du Danube, les Germains composaient toute l'armée occidentale de l'Empire.

6. *Excuse de la tutelle*. — Quoique exemptés des charges civiles, les corps de métiers ne jouissaient pas tous de l'excuse de la tutelle ou de la curatelle;il fallait que le privilège leur eût été concédé spécialement, *nisi nominatim id privilegium eis indultum sit* (2). Mais on peut dire d'une manière générale que les *fabri* étaient excusés de la tutelle, ainsi que l'affirme Callistrate : « Eos qui in corporibus sunt veluti fabrorum (hanc) immunitatem habere dicimus. (3)» Les *pistores* ont une situation particulièrement favorisée : ils sont excusés de la tutelle, même des enfants de leurs collègues: «Urbici pistores a collegarum quoque filiorum tutelis excusantur (4). »

Les naviculaires, au contraire, quoique jouissant de l'immunité, sont tenus de conserver la tutelle des mineurs de la corporation (5).

7. *Exemption totale des charges municipales*. — Les

(1) Loi 6, C. J., liv. 12, t. 34.
(2) Loi 17, § 3, D., liv. 27, t. 1.
(3) § 2, *ibid*.
(4) Loi 46, *ibid*. — Cf., *Frag. vatic.*, 233.
(5) Loi 24, C. J., liv. 5, tit. 62; — loi 7, C. Th., l. 13, t. 4.

membres des corporations étaient complètement dispensés des charges municipales, par la raison qu'ils
contribuaient déjà de leur côté au bien public par
les services qu'ils rendaient à l'État. Nous avons vu
précédemment comment Callistrate justifie cette faveur pour les corps chargés des approvisionnements,
« Hac reipublicæ causa, dum annonæ urbis serviunt,
« abesse (1). » Il dit encore : « L'immunité a été
accordée à certains collèges et corporations à qui
le *jus coeundi* a été accordé par une loi, à savoir,
à ces collèges et corporations où l'on est admis à
cause de sa profession, tels que les corps de *fabri*
et ceux qui ont une origine analogue, c'est-à-dire
qui ont été institués pour exécuter les travaux
nécessaires à l'utilité publique, *ut necessariam operam utilitatibus publicis exhiberent* (2). Pour jouir de
l'immunité des charges publiques, il fallait être vraiment artisan. « Nec omnibus promiscue qui adsumpti
sunt in his collegiis immunitas datur, sed artificibus
duntaxat(3). » Il fallait aussi être capable de remplir
les charges de la corporation, c'est-à-dire être
jeune et valide (4).

Les citoyens qui, en raison de leur condition et
de leur fortune, étaient à même de supporter les
charges municipales, ne pouvaient pas entrer dans

(1) Loi 5, § 3, D., l. 50, t. 6.
(2) Loi 5, § 12, *ibid*.
(3) § 12, *ibid*. — Cf. loi 9, C. J., liv. 1, t. 2.
(4) Loi 5, § 12, Dig., liv. 50, t. 6.

les collèges ouvriers dans le but de profiter des privilèges en question, « sed ne quidem eos qui augeant facultates et munera civitatum sustinere possunt, privilegiis, quæ tenuioribus per collegia distributis concessa sunt, uti posse, plurifariam constitutum est » (1). Il y avait des riches notamment qui se faisaient admettre parmi les naviculaires, parce qu'ils possédaient un ou plusieurs navires, et qui tentaient par là d'échapper aux charges de la curie ; les empereurs refusèrent l'immunité à ces gens « qui neque navigabant, neque maximam patrimonii partem in re nautica et mercibus habebant (2) ».

Callistrate comprend ces divers privilèges sou le nom d'*immunité des naviculaires*, ce qui prouve qu'ils ont été étendus de ceux-ci aux membres des autres corps de métiers (3). La loi suivante donne une longue énumération des professions qui ont droit à l'immunité (4).

Pertinax avait décidé que les membres des corporations qui auraient accepté d'être décurions ne pourraient plus se prévaloir de l'immunité des charges municipales (5).

(1) § 12, *in fine, ibid.*
(2) Loi 5, § 6, *ibid.*
(3) § 13, *ibid.*
(4) Loi 6, *ibid.* — Cf. loi 1, C. J., l. 10, t. 64.
(5) Loi 5, § 13, D., l. 50, t. 6. — Cf., loi 2, *ibid.*

CHAPITRE IV

CHEFS DES CORPORATIONS. — PATRONS. — TERMES EMPLOYÉS DANS LA MATIÈRE DES CORPORATIONS.

SECTION I. — DÉNOMINATIONS ET ATTRIBUTIONS DES DIVERS CHEFS DES CORPORATIONS. — DEFENSORES.

Nous ne voulons qu'indiquer rapidement les noms des divers chefs des corporations. Le collège étant, comme nous l'avons dit plusieurs fois, constitué sur le modèle de la curie municipale, il ne faut pas s'étonner d'y trouver tout d'abord des décurions : le collège était, en effet, divisé en décuries, dont chacune avait un chef de ce nom (1). Quels étaient leurs pouvoirs au sein de la corporation ? Probablement des pouvoirs analogues à ceux de l'*ordo decurionum* dans la Cité : ils devaient s'occuper de la gestion du patrimoine de la communauté et de l'emploi des capitaux ; ils avaient dans leurs attributions tout ce qui concerne les comptes et les intérêts pécuniaires.

Leurs décisions s'appelaient décrets (2).

Chaque corporation élisait des magistrats qui

(1) *Corp. Berol.*, III, 1082, 5659, 2107 ; t. V, 731.
(2) *Ibid.*, t. III, insc. 5659.

avaient sans doute les mêmes pouvoirs que les magistrats des cités. Ils portaient des noms multiples :
édiles (1), *duumvirs*, *quinquennales* (2) ou censeurs (3),
curateurs, — toutes fonctions qui existaient auss₁
dans l'administration municipale. Nous savons que
le *curator reipublicæ* était, dans la Cité, le premier
magistrat (4) ; au iiie siècle, il réunissait tous les
pouvoirs entre ses mains, sauf la juridiction. Le curateur de la corporation devait avoir des attributions
semblables ; il exerçait, en outre, un certain contrôle
sur les admissions, notamment sur l'entrée des
esclaves dans les *collegia tenuiorum* (5).

Certaines inscriptions mentionnent les *principales
collegii :* la même expression se retrouve pour la Cité.
C'est un terme vague et général qui désigne les
principaux membres soit de la curie, soit de la corporation (6).

Il y avait aussi les *magistri collegiorum* (7), qui
étaient chargés de l'administration intérieure de la
corporation et de l'application des statuts.

On trouve dans les inscriptions l'expression de
questeur : c'était un magistrat préposé à la caisse de

(1) *Ibid.*, t. III, insc. 5678.
(2) Orelli, 7194.
(3) Orelli, 3882.
(4) Lois 3 et 9, D., liv. 50, t. 8.
(5) Loi 3, § 2, D., liv. 47, t. 22.
(6) Loi 27, §§ 1 et 2, D., l. 48, t. 19.
(7) Orelli, 2619.

la corporation, *arca communis* (1). Les textes mentionnent aussi l'*actor* ou *syndicus* chargé de soutenir en justice les droits et intérêts de la communauté (2). Quant aux *judices,* donnés aux corporations par Alexandre Sévère, nous les avons étudiés précédemment (3).

Citons encore les *rectores* de certains corps de métiers, les *procuratores*, les *primates*, les *primicerii* et les *secundicerii* (4). Ces dernières dénominations étaient spéciales aux corporations officielles dépendant directement de l'empereur : manufactures impériales, *annona*, etc. (5).

Plusieurs groupes de corporations ouvrières étaient placés sous l'autorité d'un préfet ; nous connaissons, en effet, le *præfectus fabrum*, le *præfectus annonæ* (6). C'étaient des fonctionnaires relevant immédiatement du pouvoir central ; dans les provinces, ils étaient choisis parmi les personnalités les plus en vue des municipes (7).

Nous avons dit plus haut, sans nous y arrêter,

(1) Loi 1, D., liv. 3, t. 4.

(2) *Ibid.*

(3) V. *suprà*, page 89 ; — Lampride, *Al. Sév.*, ch. 33. — Cf. loi 7, Code, liv. 3, t. 13.

(4) Lois 2 et 4, C., l. 12, t. 17 ; — loi 11, C., l. 12, t. 11.

(5) 3, C. Th., l. X, t. 22, — *de fabricens.*

(6) *Frag. Vat.*, 233. — *Corp. Ber.*, III, 611, 3438, 4557. Voir page 84, flotte de bateliers sous la direction d'un préfet résidant à Paris. (Dulaure, *Hist. de Paris*, t. 1, p. 51.)

(7) *Corp. Berol.*, III, 4557.

qu'Alexandre Sévère avait donné, outre les *judices*, des *defensores* aux corporations. Toute université avait un *defensor*, plusieurs textes en font foi (1) ; les défenseurs des cités (2) sont les plus connus ; ils étaient comme les intermédiaires entre la curie et le fisc cupide, soutenaient les intérêts de la Cité en justice, en un mot prêtaient à celle-ci leur appui et leur aide contre les abus des multiples agents de l'État. Les défenseurs des corps de métiers avaient-ils les mêmes attributions que ceux des cités? On ne saurait le dire. Certains jurisconsultes les représentent comme les protecteurs des collèges en face d'une administration tyrannique ; nous acceptons volontiers cette version en ce qui concerne les défenseurs des églises qui avaient une grande influence vis-à-vis du pouvoir central (3).

Mais nous croyons plutôt que, au sein de la corporation, ces magistrats n'avaient que des pouvoirs d'administrateurs, et qu'ils se confondent avec les *actores* ou *syndici* chargés de représenter la communauté en justice. Un texte confirme cette opinion : « Defensores quoque, quos Græci syndicos appellant, et qui ad certam causam agendam vel defendendam eliguntur, laborem personalis muneris adgrediuntur (4). »

(1) Loi 34, § 3, Dig., liv. 12, t. 2.
(2) Loi 1, § 2, Dig., liv. 50, t. 4.
(3) Loi 41, C., l. 1, t. 3.
(4) Loi 18, § 13, Dig., liv. 50, t. 4. — Cf., loi 1, D., liv. 3, t. 4.

Les véritables protecteurs et défenseurs des corporations étaient ces personnages, — qui ne sont pas
des fonctionnaires, — qui ne dépendent pas du pouvoir central, — et que les écrivains latins désignent
sous le nom de *patrons*.

SECTION II. — PATRONS DES CORPORATIONS.

Les collèges se mettent sous la protection d'hommes puissants, de la même manière que les particuliers, — et surtout que les villes : là encore la ressemblance est frappante entre l'organisation municipale et l'organisation corporative.

L'institution du patronat étant un des fondements
de la société romaine, il y aurait lieu d'être surpris
de ne pas la retrouver en notre matière.

Dans l'histoire des corporations, il faut distinguer deux époques : République et Bas-Empire.
Le caractère de protection n'est plus le même à l'une
et à l'autre périodes : sous la République, protection
pure ; — au Bas-Empire, protection pour ainsi dire
imposée, et confondue avec l'influence administrative.

C'est en étudiant d'abord le *modus vivendi* des
cités que nous pourrons saisir les analogies en ce
qui concerne le patronat des collèges.

1. *Première époque : République.* — Dans le
principe, les cités se mettaient d'elles-mêmes sous

la protection d'hommes puissants habitant Rome ;
ceux-ci, fiers d'avoir des unités aussi considérables
dans leur clientèle, usaient de toute leur influence
en leur faveur auprès du pouvoir central. D'autres
fois, ils les aidaient de leur concours en justice, et
même, au dire des auteurs, leur autorité morale
était si respectée que des luttes civiles purent s'apaiser, grâce à leur simple intervention.

Toutes les difficultés qui divisaient les habitants
de Pompéi furent soumises à leurs patrons, lesquels
se prononcèrent sur les points litigieux (1).

Cicéron lui-même s'était vu choisir pour patron, et
pour unique patron, par la cité de Capoue; il raconte
que la ville lui avait élevé une statue, et surtout
qu'il était très fier d'en être le seul patron (2) : d'ordinaire en effet les colonies et les municipes se
donnaient toujours plusieurs patrons.

Autre souvenir classique d'une date postérieure :

Pline le Jeune, qui possédait des propriétés sur
les bords du Tibre, à Tiferne, avait été, tout enfant,
pris pour patron par cette ville : « Les habitants de
Tiferne, dit-il, fêtent toujours mon arrivée, s'affligent
de mon départ, se livrent à des réjouissances publiques toutes les fois qu'on m'élève à quelque honneur
nouveau. Pour leur témoigner ma reconnaissance,

____

(1) Cic., *pro Sylla*, 21. — V. Suét., *Auguste*, 17 : les habitants de
Bologne, clients de la famille Antonia.
(3) Cic., *in Pison.*, XI.

j'ai fait bâtir en cet endroit un temple à mes frais (1). » Ce passage, où se manifeste le contentement de l'écrivain, et des exemples analogues, pris dans la littérature latine, prouvent combien étaient amicales les relations qui unissaient les citoyens considérables de Rome à leur clientèle des villes.

On constate le même état de choses pour les corporations : elles entraient volontairement dans la clientèle des hommes influents de Rome. Ceux-ci, très flattés de cette marque d'estime, prêtaient aux collèges un concours précieux qui se traduisait en services et en bienfaits.

Le patron était en quelque sorte, en toute occasion, le défenseur des intérêts et des privilèges de la corporation auprès du Gouvernement (2). Diverses inscriptions consacrent les sentiments de juste reconnaissance des corps de métiers envers leurs protecteurs (3). Nous voyons ailleurs quelles étaient les dignités et la puissance d'un de ces personnages : les corps de *fabri*, de *centonarii*, de *nautæ* de la ville d'Apulum avaient pour même patron un prêtre de l'*Ara Augusti*, qui était à la fois décurion, augure et duumvir de plusieurs colonies, et

---

(1) Pline, *Ep.*, 4, 1.
(2) *Corp. Berol.*, tome V, inscr. 4341.
(3) *Corp. Ber.*, III, inscr. 2026.

de plus fermier des pâturages, des salines et du commerce (1).

2. *Deuxième époque : Bas-Empire.* — A l'époque du Bas-Empire, le patronat des corporations a un caractère tout différent. Le patron devient alors un fonctionnaire; il est le chef officiel de la corporation, avec des collègues placés hiérarchiquement au-dessous de lui, ainsi que l'indiquent les expressions « prior patronus, primi patroni ».

Il est nommé à temps et est remplacé, à l'élection, par un de ses collègues. Il est responsable devant l'État, voilà le changement radical : c'est un administrateur officiel.

Ces faits sont bien conformes à l'idée que nous nous faisons des corporations à cette époque : enrôlement forcé, ingérence administrative, dépendance d'un pouvoir tyrannique.

Les textes les plus importants pour les renseignements se trouvent au Code Théodosien (2), et la plupart ne visent que les corporations officielles, en particulier celles chargées de l'annone; il semble de plus que ces textes soient spéciaux aux corps de métiers de Rome « corporati urbis Romæ », et à ceux de Constantinople. Les collèges de province auraient-ils donc conservé vis-à-vis de l'Administra-

(1) *Corp. Ber.*, III, 1209.
(2) Voir notamment C. Théod., livre XIV, — et se reporter à l'Index bibliographique.

tion centrale la même indépendance que les cités et les corporations aux temps de la République et au début de l'Empire? C'est probable. Les corporations provinciales, soumises moins directement, à cause de leur éloignement, à l'influence administrative, avaient encore dans leurs patrons, nous pouvons le croire, des défenseurs, des protecteurs, et non des chefs hiérarchiques, fonctionnaires de l'État.

SECTION III. — EXPLICATION DES DIFFÉRENTS TERMES EMPLOYÉS DANS LA MATIÈRE DES CORPORATIONS.

Nous avons, dans le cours de cette étude, rencontré des noms divers pour désigner les différentes espèces d'associations; il convient d'en fixer le sens aussi exactement que possible, quoique, à vrai dire, les auteurs et les jurisconsultes emploient souvent un terme pour l'autre et que le choix de telle ou telle expression n'ait rien d'absolu.

Les mots *sodalitas* et *sodalitium* sont les plus anciens; aux premiers temps de Rome, ils s'appliquaient évidemment à toute espèce d'association. On a vu plus haut le caractère particulier des *sodalitates* sacrées (1). Quant au terme *sodalitium*, il est fréquemment employé par les textes pour désigner les associations qui furent prohibées, les clubs politiques lors des troubles de la fin de la République;

____

(1) Voir *supra*, page 66.

c'est à cetlte époque que fut rendue, dans un but de répression, la loi *Licinia de sodalitiis* (1). Le Digeste, au titre capital de notre matière, prend le mot *sodalitium* dans le même sens : « Ne præsides provinciarum patiantur esse sodalitia (2). »

Le mot *collegium* a un sens plus restreint, mais cependant il n'est pas la traduction du terme « corporation », tel que nous l'entendons de nos jours ; il indique une réunion d'individus, un groupe de personnes remplissant les mêmes fonctions ; ainsi, il y avait des collèges de magistrats, « collegium consulum, collegium prætorum, collegium tribunorum (3) »; — toutefois, ils ne forment pas pour cela des *universitates,* des personnes morales. Ces hommes, ordinairement de condition élevée, se traitent de *collegæ.*

Les corps de prêtres s'appelaient *collegia,* d'après le témoignage des auteurs classiques, ainsi que les réunions d'individus qui avaient un certain caractère religieux, telles que les corps des *dendrophores,* des *mercatores,* etc. Nous avons vu aussi d'ailleurs que beaucoup de corps de métiers sont désignés sous le nom de *collegia,* surtout dans le Code Théodosien. Nous avons eu souvent occasion de citer la rubrique du titre au Digeste « de collegiis et corpo-

---

(1) Voir *suprà*, page 73.
(2) Loi 1 pr., D. liv. 47, t. 22, *de Collegiis et corporibus.*
(3) Cic., *in Verr.*, livre 2, § 41.

ribus », et les *collegia tenuiorum*, composés d'artisans (1).

Enfin, les expressions *corpus*, *corpora*, qui reviennent très fréquemment dans les textes relatifs à notre matière, s'appliquent plus spécialement aux corporations ouvrières (2) ; nombre d'inscriptions, contenant ces mots, le prouvent.

Quant aux membres mêmes des corporations ouvrières, les textes les désignent sous les noms de *corporati* et *collegiati*. Y a-t-il une nuance entre ces deux appellations? Le mot *corporati* semble réservé aux corporations de Rome : on trouve fréquemment, au Code Théodosien, « corporati urbis Romæ (3) »; et, d'une manière générale, l'expression de *corporati* est employée constamment pour désigner les artisans chargés de subvenir à l'alimentation de Rome, d'Alexandrie ou de Constantinople. Malgré cela, il y avait aussi des *corporati* dans d'autres cités, ainsi que l'indique la Novelle de Majorien, de l'an 458.

·Quant au mot *collegiati*, il paraît correspondre, pour les provinces, au mot *corporati* pour Rome. Nous trouvons au Code Théodosien un titre spécial intitulé « de collegiatis (4) ».

---

(1) Dig., livre 47, titre 22.

(2) Dig.. liv. 47, t. 22 ; — Dig., liv. 3, t. 4 : « Quod cujuscunque universitatis. »

(3) Voir aussi C. J., liv. 11, tit. 14 : « De privilegiis corporatorum urbis Romæ. »

(4) C. Théod., liv. 14, t. 7.

Les *collegiati* et les *corporati* rendaient donc les mêmes services, chacun dans leur milieu, et ces deux termes ne veulent en définitive désigner qu'une même classe d'individus : nous suivons en cela l'opinion de Godefroi qui fait autorité en la matière. Mais, sans doute, l'organisation des *corporati* de Rome et de Constantinople devait être plus complète, pour de nombreuses raisons, principalement parce qu'ils étaient surveillés de plus près par l'autorité centrale, et qu'ils étaient chargés de pourvoir aux besoins d'une population considérable, habituée à l'oisiveté et gâtée par les distributions et les largesses multipliées des derniers empereurs.

Enfin, quant au rang qu'occupaient les corporations dans la société romaine, il est facile de se prononcer : elles avaient une situation inférieure à la curie. Les membres des collèges avaient une fortune moindre que celle des curiales, car les charges municipales étaient encore plus lourdes que celles afférentes au service des corporations. Les textes disent d'ailleurs formellement que la curie jouit d'une considération plus grande que les corporations ouvrières ; témoin la Novelle de Majorien, de l'an 458, déjà citée, qui s'exprime ainsi : « Les *collegiati* sont tenus d'habiter le territoire de la Cité, afin de subvenir plus facilement aux services publics dont ils sont chargés *pro curialium dispositione*, c'est-à-dire sous l'autorité des curiales. »

Autre preuve de l'infériorité du rang occupé par les corporations dans la société romaine : les enfants mâles nés d'un curial fugitif et d'une esclave sont attribués non pas à la curie, mais aux collèges : « Ne materni sanguinis vilitate splendor ordinis polluatur (1). »

(1) Nov. Major., tit. 7, — 2 et 3.

TROISIÈME PARTIE

SITUATION JURIDIQUE DES CORPORATIONS

CHAPITRE PREMIER

**CARACTÈRE RÉLIGIEUX, AU DÉBUT, DES CORPORATIONS OU-
VRIÉRES. — LA PERSONNALITÉ JURIDIQUE LEUR EST ACCOR-
DÉE, SOUS LA CONDITION DE L'AUTORISATION. — PATRIMOINE.**

Quelle était la situation juridique des corporations aux différentes époques de l'histoire romaine ?
Cette question est complexe à résoudre.

Au début, d'une manière générale, il n'y a pas de
personnes morales, à Rome : le droit primitif, rigo-
riste et formaliste, ne peut les concevoir.

Pour la matière spéciale des corporations, les
preuves à l'appui de notre dire ne manquent pas.
On a vu que les premières corporations existantes
à Rome furent les collèges religieux : or, ces collèges n'étaient pas des personnes morales, et la raison en est bien simple. En effet, dit M. de Savigny,
« le besoin de constituer la personne juridique se
faisait peu sentir. Car pour ces diverses associations
(de prêtres, d'artisans, de licteurs, etc.), la chose
importante était la communauté d'action, et encore

la position politique; la capacité de la propriété n'était qu'un intérêt secondaire. Ainsi, par exemple, le culte des dieux entraînait de grandes dépenses; mais elles étaient à la charge de l'État, ce qui rendait moins nécessaire une affectation des biens soit aux collèges de prêtres, soit aux temples mêmes. Si, d'ailleurs, on voulait faire une fondation pour le culte, il suffisait de consacrer les biens composant la donation; ils étaient, dès lors, mis hors de commerce, sans devenir la propriété ni du temple, ni des prêtres (1). »

La personnalité civile n'aurait donc eu ici aucune utilité, puisque l'État pourvoyait lui-même aux dépenses de ces associations, et que la consécration des biens suffisait à les mettre hors du commerce.

Les corporations d'artisans, dans les premiers temps de Rome, avaient, ainsi qu'il a été démontré précédemment, un caractère essentiellement religieux. Est-il besoin de rappeler que les *mercatores* étaient chargés de la garde du temple de Mercure (2); — que les scribes et les histrions avaient un temple commun dédié à Minerve; — que les dendrophores desservaient le culte de Sylvain et celui de Cybèle (3); — que les *centonarii* étaient désignés sous le nom de

(1) Savigny, *Traité de droit romain*, tome 2, page 234 (trad. Guenoux).

(2) Ovide, *Fastes*, V, vers 669 et s. — Tite-Live, II, 27.

(3) Gruter, page 64, inscr. 7. — Loi 20, Code Théod., liv. 16, tit. 10.

« collegium Veneris (1) », et que toutes les corporations ouvrières, sans exception, se plaçaient sous la
protection d'une divinité ?

A l'origine, ce caractère religieux des communautés d'artisans était le caractère principal : ceux-
ci, groupés autour de leur dieu protecteur, béné-
ficiaient des biens que des fondations pieuses attribuaient au service de leur culte spécial, et, quoique
leur réunion ne formât pas une personne morale,
ils jouissaient en fait de la donation, en tant que
fidèles et ministres de la divinité gratifiée. Insensi-
blement, la personnalité juridique des corporations
ouvrières devait se dégager de l'enveloppe religieuse, et plus tard elles arrivaient à recueillir directement les libéralités adressées en apparence à leur
génie ou dieu tutélaire. Jusque-là, le formalisme du
droit romain faisait obstacle ; la procédure n'aurait
pas comporté la comparution dans un acte civil
d'un être abstrait, tout de convention. Dans la suite
seulement, grâce aux subterfuges employés et aux
progrès introduits par le préteur, on put faire figurer en justice des personnes qui n'y étaient pas admises à la première époque. Ainsi, en ce qui regarde
l'*infans*, l'incapable, dans le sens général du mot, il
n'y avait, dans la rigueur du droit primitif, aucun
moyen de suppléer à leur incapacité ; l'*infans* ne pou-

____

(1) *Corp. Berol.*, t. 3, inscr. 1981, 2106, 2107, 2108.

vait commencer à posséder, même avec l'*auctóritas*
de son tuteur, puisqu'il n'avait pas d'*animus* personnel (1). Il fallut bien que l'utilité pratique fît fléchir
un jour les principes, et que la représentation dans
les contrats et en justice fût introduite. Si la représentation est une utile simplification des formes juridiques quand il s'agit de personnes physiques, elle
devient une nécessité quand il s'agit de personnes
morales. Les corporations devaient profiter des progrès du droit prétorien, et perdre par là l'incapacité
de fait qui annihilait leur personnalité ; auparavant, en
effet, l'acte juridique, eût-il été accompli par tous les
membres de l'association, n'aurait pu suppléer à
l'acte de l'être abstrait, personne distincte du groupe
d'individus.

Un tel progrès se réalisa par l'assimilation de la
condition des *universitates* à la condition de l'État. A
Rome, en effet, l'État fut toujours considéré comme
un être juridique, capable de droits ainsi que
tout citoyen ; il y avait là une nécessité d'ordre supérieur : autrement, comment se figurer qu'une
société puisse exister ? L'État étant une entité distincte de la masse des sujets, il faut qu'il ait une
vie propre en dehors de cette masse, et pour cela
qu'il ait des droits et un patrimoine séparés. Telle
fut de tout temps, à Rome, la conception de l'État au
point de vue de la personnalité.

(1) Loi 32, Dig., liv. 41, t. 2.

De l'État, la personnalité passa tout d'abord aux cités. « Quand une ville était soumise, si elle avait fait *deditio*, elle cessait, il est vrai, d'être une cité ; mais, à moins que les maisons ne fussent rasées, que les habitants ne fussent tous vendus comme esclaves, elle était bientôt reconstituée, soit que Rome la laissât se réorganiser d'elle-même, soit que, en en formant une colonie, elle lui donnât une organisation modelée sur la sienne. Quand la guerre, comme cela avait lieu le plus souvent, se terminait par un *fœdus*, les villes soumises gardaient leurs *sacra* et leurs lois, pourvu qu'elles n'eussent rien de contraire aux lois romaines. Ce *fœdus*, qui émanait du pouvoir législatif, enlevait à la ville la personnalité qui résultait de sa souveraineté, mais la reconnaissait comme *universitas* : « Corpus habere sinebat. » Cette modification était profonde. Il y a en effet une grande différence entre la personne civile appelée *populus* et les villes qui ne sont que de simples *universitates*. La première a la plénitude des droits qui peuvent appartenir à une personne, tandis que, pour les secondes, la capacité, au moins au début, n'est que l'exception ; elle ne résulte qu'explicitement ou implicitement de la loi à laquelle la personne morale doit son existence, et se restreint dans les limites posées par cette loi (1). »

(1) Houdoy, *Droit municipal*, p. 126.

Voilà donc une seconde catégorie de personnes morales : les cités, *universitates*, aux droits plus ou moins étendus.

Des cités, la personnalité juridique passa aux corporations, comme il a été dit précédemment ; les corporations, en effet, aux premiers siècles de notre ère, empruntèrent la forme et l'esprit de leurs constitutions à celles des cités : on voit donc entre elles communauté d'origine, communauté de destinée, et, — conséquence forcée, — communauté de servitude, à la fin du Bas-Empire.

Les corporations, qui avaient une si grande ressemblance avec la Cité, puisqu'elles se modelaient sur la Cité — *ad exemplum reipublicæ*, — dit Gaius (1), devinrent donc bientôt elles-mêmes des *universitates* dont la personnalité civile fut reconnue en même temps que l'autorisation leur était accordée. Ces corporations ne pouvaient porter ombrage à l'État ; elles étaient en quelque sorte nécessaires au bien public, et il eût été singulier que l'État leur permît de naître sans leur donner les moyens de vivre. La loi leur accorda donc le *corpus*, c'est-à-dire à la fois la personnalité et les conditions d'existence. « Quibus autem permissum est corpus habere collegii, societatis, sive cujusque alterius eorum nomine, proprium est, ad exemplum reipublicæ habere res communes,

____

(1) Loi 1, § 1, Dig., liv. 3, t. 4.

arcam communem, et actorem sive syndicum per quem, tanquam in republica, quod communiter agi fierique oporteat, agatur, fiat... (1). »

Il ne faut pas séparer ce texte de Gaius de celui qui le précède immédiatement(2) : « Neque societas, neque collegium, neque hujusmodi corpus passim omnibus habere conceditur : nam et legibus, et senatusconsultis, et principalibus constitutionibus ea res coercetur; paucis admodum in causis concessa sunt hujusmodi corpora, ut ecce vectigalium publicorum sociis permissum est corpus habere; vel aurifodinarum, vel argentifodinarum, et salinarum. Item collegia Romæ certa sunt, quorum corpus senatusconsultis atque principalibus constitutionibus confirmatum est : veluti pistorum, et quorumdam aliorum , et naviculariorum , qui (et) in provinciis sunt. »

Ces deux textes de Gaius montrent l'étroite union de la personnalité civile et de l'autorisation accordées aux corporations: le *jus coeundi* et le *jus corpus habendi* se confondent; du moment qu'un collège a l'autorisation de se réunir, il a la personnalité juridique. Un texte de Paul confirme encore les explications de Gaius : « Le Sénat, ayant, du temps de Marc-Aurèle, permis d'adresser des legs à des collèges, il ne faut pas douter que le legs adressé à une

----

(1) Loi 1, § 1, Dig., liv. 3, t. 4.
(2) Loi 1, princ., *ibid.*

corporation autorisée à se réunir (cui licet coire) ne soit valable. Mais il ne sera pas valable si la corporation n'est pas autorisée à se réunir, à moins que le legs ne soit adressé aux membres pris individuellement, car alors ils exerceront leurs droits comme individus (homines certi) , et non comme collège (1). »

Grâce à l'obtention du *corpus*, les corporations purent donc se comporter comme la cité, c'est-à-dire comme l'individu, capable de droits, qui possède les moyens légaux de les faire valoir ; elles purent acquérir des biens et les conserver, et avoir un représentant dans tous les actes de la vie juridique « actor, syndicus, defensor (2) ».

Mais la reconnaissance de la personnalité des corporations se place à l'époque classique seulement ; déjà, auparavant, elles avaient cependant une existence bien distincte dans la société romaine, et se conduisaient comme des corps constitués, ayant des droits et un patrimoine. Comment expliquer cette anomalie? Il faut admettre que si les corporations ne pouvaient alors acquérir par les modes ordinaires, elles jouissaient de cette faveur en vertu de la loi : chez les Romains, en effet, la propriété pouvait s'acquérir *lege* dans tous les cas où la cause de l'acquisition n'avait pas été classée comme mode d'ac-

(1) Loi 20, Dig., liv. 34, t. 5.
(2) Loi 1, § 1, Dig., liv. 3, t. 4.

quérir distinct, et où pourtant elle était expressément
reconnue soit par une loi véritable, soit par un acte
législatif équivalent (1).

Cela se passa ainsi pour les corporations : la faculté d'acquisition *lege* fut un moyen ouvert à leur
profit par le pouvoir législatif pour obvier aux formalités du droit civil. A l'époque même où les corporations n'avaient pas la personnalité, elles possédaient déjà, en fait, des biens et des esclaves ; tous
les textes le démontrent. On ne peut donc admettre
qu'elles aient subsisté jusqu'aux premiers siècles de
l'ère chrétienne sans aucune capacité ; le législateur
vint à leur aide, comme on vient de le voir. Une capacité de droit se dégagea de la situation de fait,
et se développa rationnellement, à une date qu'on
ne saurait préciser, lorsque les exigences du droit
pur durent céder devant les nécessités de la pratique. On s'était habitué à regarder les biens et les
esclaves des corporations comme appartenant non
pas aux membres pris inviduellement, mais au collège
même, et Ulpien, — après avoir dit que l'esclave public était non pas l'esclave des citoyens, mais
l'esclave de la Cité, *reipublicæ*, — écrivait avec
raison : « Idemque in cæteris servis corporum
dicendum est : nec enim plurium servus videtur, sed corporis (2). » Il est aisé de saisir l'impor-

(1) Voir Accarias, *Précis de droit romain*, t. Ier, n°s 249 et s.
(2) Loi 1, § 7, Dig., liv. 48, t. 18.

9

tance et l'utilité de cette conception, à l'époque où il fut admis que tout ce qui est acquis par l'esclave est acquis pour le maître : dès lors, les corporations eurent le libre exercice du droit de propriété.

Comme conclusion, deux principes fondamentaux ressortent des observations qui précèdent :

1° La personnalité juridique passa des cités aux corporations;

2° Pour jouir de tous les droits et avantages que confère cette personnalité, les collèges, à l'époque classique, durent être *autorisés* : l'autorisation émanait de la loi, du Sénat ou des constitutions impériales (1).

Patrimoine. — Les corporations autorisées pouvaient avoir des biens : « Quibus permissum est corpus habere, proprium est, ad exemplum reipublicæ, habere res communes, arcam communem (2). » Considérée en tant qu'*universitas*, la corporation est une personne juridique absolument distincte des membres qui font partie de l'association ; elle a une existence en dehors d'eux ; ils peuvent changer perpétuellement, elle subsiste indépendante, et sa durée n'est pas limitée.

----

(1) « Nam et legibus et senatusconsultis et principalibus constitutionibus ea res coercetur. » Loi 1, pr. Dig., liv. 3, t. 4. — Cf. la loi 3, § 1, Dig., liv. 47, t. 22 : « In summa antem, nisi ex senatus consulti auctoritate, vel Cæsaris, collegium vel quodcunque tale corpus coierit, contra senatusconsultum, et mandata, et constitutiones collegium celebrat. »

(2) Loi 1, § 1, liv. 3, t. 4. Dig.

Ses droits actifs et passifs sont ceux de l'*univer-sitas*, et non ceux des individus associés.

Le texte de Gaius, cité plus haut, nous apprend que la corporation avait un patrimoine, *res communes*, et une caisse commune, *arcam communem*. D'où pouvaient provenir ces biens? D'acquisitions à titre onéreux et à titre gratuit. Les donations et les legs adressés aux corps de métiers étaient fréquents, à en juger par les inscriptions (1); celles-ci montrent que les libéralités étaient le plus souvent soumises à des conditions; elles avaient des destinations particulières, par exemple la célébration de l'anniversaire du bienfaiteur, ou une distribution annuelle d'intérêts entre les membres du collège, ou encore un sacrifice sur un tombeau, etc.

Quant à la caisse commune, elle était alimentée en outre par les cotisations qu'était tenu de verser chaque associé, que celui-ci fût véritablement artisan ou membre honoraire (2).

(1) Orellius, 4068, 4076, 4080, 4088, 4110, 4115, 4120, etc.
(2) Sur les membres honoraires des collèges, v. *suprà*, page 110 : loi 46, Dig., l. 27, t. 1.

CHAPITRE II

**MODES D'ACQUISITION ENTRE VIFS ET A CAUSE DE MORT; —
EXEMPLES DE LEGS; — ADMINISTRATION DES BIENS PAR LE
CURATOR; — ACTIONS ET OBLIGATIONS.**

SECTION I. — ACQUISITIONS ENTRE VIFS

L'acquisition de la possession présentait de grandes
difficultés pratiques pour les corporations, comme
pour toutes les personnes morales, d'ailleurs, — au
moins dans l'organisation primitive du droit romain.

Des deux éléments de la possession, le *corpus* et
l'*animus*, la personne morale ne pouvait avoir que
le *corpus*, puisque, de tout temps, il fut admis qu'on
pouvait posséder *corpore alieno* (1). Quant à l'*animus*,
éminemment personnel, il ne pouvait être exercé
par l'intermédiaire d'autrui ; la personne morale ne
se confondant pas avec les membres qui font partie
de l'*universitas*, il est clair que l'*animus* ne peut
jamais exister chez elle, entité de pure convention.
Donc, pendant des siècles, elle ne sera point admise
à posséder (2). Mais là encore des motifs d'utilité
pratique firent fléchir la rigueur des principes : la

(1) Accarias, *Précis de droit romain*, t. I, n° 215.
(2) Loi 1, § 22, Dig., liv. 41, t. 2.

nécessité d'un *animus* personnel disparut, et il fut admis que la possession pouvait s'acquérir par l'esclave ou même par une personne libre, « per servum et per liberam personam ».

Mais cette innovation ne s'introduisit pas d'un seul coup ; la preuve en est dans la controverse qui eut lieu entre les jurisconsultes, en ce qui regarde la matière spéciale des cités et des corporations.

Paul, au troisième siècle de notre ère, soutenait encore que les municipes ne peuvent pas acquérir la possession, et même qu'ils ne peuvent pas posséder d'esclaves (1). Nerva fils, au contraire, dès le premier siècle, avait émis la théorie opposée, à savoir : que la cité acquérait la possession des choses que son esclave faisait entrer dans son pécule, et qu'elle pouvait usucaper ces choses (2).

Ce progrès, qui répondait aux besoins nouveaux, s'était pleinement réalisé sous Alexandre Sévère, et Ulpien constate en ces termes que l'opinion de Paul ne prévalut pas : « Sed hoc jure utimur ut et possidere et usucapere municipes possint, idque eis et per servum et per liberam personam adquiratur (3). » Et il ajoute dans un autre texte que le même droit existe pour les collèges et les autres corporations :

(1) Loi 1, § 22, Dig., liv. 41, t. 2.
(2) *Ibid.*
(3) Loi 2, Dig., liv. 41, t. 2.

« Idem et in collegiis cæterisque corporibus dicendum erit (1). »

Concluons donc que les cités et les corporations peuvent posséder *per servum et per liberam personam*.

Que veut dire Ulpien par ces derniers mots « per liberam personam »? Cette personne libre, c'est l'administrateur de l'*universitas*, qui porte différents noms, comme on l'a vu : les textes l'appellent tantôt syndic, tantôt *actor*, ou *defensor*, ou curateur, etc. (2). L'*animus* de ce curateur remplaçait l'*animus* que la personne morale ne pouvait avoir, de même que l'*infans* empruntait l'*animus* de son tuteur. Même une constitution de Sévère et d'Antonin, de l'année 226, alla plus loin encore, en consacrant définitivement la doctrine nouvelle en vertu de laquelle la possession pouvait être acquise par un *procurator*, même à l'insu de celui pour lequel il agit (3).

L'acquisition par l'esclave profitait aux personnes morales, et aux corporations en particulier, conformément à la pratique admise. « Les personnes placées en notre puissance qui se trouvent à la tête d'un pécule, dit M. Accarias (4), nous acquièrent la possession même à notre insu, toutes les fois qu'elles appréhendent une chose *ex causa peculiari*, c'est-à-

---

(1) Loi 7, § 3, Dig., l. 10, t. 4.
(2) Voir *suprà*, page 126.
(3) Loi 1, Code J., liv. 7, t. 32; — loi 13, Dig., l. 41, t. 1.
(4) Accarias, *Précis de droit romain*, t. Ier, n° 215.

dire en vertu d'une cause se rattachant à l'administration du pécule (1)................ D'autres textes vont plus loin et déclarent que nous empruntons réellement l'*animus* de notre esclave ou de notre fils de famille. Et là est la vérité ; la preuve en est qu'un père de famille, fût-il fou ou captif, acquiert néanmoins la possession *ex causa peculiari* par son fils ou par son esclave, et pourtant il n'a plus aucun *animus* dont la loi puisse tenir compe (2). La preuve en est encore que les cités, absolument dépourvues d'*animus*, et l'*infans* qui n'a pas lui-même constitué le pécule, deviennent néanmoins possesseurs par leurs esclaves, lorsque ceux-ci entrent en possession *ex causa peculiari* (3). — Le motif de cette remarquable dérogation au droit commun nous est donné par Papinien (4) : c'est qu'on ne pouvait pas raisonnablement exiger du père ou du maître qu'à chaque instant il s'enquît de la consistance du pécule, examinant tout ce qui y entrait et tout ce qui en sortait. »

A plus forte raison, devrait-on conclure de même en ce qui concerne les personnes morales. Disons, en terminant, qu'au troisième siècle les cités et les corporations avaient, grâce aux progrès introduits

(1) Loi 1, § 5, D., liv. 41, t. 2.
(2) Loi 44, § 7, D., liv. 41, t. 3.
(3) Loi 1, § 22, D., liv. 41, t. 2.
(4) Loi 44, § 1, D., liv. 41, t. 2.

par la jurisprudence, une capacité juridique complète quant au fond et presque complète quant à la forme ; les modes d'acquérir reposant sur la possession, — l'occupation, la tradition, l'usucapion, — étaient pleinement accessibles aux *universitates*. Pouvaient-elles faire figurer leurs esclaves dans une mancipation? Oui, sans doute : « Quod servi nostri *mancipio* accipiunt, vel ex traditione nanciscuntur, sive quid stipulentur vel ex alia qualibet causa adquirant, id nobis adquiritur (1). » Dès lors, donc, qu'une *universitas* put être propriétaire d'un esclave, elle put acquérir par voie de mancipation.

Mais les personnes morales ne pouvaient user, par aucun moyen, de l'*in jure cessio*, parce que ce mode d'acquisition, étant rangé au nombre des actions de la loi, exigeait la présence effective des parties *in jure*.

Les corporations, au contraire, pouvaient, comme les cités et les *universitates* en général, acquérir par l'*adjudicatio* et par l'accession, qui ne sont que la conséquence d'un droit préexistant.

SECTION II. — ACQUISITIONS A CAUSE DE MORT

Il nous reste à passer rapidement en revue les modes d'acquisition *mortis causa* ouverts aux corporations.

(1) Gaïus, *Comm.*, II, § 87.

§ 1.

Successions testamentaire et *ab intestat*.

La corporation, de même que la cité, ne pouvait être instituée héritière (1), parce que, étant un *incertum corpus*, elle ne pouvait pas faire acte d'héritier ; elle n'aurait pu d'ailleurs faire *cretio*, c'est-à-dire prononcer, dans un certain délai, la formule solennelle. En cette matière de l'addition d'hérédité, qui repose sur la volonté formelle de l'institué d'agir en qualité d'héritier, le droit romain refusa, jusqu'à l'époque classique, toute action aux personnes morales. Mais là encore, des modifications furent introduites par les juriconsultes, et un progrès, qui était devenu indispensable, se réalisa : le fidéicommis d'hérédité fait au profit d'une cité fut rendu efficace par un sénatusconsulte *Apronien*. Ce sénatusconsulte date du règne de Trajan, probablement ; conformément aux dispositions du sénatusconsulte Trébellien, les actions étaient données utilement à la cité et contre elle : « Omnibus civitatibus, quæ sub imperio populi romani sunt, restitui debere et posse hereditatem fideicommissam, Apronianum senatusconsultum jubet. Sed et actiones in eas placuit ex Trebelliano transferri. Sed municipes ad eas admittun-

---

(1) Voir Ulpien, *Reg*,. titre **22**, § **5**, pour ce qui concerne les municipes.

tur (1). » Mais la faveur du sénatusconsulte Apronien ne s'étend pas des cités aux corporations ; malgré l'assimilation de condition que l'on rencontre partout entre les unes et les autres, il semble bien, dans l'espèce particulière, que le texte précité de Paul (loi 26) ne vise que les cités et les municipes : nous ne trouvons pas ailleurs de texte qui accorde le même bienfait aux collèges.

Mais les corporations pouvaient, vraisemblablement, comme les cités, être instituées héritières par leurs affranchis : « Senatusconsulto concessum est ut a libertis suis heredes institui possint (municipes) (2). »

Ici, cette faveur dut être étendue aux collèges, parce qu'elle n'était qu'une conséquence du droit d'affranchir, droit qui fut concédé aux cités par Trajan, et aux corporations par Marc-Aurèle (3). Nous voyons par le témoignage d'Ulpien que les cités avaient sur les biens de leurs affranchis tous les droits du patron (4) ; et que, comme sanction, elles étaient appelées à succéder *ab intestat* à leurs affranchis (5) ; le même droit de succession *ab intestat* fut formellement reconnu aux collèges, ainsi

---

(1) Loi 26, Dig., liv. 36, t. 1 ; — voir loi 27, *ibid.* ; — Ulpien, *Reg.*, tit. 22, § 5, fait allusion au senatusconsulte Apronien.

(2) Ulpien, *Reg.*, t. 22, § 5. — Cf. loi 1, Dig., liv. 38, t. 3.

(3) Lois 1 et 3, C. J., liv. 7, t. 9 ; — loi 1, Dig., liv. 40, t. 3.

(4) Loi 1, pr., Dig., liv. 38, t. 3.

(5) Loi 3, § 6, Dig., liv. 38, t. 16.

que le dit le même jurisconsulte : « Quare hæc (collegia) quoque legitimam hereditatem liberti vindicabunt (1). »

Les cités obtinrent d'une manière générale, par une constitution de Léon, en 469, la « factio testamenti passive (2) », et, à la dernière époque de la législation romaine, il est hors de doute que les corporations l'obtinrent également ; plusieurs inscriptions rapportent que des collèges avaient recueilli toute la fortune d'un citoyen (3).

Enfin, au Bas-Empire, la corporation a obtenu un privilège remarquable : elle vient, de préférence au fisc, à la succession en déshérence du membre défunt. Une constitution de Constance introduisit ce nouveau droit pour la corporation favorisée des naviculaires : « Si un naviculaire meurt sans avoir fait de testament et sans laisser d'enfants ni d'autre héritier, nous décidons que sa succession sera déférée, non pas au fisc, mais à la corporation à laquelle un sort fatal l'a ravi (4). »

Nous trouvons de nombreux textes qui accordent la même faveur aux *fabricenses* (5), ouvriers des ma-

---

(1) Loi 2, Dig., liv. 40, t. 3.
(2) Loi 12, C. J., liv. 6, t. 24 ; — Cf., *ibid.*, loi 8.
(3) Orellius, 4080.
(4) Loi 1, C. J., liv. 6, t. 62.
(5) Loi 5, C. J., liv. 6, t. 62 ; — loi 1, C. Théod., liv. 5, t. 2 ; — loi 1, *ibid.*, liv. 5, titres 3 et 5 ; — Nov. Théod., liv. 2, tit. 6, § 3 ; — C. Just., liv. 6, t. 62.

nufactures impériales, et nous pouvons en conclure qu'au temps de Justinien toutes les corporations jouissaient du même privilège, — lequel avait été concédé également aux membres de la curie municipale (1).

La *bonorum possessio*, qui pouvait être obtenue par les municipes, par les sociétés, par la curie, fut accordée plus tard aux corporations, dit Ulpien (2). Il y eut de vives controverses sur ce point entre les jurisconsultes (3), parce que la demande de la *bonorum possessio* implique une manifestation de volonté de la part de la personne morale ; mais Ulpien admet précisément que la *bonorum possessio* pourra être demandée par un représentant (4). Même, si personne ne se présente au nom du municipe, celui-ci pourra l'obtenir en vertu de l'édit du préteur.

§ **2**. — Legs.

Pour les legs, ce n'est qu'à partir de Marc-Aurèle que les corporations eurent pleine capacité de les recueillir : « Quum senatus, temporibus divi Marci, permiserit collegiis legare, nulla dubitatio est quod, si corpori, cui licet coire, legatum sit, debea-

(1) Loi 4, C. J., l. 6, t. 62 ; — C. Just., liv. 10, titres 10 et 34.
(2) Loi 3, § 4, Dig., liv. 37, t. 1.
(3) Loi 1, § 1, Dig., liv. 38, t. 3.
(4) Cf., loi 11, Dig., liv. 26, t. 8 ; — loi 7, pr., Dig., liv. 37, t. 1.

tur (1). » Ce droit avait été accordé d'abord aux cités par Nerva; les autres *universitates* ne furent admises que plus tard à la même faveur, c'est le développement rationnel que nous avons eu déjà souvent occasion de constater.

Il y avait cependant un remède à l'incapacité de recevoir des legs, — à l'époque où cette incapacité existait, — c'était le *fideicommis* à titre particulier; mais cet expédient offrait peu de garantie, jusqu'au moment où les *fideicommis* à titre particulier au profit des corporations furent maintenus, c'est-à-dire au moment où les cités purent recueillir valablement même des hérédités fidéicommissaires, ainsi qu'on l'a vu précédemment (2).

Les dons et legs adressés aux corporations furent très fréquents, à Rome, à en juger par les nombreuses inscriptions qui expriment la reconnaissance des collèges envers tel et tel bienfaiteur. Tantôt c'est une *sportule* de trois deniers donnée par un naute du Rhône à chacun des bateliers de ce fleuve (3); tantôt c'est un legs de dix mille sesterces fait aux pêcheurs du Tibre, qui doivent chaque année s'en partager l'intérêt (4). Sextilius Seleucus donne au collège des couvreurs, *centonarii*, cinq mille deniers,

(1) Loi 20, Dig., liv. 34, t. 5.
(2) V. *supra*, page 153; senatusconsulte Apronien.
(3) Orellius, nº 4110.
(4)   *Id.*   4115.

pour s'en partager également chaque année l'intérêt, le 8 des calendes d'octobre, jour de la naissance de l'Empereur (1).

Quelquefois ces legs sont faits dans un but déterminé. Ainsi les charpentiers reçoivent dix mille sesterces dont le revenu sera dépensé annuellement dans un grand banquet (2); Tutichylas donne la même somme aux dendrophores pour offrir chaque année un sacrifice sur son tombeau, et il ajoute que si le sacrifice n'a pas été fait avant la fête des Termes, la corporation payera à l'État les dix mille sesterces (3).

En étudiant les divers modes d'acquisition mis à la portée des corporations, nous avons vu comment était composé leur patrimoine et quelle était la source de leurs revenus. Nous pouvons ajouter que le collège était ordinairement propriétaire des édifices, plus ou moins importants, qui servaient à ses réunions; ces édifices s'appelaient *sequela* ou *schola*, ou *curia* (4). Il était aussi propriétaire des terrains et des bâtiments qui lui étaient assignés pour différents usages, par exemple, de l'un il avait reçu une citerne (5); de l'autre, l'emplacement nécessaire pour construire la maison commune (6); d'un troisième le

(1) Orellius, n° 4068.
(2)   id.   4088.
(3)   id.   4076. — V. aussi n° 4120.
(4)   id.   4136.
(5)   id.   4085.
(6)   id.   4088.

champ qui devait servir de cimetière aux membres
de l'association, à leurs descendants, à leurs
femmes, à leurs concubines (1).

SECTION III. — ADMINISTRATION DES BIENS DES CORPORATIONS

Les biens des corporations étaient administrés
par un *curator* dont nous avons déjà eu souvent
occasion de parler. Il recevait les capitaux et les
plaçait comme il l'entendait, sous sa responsabilité,
en servant à la corporation les intérêts d'usage; il
était d'ailleurs redevable aussi des intérêts des sommes non employées (2).

Mais si les biens des collèges étaient un peu importants, ils étaient la plupart du temps administrés comme ceux des cités, c'est-à-dire comme les
agri vectigales, donnés en emphytéose. Probablement, l'État intervenait d'habitude dans la gestion
du patrimoine des corporations, si l'on en juge d'a-
près la constitution suivante d'Honorius qui règle
la manière dont les biens des *pistores* doivent être
donnés en emphytéose : « Les boulangers de la
Ville Éternelle, oublieux de leurs antiques coutumes,
ont vu se réduire à rien des fonds qui procuraient
des ressources assurées à leur corporation... Vou-

(1) Orellius, n° 4093. « Locum sepulturæ donavit C. Valgius Fus-
cus conlegio jumentariorum portæ gallicæ posterisque eorum et
uxoribus concubinisque. »
(2) Loi 9, Dig., liv. 50, t. 8.

lant remédier à cette situation, nous avons fait apprécier par un homme compétent la valeur de ces biens, afin qu'ils soient donnés en *vectigal* à des preneurs solvables, à charge de payer la prestation déterminée; les preneurs devront payer le taux de cette prestation à l'égal des revenus que les boulangers touchaient depuis longtemps (1). »

Lorsque les progrès du droit eurent permis aux personnes morales de devenir propriétaires et de figurer dans les contrats, elles purent exercer, en ce qui concerne la propriété, tous les droits d'un particulier capable. Les biens des *universitates*, — des corporations en particulier, — n'étaient donc pas inaliénables : aucun texte ne le dit. Sous Léon, il est vrai, les cités se virent restreindre la faculté d'aliéner, mais c'était uniquement dans un but de protection pour les cités elle-mêmes : l'empereur Léon voulut qu'avant toute aliénation la cité prît l'avis d'une assemblée composée du gouverneur de la province et d'un groupe de notables : « Tam curialium quam honoratorum et possessorum civitatis (2). »

Des mesures analogues avaient sans doute été prises à l'égard des biens des collèges, — au moins pour les collèges à qui incombaient l'annone et les services publics; car ici l'intérêt public l'exigeait non

(1) Loi 19, C. Théod., liv. 14, t. 3.
(2) Loi 3, C. J., liv. XI, t. 31.

moins que lorsqu'il s'agissait du patrimoine des cités.

SECTION IV. — ACTIONS, CRÉANCES, OBLIGATIONS

L'on sait que le formalisme du droit romain, et spécialement la procédure des actions de la loi, empêchèrent pendant longtemps la représentation en justice. Des tempéraments furent introduits progressivement : la procédure formulaire permit d'abord la représentation par un *cognitor*, — mais ce moyen n'était pas accessible aux corporations, puisque la nomination du *cognitor* exigeait la comparution des parties elles-mêmes ; — puis on put se faire représenter en justice par un *procurator*, lequel recevait mandat en termes non solennels ; enfin, le *procurator absentis* même fut possible : c'était un véritable *negotiorum gestor*.

C'est à cette époque que les *universitates* en général purent se faire représenter en justice : les cités d'abord, selon l'ordre chronologique, les sociétés ensuite, les corporations, etc.

La corporation, au début, eut un représentant pour chaque affaire particulière ; — il en fut de même, à l'origine, pour les mineurs de vingt-cinq ans. — A l'époque classique, ce représentant devint permanent, sous les noms de *syndicus, actor, defensor :* « Defensores quoque, quos Græci syndicos appellant, et qui ad certam causam agendam vel defendendam eliguntur, laborem personalis muneris adgrediuntur (1). »

Ce texte montre bien que le *syndicus* n'est pas un mandataire; il a des fonctions analogues à celles du tuteur, qui ne peut pas être considéré non plus comme un mandataire du pupille. L'un et l'autre sont investis d'un *munus;* ils remplissent des fonctions qui leur ont été conférées pour défendre des intérêts que la société a pour mission de sauvegarder.

Remarquons que, dans le cas où le *syndicus* négligeait les intérêts de la corporation, ou encore lorsqu'il n'avait pas été désigné, remarquons, dis-je, que toute personne pouvait se présenter pour défendre l'action intentée contre l'*universitas*, dont elle rendait ainsi la condition meilleure : « Et si extraneus defendere velit universitatem, permittit proconsul, sicut in privatorum defensionibus observatur : quia eo modo melior conditio universitatis fit (2). Cette intervention d'un étranger n'avait besoin que de l'autorisation du proconsul ou du préteur, lesquels la refusaient rarement à une personne digne de confiance, car l'intérêt public était en jeu.

Mais si personne ne se présentait pour défendre

(1) Loi 18, § 13, Dig , liv. 50, t. 4; — Cf., même loi, § 9; — loi 1, § 2, au même titre; — loi 1, Dig., liv. 3, t. 4; — loi 34, § 3, Dig., liv. 12, t. 2; — loi 6; § 3, Dig., liv. 3, t 4; — lois 16, et 17, Dig., liv. 3, t. 3,
(2) Loi 1, § 3, Dig., liv. 3, t. 4.

l'*universitas*, le demandur était envoyé en possession des biens de celle-ci, jusqu'au moment de la
vente qui pouvait être ordonnée par le magistrat :
« mu quod si nemo eos defendat, quod eorum commune erit, possideri, et si, admoniti, non excitentur
ad sui défensionem, *Venire se jussurum*, proconsul
ait. Et quidem non esse actorem, vel syndicum tunc
quoque intelligimus ; cum is absit, aut valetudine
impedietur, aut inhabilis sit ad agendum (1). »

Il n'y a rien de particulier à noter en ce qui concerne les créances et les obligations des corporations ; il n'y a qu'à appliquer les principes généraux.
Ainsi, pour les créances, la corporation pouvait les
acquérir, comme un particulier, par l'intermédiaire
de ses esclaves (2): c'est le droit commun. Plus tard,
les actions utiles lui furent accordées, comme il a
été dit précédemment, par l'entremise de son administrateur, *curator* ou *actor* (3). Dès lors, l'*actor*
pouvaitstipuler au profit dela corporation, à laquelle
était donnée utilement l'action née de la stipulation.

L'*universitas* pouvait s'obliger, contracter des
dettes, par l'intermédiaire de ses esclaves, toutes
les fois que les actes de ceux-ci permettaient d'in-
tenter les actions *de peculio, institoria, exercitoria,
quodjussu, de in rem verso*. Ces actions étaient don-

---

(1) Loi 1, § 2, Dig. liv. 3, t. 4.
(2) Loi 3, Dig., liv. 45, t. 3 ; — loi 11, § 1, Dig., liv. 22, t. 1.
(3) Loi 10, Dig., liv. 3, t. 4.

nées utilement contre l'*universitas* elle-même (1).

La corporation ne pouvait s'obliger par un délit ou par un dol (2), car elle ne pouvait avoir l'intention de nuire; cependant, elle pouvait être tenue des faits nuisibles commis par son représentant, et poursuivie dans la mesure de son enrichissement (3).

Bien entendu, les actions noxales pouvaient toujours être dirigées contre les *universitates*, par suite des délits de leurs esclaves.

D'une manière générale, l'administrateur ou représentant de corporation qui avait causé un dommage, — qu'il y eût dol et délit ou non, — restait, en raison de son fait personnel, soumis aux principes du droit commun. Ainsi, il pouvait être intenté contre lui, suivant les cas, l'action *de dolo* par exemple, — ou bien une action *rei persequendæ gratia*, — ou encore une action pénale ou mixte (4), — enfin, toute action tendant à la réparation d'un préjudice (5).

(1) Lois 2 et 4, Dig., liv. 15, t. 4.
(2) Loi 3, § 1, Dig., liv. 14, t. 4.
(3) Loi 15, § 1, Dig., liv. 4, t. 3; — loi 4, Dig., liv. 43, t. 16; — loi 27, Dig., liv. 12, t. 1.
(4) Accarias, *Précis de droit romain*, t. 2, n° 854.
(5) Cf., loi 3, § 1, Dig., liv. 14, t. 4.

LES SYNDICATS PROFESSIONNELS

INTRODUCTION

La loi du 21 mars 1884 a eu pour but de donner une existence légale aux associations de patrons et d'ouvriers qui se sont formées en France.

Si le droit de s'associer est une faculté naturelle, il faut reconnaître qu'on ne s'en était pas beaucoup douté jusqu'ici ; on aurait même cru le contraire.

En effet, la Constituante ne s'est pas contentée d'anéantir les vieilles corporations, elle a prohibé, comme attentatoires à la liberté et à la déclaration des Droits de l'homme, les associations professionnelles quelconques qui eussent pu renaître sur les débris d'un régime aboli (1).

Aucune disposition légale, jusqu'à la loi de 1884,

1) Loi des 14-17 juin 1791.

n'était venue rendre aux ouvriers et aux patrons le droit de s'associer.

Ils le prirent.

Le Gouvernement lui-même se fit leur complice en les tolérant, quelquefois même en leur donnant son appui. Et en fait, lorsqu'intervint la loi de 1884, les associations professionnelles, quoique illégales, avaient reçu un grand développement (1).

La loi de 1884 n'eut qu'à enregistrer pour ainsi dire les faits accomplis ; elle vint donner une situation régulière aux syndicats de patrons et d'ouvriers.

Ce n'est pas à dire qu'elle fût commandée par l'opinion publique. Quelque bizarre que cela puisse paraître, les travailleurs ne semblaient pas se soucier d'une législation nouvelle. Lorsqu'un membre de la Chambre des députés, M. Lockroy, déposa en 1878 un projet de loi concernant les associations professionnelles seules (2), cet acte excita, à la grande surprise de celui qui avait pris l'initiative, une vive répulsion, — aussi bien chez les ouvriers que chez les patrons.

C'est que les uns et les autres préféraient la situation d'alors, caractérisée par la tolérance et par les encouragements du pouvoir ; ils redoutaient qu'une législation nouvelle leur imposât des forma-

(1) Voir pour les détails notre *Partie préliminaire*, ci-dessous, page 177.

(2) C'est M. de Marcère qui, le premier, fit en 1876 une tentative en faveur des syndicats.

lités et des conditions gênantes, sans réfléchir que l'indépendance dont ils jouissaient n'avait rien que de précaire et qu'elle pouvait leur être enlevée d'un moment à l'autre. Ce que l'on contestait, ce n'était donc pas le principe de l'association professionnelle, c'était sa consécration officielle et sa réglementation légale.

A vrai dire, encore aujourd'hui, une minorité se montre hostile à l'idée même de la loi, à la liberté des associations de patrons et d'ouvriers, mais l'immense majorité des bons esprits se range à l'opinion contraire.

Et de fait, les avantages de l'association, de la force collective, mise au secours des forces individuelles, les services que les syndicats peuvent rendre aux patrons et aux ouvriers sont incontestables.

Si, par exemple, l'on considère la situation de l'ouvrier pris isolément, il n'en est pas de plus précaire : le travail est instable, les crises se succèdent, les industries se transforment sans cesse, souvent elles ont une existence éphémère. Et quand même l'industrie elle-même ne serait pas menacée, elle offre encore trop d'aléas au travail ; les périodes de chômage et d'occupation alternent souvent d'une façon brusque et imprévue, pour des causes multiples.

En outre, l'ouvrier se trouve isolé, en raison même des conditions nouvelles du travail : l'individu est noyé, perdu dans l'immensité de l'usine et de la manufacture ; il est plus seul dans une grande ville ou dans un grand centre industriel que dans le hameau le plus reculé. Comme il change souvent de résidence, il a pu difficilement se constituer un foyer ; il peut donc se trouver sans lien dans la vie, sans intérêts. La prévoyance individuelle lui fait le plus souvent défaut ; il ne songe guère à faire des économies ; si, par hasard, il peut en réaliser, à raison de sa situation même d'existence il cèdera aux occasions multiples d'entraînement qui s'offrent à lui et pourra tout juste vivre au jour le jour avec le salaire qu'il gagne.

De plus, la forme nouvelle de l'industrie, qui emploie partout les machines, a singulièrement accru les chances d'accidents ; ces accidents se produisent aujourd'hui même dans la classe agricole qui ne les connaissait pas avant de profiter des découvertes nouvelles de la science.

L'association vient porter remède à cet état de choses ; il est facile aux ouvriers de s'entendre pour atteindre un but sérieux. Supposons, par exemple, 4.000 ouvriers d'une même industrie versant mensuellement un franc chacun, cela ferait 4.000 francs par mois et 48.000 francs par an, — ce qui, en dix ans, avec les intérêts composés, donne un capital de 800.000 francs : de là possibilité d'établir une bonne caisse de retraite permettant d'assurer à l'ouvrier vieux ou infirme un bien-être qui ne peut se réaliser

que par l'association, car l'individualité est le plus
plus souvent impuissante.

Et notons que l'association peut être organisée de
telle manière que la cotisation elle-même ne soit
pas une dépense, car, pourvu qu'une société de consommation soit greffée sur le syndicat, le plus petit
ménage bénéficiera sur les produits au delà du prix
de sa cotisation.

En un mot, grâce au syndicat qui sera prévoyant
pour l'ouvrier, celui-ci se trouvera, presque sans
s'en douter, membre de sociétés d'assurance contre
le chômage, la maladie, la vieillesse, les accidents.
C'est ainsi qu'aujourd'hui les corporations alleman-
des, quoiqu'elles ne soient plus obligatoires, subsistent parce qu'elles sont surtout des sociétés de bienfaisance et de secours mutuels. Même caractère
charitable chez les Unions anglaises.

Mais ces avantages, si considérables, ne sont en
quelque sorte qu'accessoires. Les syndicats, tant
ceux de patrons que d'ouvriers, auront une mission
plus directe : développer par tous les moyens possibles l'industrie et aider au perfectionnement du
travail. C'est ainsi que les ouvriers pourront s'entendre sur la fixation du taux des salaires ; de même,
les patrons. Ils pourront aussi se concerter pour déterminer le prix de vente de leurs produits. Et qu'on
ne craigne pas trop les inconvénients de ce concert,
qu'on ne dise pas que l'ouvrier, le producteur, le

vendeur arriveront à faire la loi aux consommateurs, même à des conditions déraisonnables : le
travail est libre, la concurrence qui diminue les
prix s'établira toujours, la marchandise du dehors
obligera les produits locaux à abaisser leur cote s'ils
l'ont surélevée, l'accord des ouvriers et des patrons sur le taux des salaires ou des ventes ne leur
profitera donc que dans la mesure où cela n'oppri-
mera point le consommateur.

Autre utilité des syndicats : l'échange des idées,
l'entente sur les procédés à employer, et aussi le développement du commerce d'exportation. C'est à ce
dernier point de vue que l'association offre au travail
et à l'industrie un avantage particulièrement actuel.

Quelle est en effet, en ce moment, la situation économique en Europe? La caractéristique est un excès
de production comparativement aux besoins de la
consommation; aussi s'agit-il de trouver des débou-
chés au loin. En effet, non seulement les acheteurs
sur place ne suffisent plus ; mais les nations voisines,
qui autrefois venaient chercher chez nous les objets
de consommation, sont devenues productrices elles-
mêmes, par conséquent ne nous envoyent plus d'acheteurs. Il faut donc de toute nécessité se tourner du
côté de contrées plus éloignées. Sans doute, des
sociétés se sont créées en France, et surtout en Allemagne, pour développer le goût du commerce lointain, pour donner aux jeunes gens l'enseignement

spécial dont ils ont besoin, — notions de géographie commerciale, de droit industriel, d'économie politique, connaissance des langues, etc. Mais comment ces sociétés étaient-elles composées en France? Toutes de membres privés, de particuliers.

Les associations professionnelles feraient œuvre utile en prenant la direction d'institutions semblables ; en plaçant à leur tête des hommes compétents, non seulement elles seraient plus aptes que les particuliers à donner une nouvelle impulsion à notre commerce, mais elles seraient plus puissantes, à cause du nombre même de leurs adhérents, et elles pourraient faire des sacrifices pécuniaires pour l'envoi de négociants au loin, pour la fondation d'établissements et de comptoirs, etc. : les avantages qu'en retireraient les colonies en même temps que que la métropole sont faciles à concevoir.

Les syndicats professionnels deviendront ainsi des centres de renseignements et d'impulsion pour le commerce d'exportation (1).

Au lieu de cela, que se passe-t-il? Nos commerçants, timorés, avec plus ou moins de raison, n'osent se lancer seuls dans des entreprises lointaines. Ils invoquent l'appui de l'État, — qui ne peut cepen-

---

(1) Nous nous plaçons en dehors de l'hypothèse d'association ayant pour but d'exploiter une entreprise en vue de partager des bénéfices : ce serait alors une société commerciale régie par la loi du 24 juillet 1867.

dant avoir d'autre rôle que d'assurer la protection des nationaux à l'étranger et de leur faciliter l'accès des pays à exploiter; — mais l'État n'est pas à même de diriger pas à pas les négociants, de les mettre en rapports avec les consommateurs, et de leur indiquer les besoins et les ressources des nations visitées. Il y a bien des représentants à l'étranger, tels que les consuls et les agents consulaires, mais ceux-ci, qui n'ont pas seulement un rôle commercial, ne pourront qu'aplanir les difficultés des relations par leurs renseignements et leurs indications.

Il font donc que les associations professionnelles donnent l'impulsion et multiplient les encouragements; des associations d'hommes compétents en la question pourront seules guider utilement les nationaux désireux d'étendre l'influence de la France.

Il n'est pas douteux que ce soit l'un des plus chers désirs du législateur de 1884.

Dans un ordre d'idées voisin, l'association professionnelle peut offrir un avantage qui serait irréalisable sans elle : elle fondera des bibliothèques, des cours d'enseignement pour développer les connaissances des artisans dans le domaine de leur profession, pour suppléer à l'insuffisance de l'apprentissage actuel qui est, on peut le dire, absolument délaissé aujourd'hui. Sans doute, l'enseignement théorique donné au cours ne peut pas remplacer l'enseignement pratique donné dans l'atelier; mais il n'en a pas moins une grande utilité, celle de ramener chez les jeunes gens le goût du métier et de leur inculquer des idées sérieuses sur les exigences de leur profession. Ces cours auront lieu, par exemple, le soir, à l'heure où, le travail de la journée terminé, des hommes dévoués ont le loisir de faire profiter les jeunes de leur pratique et de leur science. Les particuliers ne peuvent mener à bien cette tâche qui demande des ressources pécuniaires et des éléments spéciaux de connaissance et d'expérience. Jusqu'ici, c'étaient surtout les Chambres de commerce qui avaient l'initiative de ces écoles; les syndicats peuvent suivre cet exemple, mais il est à penser qu'ils se substitueront aux Chambres de commerce, parce qu'ils sont plus indépendants qu'elles et plus aptes à diriger de telles œuvres. Ainsi, au moment du vote de la loi, l'enseignement commercial à Paris était représenté à tous ses degrés, primaire, secondaire, et supérieur; mais l'ensemble des élèves était à peine de douze cents et l'on pouvait à juste titre s'étonner que, dans un pays qui fait un commerce de huit milliards, il n'y eût pas plus de douze cents jeunes gens qui désirassent apprendre leur métier (1).

Les syndicats commerciaux pourront arriver à multiplier les centres d'enseignement par la création

____

(1) J. Chailley, *la Crise économique* (Guillaumin, éd.).

d'un grand nombre de cours, correspondant aux diverses spécialités; nul doute que le nombre des élèves n'augmente en proportion de la variété des enseignements et du nombre des écoles. Il en va de même des cours à organiser par les syndicats industriels ou agricoles.

Les Allemands connaissent bien tous les avantages que l'on peut retirer, à ce point de vue, de l'initiative privée des associations; aussi les ont-ils multipliées, et ils n'ont pas à s'en repentir en face des résultats obtenus. C'est ainsi qu'ils ont fondé des écoles agricoles fréquentées par la grande, la moyenne et la petite culture, dont plusieurs comptent jusqu'à 250 élèves; et la commission, envoyée récemment par la Société d'agriculture de Meaux, devait reconnaître que les cultivateurs allemands, *grands et petits* ont su plus tôt que nous appliquer les découvertes de la science, *même française*. Il convient de remarquer au contraire qu'en France où pour l'industrie et le commerce l'État ne donne que des subventions sous forme de bourses, l'agriculture n'avait, dans cet ordre d'idées, rien fait par elle-même; jusqu'à la période nouvelle inaugurée par la loi du 21 mars 1884 elle avait tout obtenu de l'État, ce qui ne l'empêchait pas d'accuser sans cesse de dédain pour elle les pouvoirs publics. C'est à l'association qu'elle demandera aujourd'hui ce que les pouvoirs publics sont impuissants à lui donner.

Enfin, il est possible que l'association devienne même un instrument de conciliation entre les ouvriers et les patrons, ce qui arrivera par le moyen des syndicats mixtes qui les réunit dans un but d'intérêt commun et de mutuelle assistance.

Voilà, esquissés à grands traits, les principaux avantages de l'association professionnelle ; reste à voir comment la loi du 21 mars 1884 la règlemente et la délimite ; c'est proprement l'objet de cette étude.

Mais l'ancien droit a connu les corps de métiers ; l'immense développement des corporations aux siècles derniers a sa place dans l'histoire générale, il a son influence dans le présent ; aussi l'historique s'impose dans cette question qui est comme chargée de souvenirs séculaires.

PARTIE PRÉLIMINAIRE

HISTORIQUE

SOMMAIRE :

Origine des corporations d'artisans. — Caractères distinctifs de la corporation, comparée à nos associations professionnelles modernes. — Organisation intérieure de la corporation. — Caractère religieux de la corporation : confrérie.— Transformation et abus du régime corporatif, sous l'influence du pouvoir royal.— Réformes de l'Assemblée Constituante, et législation depuis 1791.

Au Moyen âge, les artisans et les commerçants avaient éprouvé le besoin de s'unir par le lien puissant de l'association ; même, l'on peut dire qu'à cette époque les circonstances rendaient l'union bien plus nécessaire que de nos jours : isolement des villes, absence des moyens de communication et surtout absence de règles communes destinées à régir l'ensemble des sujets.

De même que chaque ville et chaque commune formaient un état qui avait sa législation propre, de même, dans la ville et dans la commune, les marchands et les artisans réunis en association se donnaient des règles spéciales, plus forts par l'union contre les exigences du pouvoir seigneurial. A l'image des communes constituées par l'association

des bourgeois d'une même ville qui obtenaient du seigneur une charte locale, les corporations se formaient
par la libre association de gens d'un même métier
qui obtenaient également du seigneur la reconnaissance de leurs statuts, des privilèges et franchises.
Mais tandis que les communes ne se sont établies
qu'à la suite de luttes acharnées, où le sang fut souvent versé, la corporation grandit pacifiquement, à
l'ombre des municipes et, plus tard, elle reçut une
nouvelle force de la faveur de ce même pouvoir
royal qui fut si funeste aux communes.

Ce passé des corporations doit retenir un moment
l'attention.

C'est au xiie siècle qu'elles commencent à se former (1); le concile de Rouen, tenu en 1189, les
prohibe sous peine d'anathème : « La Sainte Écri
« ture déteste ces associations ou confréries de
« laïques et de clercs parce que l'observance de leurs
« statuts peut amener au crime de parjure ; » mais
l'Église, se départissant peu à peu de cette rigueur,
finit par tolérer, par protéger même les corps de métiers qu'elle condamnait à l'origine. Au xiiie siècle,
leur organisation est achevée, c'est l'époque de l'épanouissement des communes, du fractionnement de la
puissance sociale en une infinité de pouvoirs locaux,

---

(1) Quelques corporations semblent cependant remonter au droit
romain ; ainsi celle des *marchands d'eau*, à Paris, n'est que la corporation romaine des *nautes parisiens*.

isolés, ennemis; un grand historien a très bien caractérisé l'aspect de cette première période en disant qu'au dehors c'étaient des forteresses, au dedans des fraternités.

Ces associations de marchands et d'artisans (1), connues dans notre histoire sous le nom de corporations d'arts et métiers, avaient un caractère absolument original et bien différent des associations modernes.

C'est ainsi que chez nous les associations professionnelles sont soumises à l'application de règles souvent très restrictives, qui ont pour but de les tenir dans une dépendance étroite de l'État et de les limiter à l'objet exclusif des intérêts professionnels. Au contraire, les anciennes corporations avaient des pouvoirs extrêmement étendus; non seulement, elles jouissaient d'un droit illimité d'agir en justice, d'acquérir et d'aliéner, de nommer leurs chefs, en un mot de tous les attributs de la personnalité ; mais encore elles avaient dans la sphère des droits publics les plus importantes prérogatives. C'est ainsi qu'elles exerçaient des droits de justice, de perception d'impôts, la gestion des affaires municipales, la garde, le guet. Les pouvoirs publics, la royauté, encore faibles et mal établis, n'auraient pas pu se passer du concours très utile de ces groupes puissants.

(1) Celles des marchands étaient plus riches, elles se jugeaient supérieures aux secondes.

Il est vrai qu'ils n'offraient pas de très grands dangers : les corporations de métiers n'avaient qu'une influence toute locale; à peine y a-t-il lieu de faire exception pour les grandes sociétés des Compagnons du devoir. — Recrutées parmi les ouvriers du bâtiment, elles formaient des groupes en évidence, avec des dignitaires officiellement reconnus à leur tête; dans les Villes, dites du Tour de France, elles avaient des auberges où logeaient les compagnons et où, dès leur arrivée, ils étaient reçus à crédit. Même état de choses en Allemagne, où existait également la coutume de terminer l'apprentissage par un voyage de plusieurs années. C'est plus tard, nous le verrons, au xive siècle, que le pouvoir, mieux organisé, commença à se rendre compte du danger que pourraient présenter des compagnies aussi fortement constituées.

Une autre différence qu'il importe de bien marquer, entre les corporations et nos associations professionnelles modernes se réfère au principe de liberté du travail. Chez nous, l'association professionnelle reste libre, en ce sens que personne n'est forcé d'en être membre, et qu'on peut exercer toutes les professions sans en faire partie. Dans le système des corporations, il n'en est pas de même. Elles sont investies du droit exclusif de travailler : nul ne pouvait exercer une profession départie à un corps de métier, s'il n'était de ce corps; par exemple, nul ne pouvait faire de pain, s'il n'était de la corporation des boulangers.

A l'origine, ce monopole n'existait pas. Si les corporations émettaient certaines prétentions, c'était dans un but de protection des individus ; les atteintes qu'elles apportaient à la liberté du travail individuel étaient faciles à justifier ; elles voulaient que seuls les artisans connaissant leur métier fussent admis à l'exercer ; elles exigeaient certaines garanties d'honnêteté ; le consommateur même bénéficiait de cette organisation du travail.

Lorsque les corporations demandaient la concession de chartes consacrant leurs statuts, c'était pour rendre obligatoires et incontestables ces sages restrictions, en les fixant par écrit. Cette utilité détermina saint Louis à confier à Étienne Boileau, prévôt des marchands de Paris, le soin de recueillir les règlements sur les arts et métiers, que s'étaient donnés les corporations elles-mêmes. Déjà plusieurs d'entre elles avaient obtenu la délivrance de chartes, mais la plupart n'étaient pas encore organisées. Étienne Boileau, loin de leur imposer une loi générale (rien n'aurait été plus contraire à l'esprit et aux mœurs du temps), fit venir auprès de lui les anciens corps de métiers, les prudhommes, qui lui soumirent leurs règles et leurs coutumes. Une rédaction fut faite d'après leurs déclarations ; de là sortit le *Registre des métiers et marchandises de la ville de*

Paris (1). Une centaine de métiers reçurent ainsi une organisation officielle avec toutes les prérogatives de la personnalité. Mais l'œuvre de Boileau ne porta en rien atteinte à la liberté des corporations : chacune resta entièrement libre de soumettre ses statuts dans le but d'obtenir cette consécration officielle, et plusieurs se tinrent à l'écart, qui ne demandèrent la reconnaissance par charte que dans les siècles suivants. Mais, dans la suite, les dispositions, d'abord sages et protectrices des statuts, devinrent une source d'abus ; la corporation plus puissante étendit ses prétentions, le droit au travail devint en fait un privilège, toute concurrence fut annulée, les gardes du métier poursuivaient avec acharnement tous ceux qui cherchaient à gagner leur vie en dehors de la corporation. Ce monopole eut même pour conséquence de fréquentes luttes entres les diverses professions ; des rivalités violentes s'élevèrent entre les corporations voisines par leur objet. Il est en effet souvent difficile d'établir entre deux métiers la ligne de démarcation ; c'est ainsi qu'à Paris la querelle entre les fripiers et les tailleurs dura deux siècles et demi ; les tailleurs invoquaient le droit de faire les raccommodages dont les

---

(1) L'édition première de ce Registre a été publiée en 1837 par Depping, avec une introduction et des notes, dans la « Collection des documents inédits sur l'histoire de France ». Nouvelle édition, en 1879, publiée par MM. de Lespinasse et Bonnardot, à l'Imprimerie Nationale.

fripiers revendiquaient le monopole ; mais d'autre part les fripiers s'attribuaient le droit, que leur contestaient les tailleurs, de refaire à neuf un vieil habit.

Ainsi, rôle extérieur des plus étendus, monopole absorbant : tels sont, entre plusieurs autres, les deux traits bien remarquables qui distinguent les anciennes corporations de nos associations modernes.

Mais ce n'est pas assez de les avoir caractérisées dans leur œuvre et dans leur influence, il convient de jeter un regard sur leur organisation intime.

On peut dire d'une manière générale que la corporation n'était composée que de maîtres, c'est-à-dire d'artisans ayant passé par différents degrés pour arriver à la maîtrise. Les maîtres recevaient un certain nombre d'apprentis, qui ne devait jamais être dépassé ; et de ceux-ci sortaient les compagnons qui avaient la possibilité d'arriver maîtres, sous certaines conditions.

Il importe d'étudier successivement la condition de ces trois catégories de personnes.

1° APPRENTIS

L'apprentissage, qui était le premier grade obligatoire à tout aspirant à la maîtrise, se faisait par un contrat passé entre le patron et les parents ou tuteurs de l'apprenti.

Ce contrat, dont tout l'avenir de l'enfant pouvait

dépendre, n'était pas abandonné au hasard. Fixé par écrit, il était déposé aux archives de la corporation et son exécution était surveillée par les dignitaires du métier.

Le patron avait une véritable puissance paternelle sur l'enfant, il en avait aussi les obligations.

La durée de l'apprentissage variait suivant les difficultés du métier, mais elle était longue. L'apprenti qui avait terminé son temps était examiné par les syndics de la corporation qui lui délivraient, si l'examen était favorable, le brevet de compagnon.

2° COMPAGNONS

Le mot indique ce qu'ils étaient : *compagnons* du maître. D'ordinaire, l'engagement se contractait à long terme ; le compagnon était alors logé et nourri chez le maître, comme le sont aujourd'hui nosjournaliers des campagnes. Il continuait ainsi son apprentissage.

Les compagnons ne pouvaient, pas plus que les apprentis, travailler pour leur propre compte, ni former entre eux des associations ; ils violèrent souvent cette prohibition : ainsi, dès le xive siècle on trouve des sociétés secrètes d'artisans, des conspirations et des ligues contre les patrons.

Ce mouvement s'explique par la difficulté croissante pour les compagnons de passer maître. A l'origine, il suffisait « *de savoir le métier et d'avoir de quoi* », ainsi que nous l'apprend le Registre des métiers. Mais plus tard s'introduisit la coutume du chef-d'œuvre, fort juste en elle-même, puisqu'elle servait à prouver que le compagnon savait le métier, mais fort dangereuse dans la suite, parce qu'elle permit aux patrons de refuser le chef-d'œuvre ; ils le faisaient quelquefois avec le plus grand arbitraire. Les fils de maîtres étaient admis avec facilité et diminuaient les chances d'admission des autres compagnons. De là des mécontentements, une opposition d'intérêts entre les maîtres et les compagnons dont beaucoup n'avaient plus l'espoir de s'élever à la maîtrise. De là des compagnonnages corporatifs, illicites, qui, malgré les prohibitions dont ils étaient frappés, subsistèrent jusqu'à la fin, dans le sein même des corporations (1) qu'ils troublaient.

3° MAITRES

Ils étaient représentés par leurs chefs (consuls, syndics, échevins), au-dessous desquels étaient des maîtres, dits jurés, chargés de contrôler l'exécution des règlements et de faire la police de la corporation.

Parmi les maîtres régnait un grand esprit de solidarité, des obligations de secours étaient souvent

(1) Ils ne doivent pas être confondus avec les sociétés de compagnons ambulants qui subsistent encore aujourd'hui (compagnons du devoir, compagnons du devoir de liberté), et qui répondaient, le nom l'indique, à un besoin tout spécial.

inscrites dans les statuts, quelquefois il était interdit aux membres de la corporation d'intervenir dans les marchés que leurs confrères étaient en train de conclure, de travailler pour un client qui n'aurait pas soldé le confrère qu'il occupait précédemment.

Telle était, dans son ensemble, l'organisation intérieure de la corporation ; mais il y a lieu d'ajouter à cette esquisse un dernier trait : l'association n'était pas purement civile, le lien religieux unissait ses membres dans un même rite et dans de communes pratiques. Ici se place l'étude de la confrérie.

La confrérie était en quelque sorte la face religieuse du corps de métiers, à une époque où le sentiment religieux se faisait jour dans toutes les institutions ; sans doute, elle ne se confondait point avec la corporation elle-même ; il pouvait arriver que plusieurs corporations fissent partie d'une même confrérie, ou que plusieurs confréries se partageassent les membres d'un même corps de métiers, mais on peut être certain que partout où l'on trouvait une corporation, il y avait une confrérie.

Le caractère religieux de la confrérie apparaissait dans les plus munitieux détails de son organisation. C'est ainsi qu'on peut relever, dans les statuts de la confrérie des compagnons cordonniers de Paris (1), la disposition suivante :

(1) Voir, pour plus amples détails, l'ouvrage rare du bibliophile Jacob : *Histoire de la chaussure*, pp. 120 et 121.

« Les titres et papiers concernant la confrérie
« seront enfermés dans une boëte étant dans le
« coffre où l'on met les calices, burettes et regis-
« tres de la confrérie. » Ce n'est pas sans intention
que nous nous arrêtons à cette confrérie des cordonniers ; elle eut la plus grande importance par le
nombre de ses membres. Saint Crépin est particulièrement honoré dans les temps où l'on marche
beaucoup. Sa mémoire donnait lieu à de grandes
fêtes dont la principale, la fête des patrons cordonniers, était comme le pivot sur lequel reposait la confrérie.

Les cordonniers se réveillaient le 25 octobre au
bruit des cloches sonnant à toute volée, et pendant
trois jours et autant de nuits ils se livraient à des
prières d'allégresse accompagnées de réjouissances
effectives.

La confrérie avait un objet essentiellement charitable, et cela n'est qu'une conséquence de son caractère religieux. C'était une sorte de société de secours
mutuels dont la corporation fournissait les fonds.
C'est ainsi que je remarque dans les statuts de la
confrérie des compagnons cordonniers cette particularité. « La cotisation sera de quatre sols par année
« pour soulager les pauvres garçons et faire les ser-
« vices. »

Mais ce serait se tromper sur le rôle effectif des
confréries qu'y voir uniquement des instruments de

paix et de salut. Les confréries des compagnons engagèrent la lutte contre les maîtres. C'est ainsi que la confrérie des maîtres cordonniers et celle des compagnons cordonniers de Paris se firent la guerre pendant plusieurs siècles. Cette longue période est un chaos de plaintes, d'arbitrages, de traités de paix, de ruptures et d'arrêts; les compagnons disputaient aux maîtres l'usage de la chapelle de saint Crépin. Les fêtes du métier devenaient l'occasion de se harceler réciproquement et souvent des rixes s'engagèrent où le sang coulait. C'est par là qu'on s'explique les fréquentes décisions du pouvoir de l'Église, même contre les confréries déviées de leur but primitif, et tournées en instruments de guerre.

Tels furent les traits généraux du système corporatif.

On l'a vu, la corporation grandit en puissance, avec une très grande rapidité, mais, au-dessous d'elle, s'affirmait chaque jour davantage l'autorité supérieure du pouvoir royal. Non que la royauté, qui avait triomphé des communes, vît dans les corps des métiers des ennemis : au contraire ; mais elle chercha à s'introduire de plus en plus dans leur organisation pour des motifs purement fiscaux. Louis XI le premier avait imaginé de créer lors de son avènement une place de maître dans chaque corporation. Son exemple fut suivi et le pouvoir royal se mit à vendre des maîtrises qui jusque là avaient été conférées aux

compagnons à l'élection par la corporation elle-
même. Puis, dans les moments de besoin d'argent, le
Roi créa des offices de surveillants, que la corporation s'empressait de racheter très cher pour échapper à un contrôle désagréable : ils n'avaient été créés
que pour cela ; le but fiscal était atteint. Mais les Rois
trouvèrent qu'il n'y avait point encore assez de corporations ; il était arrivé qu'à force de créer des titres
de maîtres, l'offre dépassait la demande, et l'on ne
trouvait plus acheteur.

Le régime corporatif n'existait pas encore dans
toutes les villes ; même dans les villes où il existait,
tous les métiers n'y étaient point soumis : la royauté
l'étendit à tous les métiers du royaume ; elle se pro-
curait ainsi de nouvelles ressources, par un moyen
qui servait en même temps la cause de l'unité nationale.

L'édit de 1581, dû à Henri II, contint cette grande
réforme.

On voit que Henri II ne fut pas inspiré par la
même idée que son prédécesseur, saint Louis, lorsque celui-ci chargeait Étienne Boileau de rédiger
le Livre des métiers. Henri II, loin de vouloir laisser les corporations libres, chercha à les enfermer
dans les mêmes liens par une réglementation unique,
et au lieu d'avoir des visées élevées comme Louis IX,
il n'envisagea, nous venons de l'indiquer, que le côté
fiscal de la question.

C'est alors que le droit au travail, jusque là accessible à tous, devint vraiment un privilège en faveur d'un petit nombre.

L'édit fut appliqué presque dans toute la France, mais cependant avec des différences dans le mode d'exécution : en effet, les corporations n'étaient pas constituées de même partout. Dans le Midi, elles étaient moins répandues, et l'industrie avait conservé une certaine liberté, tandis que, dans les pays du Nord, le régime corporatif était la règle et enserrait étroitement les travailleurs.

Aussi, dans ces dernières contrées, l'application de l'acte du Roi fut-elle facile. Au contraire, dans les pays du sud de la Loire, on fut obligé de grouper les métiers les plus divers, par exemple, les pelletiers avec les maçons, — surtout dans les petites localités, où les artisans étaient peu nombreux.

La conséquence de l'édit, est la suppression absolue de la liberté du travail, le redoublement des rivalités entre les diverses corporations, l'encouragement de la vénalité. Le régime corporatif devient oppression, et pèse lourdement sur le peuple. Aussi, en 1614, le vœu de la nation s'élève vers la liberté et demande une véritable révolution des lois du travail ; les États généraux de 1614 supplient le Roi en ces termes : « Que soient les mestiers laissés libres à vos « pauvres sujets, sous visite de leurs ouvrages et « marchandises. »

Ce fut en vain.

Colbert lui-même, qui prenait à cœur les intérêts du commerce et de l'industrie nationale, crut les servir en renforçant les règles déjà si rigoureuses et si étroites qui avaient été imposées au travail. Il voulait soumettre tous les corps d'états d'un même métier aux mêmes règles et réaliser l'unité dans l'industrie. Le projet ne reçut qu'une application partielle en ce qui concerne l'industrie des tissus qui fut réglementée dans ses plus minutieux détails et avec uniformité dans tout le royaume. Mais l'édit souleva de vives résistances de la plupart des corps de métiers de tissus qui avaient chacun leur mode de fabrication variant selon les villes, selon les habitudes et les besoins des consommateurs. Si, sur ce point, il est difficile d'approuver la politique économique de Colbert, on doit reconnaître qu'à d'autres égards il rendit de grands services. C'est ainsi qu'il encouragea le commerce maritime par des primes aux armateurs et constructeurs de navires ; il introduisit en France des industries qui ne s'exerçaient qu'en pays étranger, en attirant du dehors d'habiles ouvriers par l'octroi de privilèges ; il donna enfin une extension considérable à certaines manufactures royales, entre autres à celles des Gobelins.

Mais toutes ces mesures particulières ne pouvaient jamais avoir que des effets de détail ; la situation générale de l'industrie, arrêtée dans son essor par un régime tracassier et oppressif, était lamentable ; écrasées par les mesures oppressives du fisc, les corporations finirent par peser sur leurs propres membres ; il fallut payer pour être maître (édit de 1672) et l'on vit ce phénomène extraordinaire : non seulement personne n'y voulait plus entrer, mais les incorporés cherchaient tous les moyens d'en sortir et il fallut un édit, rendu en 1690, pour empêcher ces retraites (1).

Ainsi le caractère des corporations s'était profondement altéré ; instituées à une époque où, l'industrie étant peu développée, le groupement des énergies individuelles était nécessaire, elles avaient fini par engendrer de nombreux abus ; les artisans eux-mêmes, nous l'avons vu, n'étaient pas étrangers au mal, mais la royauté y prit la plus grande part.

A la fin du xviii⁰ siècle, les doléances des patrons et des ouvriers sont générales. C'est alors seulement que commence une sérieuse campagne contre l'ensemble du régime industriel ; l'organisation tout entière du travail péchait, il n'y avait plus que quelques privilégiés, — les maîtres ; et une foule d'opprimés, — les compagnons et les apprentis.

Turgot eut une généreuse idée : il fit proclamer

____

(1) Nous avons vu des faits analogues se produire à Rome, au Bas-Empire, dans des conditions semblables.

par le Roi, en 1776, dans un édit resté célèbre (1),
la liberté du travail et de l'industrie. Le même
édit abolissait formellement les corporations d'arts

(1) Le fort remarquable préambule de cet édit contient des idées
philosophiques d'une grande élévation. Nous ne croyons pas inop-
portun de le citer :

« Nous devons à tous nos sujets, fait-il dire à Louis XVI, de leur
assurer la jouissance pleine et entière de leurs droits; nous devons
surtout cette protection à cette classe d'hommes qui, n'ayant de
propriété que leur travail et leur industrie, ont d'autant plus le besoin et le droit d'employer dans toute leur étendue les seules ressources qu'ils aient pour subsister.

« Nous avons vu avec peine les atteintes multipliées qu'ont données à ce droit naturel et commun des institutions, anciennes à la
vérité, mais que ni le temps, ni l'opinion, ni les actes mêmes éma-
nés de l'autorité qui semble les avoir consacrées, n'ont pu légitimer.

« Dans presque toutes les villes de notre royaume, l'exercice
des différents arts et métiers est concentré dans les mains d'un
petit nombre de maîtres, réunis en communauté, qui peuvent seuls,
à l'exclusion de tous les autres citoyens, fabriquer ou vendre les
objets de commerce particulier dont ils ont le privilège exclusif;
en sorte que ceux de nos sujets qui, par goût ou par nécessité, se
destinent à l'exercice des arts et métiers, ne peuvent y parvenir
qu'en acquérant la maîtrise, à laquelle ils ne sont reçus qu'après
des épreuves aussi longues et aussi nuisibles que superflues, et
après avoir satisfait à des droits ou à des exactions multipliées,
par lesquels une partie des fonds dont ils auraient eu besoin pour
monter leur commerce ou leur atelier, ou même pour subsister, se
trouve consommée en pure perte.

« Ceux dont la fortune ne peut suffire à ces pertes sont réduits à
n'avoir qu'une subsistance précaire sous l'empire des maîtres, à
languir dans l'indigence, ou à porter hors de leur patrie une industrie qu'ils auraient pu rendre utile à l'État.

« Toutes les classes de citoyens sont privées du droit de choisir
les ouvriers qu'ils voudraient employer, et des avantages que leur
donnerait la concurrence par le bas prix et la perfection du travail.
On ne peut souvent exécuter l'ouvrage le plus simple, sans recourir à plusieurs ouvriers de communautés différentes, sans essuyer
les lenteurs, les infidélités, les exactions que nécessitent ou favo-

métiers ; il supprimait en outre les cónfréries qui étaient devenues une source d'abus et interdisait à l'avenir toute association.

risent les prétentions de ces différentes communautés et les caprices de leur régime arbitraire et intéressé.

« Ainsi, les effets de ces établissements sont, à l'égard de l'État, une diminution inappréciable de commerce et de travaux industrieux ; à l'égard d'une nombreuse partie de nos sujets, une perte de salaires et de moyens de subsistance ; à l'égard des habitants des villes en général, l'asservissement à des privilèges exclusifs, dont l'effet est absolument analogue à celui d'un monopole effectif : monopole dont ceux qui l'exercent contre le public, en travaillant et en vendant, sont eux-mêmes les victimes dans tous les moments où ils ont, à leur tour, besoin des marchandises ou du travail d'une autre communauté.

« Ces abus se sont introduits par degrés ; ils sont ordinairement l'ouvrage de l'intérêt des particuliers qui les ont établis contre le public : c'est après un long intervalle de temps que l'autorité, tantôt surprise, tantôt séduite par une apparence d'utilité, leur a donné une sorte de sanction.

« La source du mal est dans la faculté même, accordée aux artisans d'un même métier, de s'assembler et de se réunir en un corps.

« Il paraît que, lorsque les villes commencèrent à |s'affranchir de la servitude féodale et à se former en communes, la facilité de classer les citoyens par le moyen de leur profession introduisit cet usage inconnu jusqu'alors. Les différentes professions devinrent ainsi comme autant de communautés particulières, dont la communauté générale était composée. Les confréries religieuses, resserrant encore les liens qui unissaient entre elles les personnes d'une même profession, leur donnèrent des occasions plus fréquentes de s'assembler et de s'occuper dans ces assemblées, de l'intérêt commun des membres de la société particulière, qu'elles poursuivent avec une activité continue, au préjudice des intérêts de la société générale.

« Les communautés, une fois formées, rédigèrent des statuts, et, sous différents prétextes de bien public, les firent autoriser par la police.

« La base de ces statuts est d'abord d'exclure du droit d'exercer le métier quiconque n'est pas membre de la communauté. Leur es-

L'édit ne devait pas porter ses fruits. Les Parlements, celui de Paris en tête, s'insurgèrent contre cette décision radicale, et, la même année, un nou-

prit général est de restreindre le plus qu'il est possible le nombre des métiers, de rendre l'acquisition de la maîtrise d'une difficulté presque insurmontable pour tout autre que pour les enfants des maîtres actuels. C'est à ce but que sont dirigées la multiplicité des frais et des formalités de réception, les difficultés du chef-d'œuvre, toujours jugé arbitrairement, surtout la cherté et la longueur inutile des apprentissages et la servitude prolongée du compagnonnage, institutions qui ont encore l'objet de faire jouir les maîtres gratuitement pendant plusieurs années du travail des aspirants...

« Les communautés s'occupèrent surtout d'écarter de leur territoire les marchandises et les ouvrages des forains : elles s'appuyèrent sur le prétendu avantage de bannir du commerce des marchandises qu'elles supposaient être mal fabriquées. Ce motif les conduisit à demander pour elles-mêmes des règlements d'un nouveau genre, tendant à prescrire la qualité des matières premières, leur emploi et leur fabrication... »

Puis, après avoir fait connaître les entraves qui arrêtaient tout développement et tout progrès : « Nous ne suivrons pas plus loin, ajoute Turgot, l'énumération des dispositions bizarres, tyranniques, contraires à l'humanité et aux bonnes mœurs, dont sont remplies ces espèces de codes obscurs, rédigés par l'avidité, adoptés sans examen, dans des temps d'ignorance, et auxquels il n'a manqué, pour être l'objet de l'indignation publique, que d'être connus... »

« L'habitude prévalut, continue-t-il encore, de regarder ces entraves mises à l'industrie comme un droit commun. Le Gouvernement s'accoutuma à se faire une ressource de finance des taxes imposées sur les communautés, et de la multiplication de leurs privilèges... La finance a cherché de plus en plus à étendre les ressources qu'elle trouvait dans l'existence de ces corps...

« C'est sans doute l'appât de ces moyens de finance qui a prolongé l'illusion sur le préjudice immense que l'existence des communautés cause à l'industrie et sur l'atteinte qu'elle porte au droit naturel. Cette illusion a été portée chez quelques personnes jusqu'au point d'avancer que le droit de travailler était un droit royal, que le prince pouvait vendre et que les sujets devaient acheter.

« Nous nous hâtons de rejeter une pareille maxime.

« Dieu, en donnant à l'homme des besoins, en lui rendant néces-

vel édit rapportait le premier, — don de joyeux avénement du successeur de Turgot. Les corporations ne ressuscitèrent pas pour longtemps. Elles devaient disparaître avec la Révolution.

Déjà, dans la nuit du 4 août 1789, le député du Beaujolais demandait « la réforme des lois relatives « aux corporations d'arts et métiers dans lesquelles « les maîtrises étaient établies », et l'Assemblée ajouta aux promesses faites dans cette séance glorieuse la « réformation des jurandes ». La Constituante avait entrepris une œuvre trop considérable pour qu'elle pût être terminée immédiatement ; la liberté du travail ne fut définitivement proclamée que par le décret-loi, encore en vigueur, des 2-17 mars 1791. Il eut pour objet de faire cesser expressément le privilège industriel et de porter atteinte au monopole des corporations. Dans la pensée du législateur, la liberté du travail individuel signifiait : suppression du régime corporatif ; son but était de mettre fin à toutes les associations de métiers. Effet inattendu : il y eut beaucoup de mécontents, et la nouvelle loi, loin d'atteindre son but,

saire la ressource du travail, a fait du droit de travailler la propriété de tout homme ; et cette propriété est la première, la plus sacrée et la plus imprescriptible de toutes.

« Nous regardons comme un des premiers devoirs de notre justice, et comme un des actes les plus dignes de notre bienfaisance, d'affranchir nos sujets de toutes les atteintes portées à ce droit inaliénable de l'humanité : nous voulons, en conséquence, abroger ces institutions arbitraires... »

donna lieu, comme nous allons le voir, à la formation de nouveaux groupes et de nouvelles associations. Comme elle avait posé le principe de la liberté du commerce et de l'industrie, sans restriction, comme aucune interdiction n'était faite aux ouvriers de même métier de se réunir en assemblées, ceux-ci s'empressèrent de se concerter pour faire entendre des vœux et des protestations. Ils se donnèrent des présidents et des syndics, rédigèrent des requêtes pour réclamer, chacun pour son métier, le maintien des privilèges et des monopoles. Aussi exclusifs que les anciennes corporations, ils arrivaient à demander au Gouvernement le rétablissement d'associations non moins tyranniques.

La classe ouvrière était donc, à cet égard, comme les nobles, comme le clergé, comme les marchands; les plus petits privilégiés raisonnaient comme les plus grands; les idées au nom desquelles la France allait se transformer échappaient encore, du moins dans l'application, à la masse des artisans et des gens de négoce. C'est ainsi que les garçons tailleurs, au nombre de plusieurs milliers, réunis sur le gazon du Louvre, décidaient l'envoi d'une députation de vingt compagnons pour demander au comité de la ville de leur garantir, en tout temps, un salaire quotidien de 40 sous, et de défendre aux fripiers de faire des habits neufs. C'est ainsi encore que les ouvriers cordonniers décidèrent d'exclure du royaume tout

cordonnier qui ferait une paire de souliers au-dessous d'un prix convenu ; les domestiques eux-mêmes, se coalisant, demandaient l'expulsion des
Savoyards : voilà comment les artisans comprirent
le principe de la liberté du travail.

Aussi, l'Assemblée Constituante, dont les intentions
étaient si gravement méconnues, vota-t-elle, quelques
mois plus tard, la loi des 14-17 juin 1791, qui supprime le droit d'association ; elle interdisait « aux
citoyens d'un même état ou profession, aux entrepreneurs, à ceux qui ont boutique ouverte, aux
ouvriers et compagnons d'un art quelconque de
se nommer des présidents, des secrétaires, des
syndics, de tenir des registres, de prendre des arrêtés ou délibérations, de former des règlements
sur leurs prétendus intérêts communs (art. 2) ».
Elle défendait de « rétablir de fait, sous quelque
prétexte et sous quelque forme que ce soit, les
corporations dont elle proclamait l'*anéantisse-
ment* ».

Loin d'être une conséquence de la première loi,
ces dispositions lui apportaient des restrictions.

Le principe de la liberté du travail était diminué :
les travailleurs perdent un droit, celui de s'associer.
La loi de juin 1791, qu'on a dite libérale, est en ce
sens restrictive de la liberté, et les circonstances
d'où elle est sortie tendent bien à prouver qu'elle ne
fut pas inspirée par un principe de liberté. La Cons-

tituante, effrayée par les coalitions d'artisans, vit dans les associations des communautés indépendantes et dangereuses pour l'État ; elle voulut faire disparaître des groupes qui inquiétaient le pouvoir central ; elle appliquait ainsi ces idées d'unité administrative dont les rois de France poursuivaient la réalisation depuis le xvᵉ siècle ; mais, pour y arriver, elle dut fermer les yeux sur un fait évident : la communauté des intérêts qui groupe nécessairement les hommes, en dépit des lois et des obstacles. On supprimait cela. « Il est défendu aux citoyens d'un même état ou profession... de former des règlements sur *leurs prétendus intérêts communs.* » Ainsi, de par la volonté du législateur, les intérêts commun n'existaient pas.

Et c'est cette loi, toute de circonstance, qui était appelée à nous régir pendant 93 ans !

D'autres dispositions législatives vinrent plus tard s'y ajouter : c'est ainsi notamment que le Code pénal édicta contre toutes les associations de plus de vingt personnes les peines des articles 292 à 294 (1); que la loi de germinal an XI punit toute coalition, mais avec deux poids et deux mesures ; les patrons étaient moins sévèrement punis ; de plus, ils ne pouvaient

---

(1) Les art. 291 s. furent complétés plus tard par la loi du 10 avril 1834, qui les déclare notamment applicables aux associations de plus de 20 personnes alors même que ces personnes seraient partagées en sections d'un nombre moindre.

être poursuivis que s'ils avaient pour but un abaissement *excessif* des salairés, et s'ils avaient donné à leur coalition ¡un commencement d'exécution (1). La loi du 24 avril 1864 supprime le délit de coalition mais la prohibition du droit de se réunir ou de s'associer était maintenue, sauf en des cas exceptionnels. Ce point fut réglé par les lois du 6 juin 1868 et du 30 juin 1881.

Ainsi, jusqu'à la loi du 21 mars 1884, subsiste la grande disposition de la loi des 14-17 juin 1791, défendant aux citoyens de même profession de s'associer entre eux sous quelque prétexte que ce soit. Mais le travail et le capital se mirent au-dessus de ces prescriptions, la loi était trop absolue, les mœurs l'abrogèrent avant la lettre.

Malgré la prohibition, certaines corporations (tant l'usage a de force) subsistèrent en fait sans qu'on y mît obstacle, et vivent encore aujourd'hui; il suffit de citer les portefaix de Marseille, ceux des docks de Nantes, les crocheteurs de Lyon, les rouleurs de Boulogne-sur-Mer, les brouettiers du Havre, et les bouchers de Limoges. Tous ces corps ont conservé sans interruption certains privilèges; ils possèdent des archives qui remontent à une époque lointaine, ils ont gardé leurs traditions, leurs fêtes et leurs coutumes.

(1) Plus tard la législation établit l'égalité; loi des 27-31 décembre 1849.

D'autres associations se reconstituèrent après avoir cessé d'exister pendant quelque temps. Dès 1807, l'Empereur permit à quelques entrepreneurs de bâtiment d'avoir des réunions permanentes pour s'occuper des intérêts communs de la profession; d'autres patrons de corps d'états ayant trait aussi au bâtiment se joignirent à eux, et cette importante association, toute volontaire d'ailleurs pour les membres, se maintint jusqu'à la période actuelle sans être inquiétée. Elle forme le groupe dit « de la Sainte-Chapelle ».

Sous la Restauration et sous le gouvernement de Juillet, le pouvoir enraye le mouvement qui s'accentuait vers l'association professionnelle ouvrière, mais en même temps il tolère les syndicats de patrons.

De plus, les ouvriers de même métier forment des sociétés de secours mutuels qui se transforment et s'élargissent plus tard en associations professionnelles. Ce fut là l'origine de l'association des ouvriers typographes et de celle des ouvriers chapeliers, qui sont des plus florissantes aujourd'hui.

Mais le grand développement des syndicats de fait date du second Empire qui favorisait officiellement leur création. Les chambres syndicales de patrons et celles d'ouvriers se multiplièrent avec rapidité. Les chambres de patrons arrivèrent à constituer trois groupes : le plus ancien était celui de la Sainte-Chapelle, composé de 18 chambres, et que l'on désignait ainsi : Chambres syndicales de la ville de Paris ; le second, dit Comité central des chambres syndicales, était composé de trente chambres ;

Enfin le troisième (1), qui est devenu la plus importante des unions de syndicats, l'Union nationale de la rue de Lancry, en comprenait 70.

Les expositions industrielles des 25 dernières années montrèrent ce qu'on était en droit d'attendre des chambres syndicales de patrons (2).

L'exemple le plus frappant des services qu'elles peuvent rendre a été fourni lors de l'exposition de Melbourne : pour organiser la section française de cette exposition, le Gouvernement s'adressa à la Chambre de commerce de Paris qui, répondant avec raison qu'elle n'était pas une assemblée d'action, mais toute de délibération, déclina la proposition. On se tourna alors du côté de l'*Union nationale* du commerce et de l'industrie (de la rue de Lancry), qui réunit la plupart des syndicats de patrons de Paris ; l'idée était bonne, car cette société s'occupa de tous les préparatifs et l'organisation complète fut terminée très rapidement.

(1) **Les chambres syndicales** avaient pour journal : l'*Écho des Chambres syndicales ;* le second groupe publiait le *Recueil des procès-verbaux du Comité central.* Enfin l'Union nationale a pour journal l'*Union nationale.*

(2) Expositions de Londres, 1862 ; Paris, 1867 ; Vienne, 1873 ; Philadelphie, 1876 ; Paris, 1878 ; Amsterdam, 1883 ; Anvers, 1886 ; etc.

Les chambres syndicales d'ouvriers avaient pris
moins d'importance. Elles ne représentaient que
l'infime minorité des travailleurs. Elles publiaient
le *Moniteur des Syndicats ouvriers*. A plusieurs reprises, le Parlement les invita à désigner des délégués pour les expositions et des subsides leur furent
votés dans ce but.

Cet état de choses était bien étrange, puisque la
loi de 1791 restait théoriquement en vigueur ; les
mesures favorables prises par le pouvoir avaient
donc quelque chose d'absolument anormal.

Aussi, divers projets de loi furent déposés, qui
tendaient à donner aux associations professionnelles
une situation légale. Le premier, M. de Marcère, fit
en 1876 une tentative en faveur des syndicats ; en
1878, vint la proposition Lockroy ; enfin, le projet
du Gouvernement, de 1880, devint la loi du 21 mars
1884 (1) qui ne fit, en définitive, que sanctionner un
fait accompli, et dont l'interprétation s'impose maintenant à notre étude.

(1) Cette disposition doit être éclairée par la circulaire ministérielle du 25 août 1884.

PREMIÈRE PARTIE

FORMATION DES SYNDICATS PROFESSIONNELS

CHAPITRE PREMIER

COMPOSITION DES SYNDICATS PROFESSIONNELS

SOMMAIRE :

Principe de liberté. — Condition unique pour être membre d'un syndicat professionnel : avoir des intérêts professionnels. — Étrangers, femmes, mineurs. — Les personnes exerçant des professions libérales ne peuvent pas former des syndicats professionnels ; jurisprudence. — Les syndicats *mixtes* sont licites.

Le principe de liberté est prédominant dans la législation nouvelle sur les syndicats professionnels. L'article 2 de la loi du 21 mars 1884 pose nettement ce principe (1) ; d'après ses termes, un syndicat peut se former librement, sans être astreint à aucune condition d'autorisation ou d'approbation. De plus, le syndicat est accessible à tous, patrons et ouvriers, pourvu qu'ils aient des intérêts professionnels communs ; mais il n'en reste pas moins une association

(1) « Les syndicats ou associations professionnelles, même de plus de vingt personnes, exerçant la même profession, des métiers similaires, ou des professions connexes concourant à l'établissement de produits déterminés, pourront se constituer librement sans l'autorisation du Gouvernemeut. » (Art. 2.)

privée où nul n'est forcé d'entrer, et qui ne peut se prévaloir d'aucun privilège ou monopole concédé par la loi.

De la généralité des termes de l'article 2, il résulte qu'un syndicat peut être composé de membres venant de tous les points du territoire ; aucune disposition ne les oblige à habiter la même localité.

Bien plus, l'article 2 ne faisant aucune restriction sur la composition des syndicats professionnels, il faut en conclure que les femmes et les étrangers peuvent en faire partie, pourvu que celles-là et ceux-ci puissent valablement contracter (1).

Cette opinion est confirmée par la déclaration du ministre de l'Intérieur dans sa circulaire lorsqu'il énonce :

1° Qu'un syndicat peut recruter ses membres dans toutes les parties de la France ;

2° Que les étrangers, les femmes, en un mot tous ceux qui sont aptes, dans les termes de notre droit,

____

(1) En ce qui regarde les étrangers, la loi ne contient qu'une disposition particulière qui a déjà donné lieu, comme nous le verrons ultérieurement, à bien des réclamations : « Les membres de tout syndicat professionnel chargés de l'administration ou de la direction de ce syndicat devront être Français et jouir de leurs droits civils (art. 4, *in fine*). »

— Rappelons aussi pour mémoire la disposition de l'art. 10, § 2 : Dans les trois colonies où la loi de 1884 est applicable, les travailleurs étrangers et engagés sous le nom d'immigrants ne pourront faire partie des syndicats.

à former des conventions régulières, peuvent faire partie d'un syndicat.

Les femmes en particulier y ont grand avantage, à cause des intérêts professionnels importants qu'elles représentent aujourd'hui.

En fait, elles forment à elles seules plusieurs syndicats dont les bons effets sont évidents: syndicats de caissières, de servantes de restaurant, d'employées de magasins, etc.

Un sénateur avait d'ailleurs proposé un article additionnel excluant des associations professionnelles les femmes et les mineurs; le Sénat refusa de prendre la proposition en considération (1).

Mais cette faculté si libéralement accordée par la loi de 1884 de former des syndicats professionnels est subordonnée à une condition essentielle formulée par l'article 2 : les personnes composant un syndicat doivent exercer la même profession, des métiers similaires, ou des professions connexes concourant à l'établissement de produits déterminés.

Il faudrait tout d'abord se garder de prendre ces dernières expressions dans un sens qui irait beaucoup au delà de la pensée du législateur, et qui amènerait à conclure, à tort, à la possibilité de véritables unions de métiers n'ayant entre eux que de

(1) Séance du 23 février 1884, proposition de M. Lalaune. (*Journ. offic.*, 1884, Sénat, déb. parl., p. 477.)

lointains rapports: or, cette faculté est accordée avec certaines restrictions par un article spécial, l'article 5 (1).

Aussi, pendant les travaux préparatoires, on se préoccupa des conséquences d'une rédaction ambiguë, et le rapporteur de la loi au Sénat jugea utile de donner quelques explications.

Lors de la première délibération, dit M. Tolain au Sénat, quand il s'est agi de déterminer quels étaient les ouvriers qui pourraient composer des syndicats, on a indiqué tout naturellement les ouvriers exerçant la même profession, en ajoutant : « et des métiers *similaires*. » Mais les explications qui ont été données dans la discussion ont démontré que le mot *similaire* n'était pas compris de la même façon par tout le monde. Les uns traduisaient le mot *similaire* par : qui est de même nature, qui est semblable ou analogue, c'est-à-dire qu'ils admettaient que les ouvriers travaillant soit le fer, soit le bois, et dont les métiers divers comportent certains points communs à tous, exercent des professions similaires.

Les autres au contraire semblaient donner au mot *similaire* une extension beaucoup plus grande, et admettre, en conséquence, qu'il pourrait se créer

---

(1) L'interprétation trop large des termes de l'article 2 n'aboutirait à rien moins qu'à éluder les prohibitions de l'article 5, lequel n'accorde aux unions de syndicats ni la personnalité civile, ni le droit de posséder des immeubles.

des associations constituées de professions formant
une grande famille industrielle, comme toutes les
industries qui se réfèrent au bâtiment. Eh bien! on
change évidemment la valeur réelle et la signification du mot *similaire*, si on l'applique à toutes les
professions que comprend l'industrie du bâtiment,
depuis les tailleurs de pierre jusqu'aux vitriers et
aux peintres. Ce sont là des professions qui se commandent, qui sont connexes, mais non pas des professions similaires dans la véritable acception du
mot.

On compléta donc l'article 2 en ajoutant, pour lui
donner un sens plus précis, que les syndicats pourraient aussi comprendre des personnes exerçant
« des professions connexes, concourant à l'établissement de produits déterminés ».

Il faut entendre, d'après ces explications et cette
rédaction dernière, que les syndicats professionnels
peuvent renfermer un nombre illimité de membres,
pourvu que ceux-ci aient, en raison de leur profession, quelques points de contact entre eux : ils peuvent comprendre tous ceux, patrons ou ouvriers,
qui concourent par leur travail à une même œuvre,
encore que leurs industries soient bien distinctes.
La similitude entre professions ou métiers résultera
de l'analogie des opérations, et la connexité, du concours de différents corps d'état à l'établissement de
produits déterminés.

Donc, il faut conclure du silence de la loi que les mots « métiers similaires et professions connexes concourant à l'établissement de produits déterminés » doivent être entendus dans un sens large. C'est ainsi que l'interprète la circulaire du ministre de l'Intérieur qui admet à se syndiquer entre eux tous les ouvriers concourant à la fabrication d'une machine, à la construction d'un bâtiment, d'un navire, etc. L'exemple des industries du bâtiment est donc un des mieux choisis.

Il faut faire un pas de plus dans l'interprétation de la loi, et se demander si les personnes exerçant des professions libérales peuvent former des syndicats. La question n'est pas sans difficultés.

Lorsqu'on songea à ajouter une disposition formelle en faveur des intérêts agricoles, le rapporteur de la loi au Sénat fit une déclaration fort importante sur la portée de la loi, déclaration qu'il est bon de retenir. « On a cru tout d'abord, parce que la Commission s'était servie des mots « syndicats professionnels », qu'elle voulait en restreindre, limiter et circonscrire l'application aux seuls ouvriers qui travaillent manuellement, aux ouvriers industriels. Jamais la Commission n'a eu une pareille pensée. Elle espère bien, au contraire, que la loi qui vous est soumise est une loi très large, dont se serviront un grand nombre de personnes auxquelles tout d'abord on n'avait pas pensé : les gens de bureau

par exemple, les comptables, les commis et les employés de toute espèce ; en un mot, *toute personne
qui exerce une profession, ainsi qu'il est dit dans la loi,
aura le droit de se servir de la nouvelle législation que
vous allez voter.* » Cette déclaration que la loi de
1884 s'applique à tous ceux qui exercent une profession fournit un argument de plus à ceux qui, s'inspirant de la généralité des termes des articles 2 et
3, admettent que sont permises par la législation
nouvelle les associations de toutes professions, même
celles de professions libérales.

L'interprétation des mots « profession, professionnels, économiques » est en effet délicate, et les
tribunaux, appelés à se prononcer sur l'application
de la loi, ont rendu des décisions qui ne sont pas à
l'abri de toute critique.

Toute la question est de savoir ce qu'il faut entendre par « personne exerçant une profession », et
dans quel sens il faut, d'après l'esprit du texte,
trancher la difficulté. Or, l'étude attentive de la loi
et des travaux préparatoires précités semble devoir
faire admettre que la loi de 1884 est générale et
s'applique à toute espèce de professions. L'Exposé
des motifs fait connaître toute la pensée des membres du Gouvernement qui présentèrent le projet à
la Chambre des députés dans la séance du 22 novembre 1880 : leur vœu était d'accorder à toutes les
professions la liberté d'association. L'objet des syn

dicats seul devait être limité, par le soin qu'on prenait d'interdire toute discussion politique ou religieuse.

Il ressort des débats que l'expression *économique*
a la même signification que le mot *professionnel*, et
qu'elle doit être prise dans son sens le plus large.
Quant au droit d'association considéré en lui-même,
la loi ne faisant pas de distinction entre les professions, il faudrait dire que, comme les professions
manuelles, les professions libérales peuvent se syndiquer : ces dernières même, se composant d'individus moins nombreux et plus instruits, ne sauraient
constituer un péril social, et leurs membres
devraient logiquement, et *a fortiori*, être autorisés à
former des syndicats. Pourquoi les priver d'un droit
qui presque toujours leur sera très profitable ?

Telles furent les raisons spécieuses qui furent
données en faveur du système le plus large d'interprétation et d'application (1).

Cependant, en dépit de ces divers arguments, la
jurisprudence n'a pas voulu jusqu'ici reconnaître à
la loi une portée aussi étendue, et a refusé le bénéfice de l'association professionnelle à certaines professions libérales qui voulaient se prévaloir de la
loi de 1884.

(1) Plusieurs jurisconsultes sont de cet avis. V. *France judiciaire*,
IX, 2, 194 ; — V. *la Liberté d'association et les Professions libér.*,
par Alfred Léchopié (1885).

Il est intéressant de rapporter les jugements et arrêts déjà rendus sur la matière, et surtout de connaître les circonstances qui ont motivé ces décisions.

L'affaire de Domfront est la première en date. Un individu était poursuivi pour avoir, en septembre et octobre 1884, exercé illégalement la médecine dans un village de l'Orne ; les faits n'étaient point contestés, et procès-verbal avait été dressé. C'est alors qu'intervint le syndicat médical de Domfront, régulièrement constitué conformément à l'art. 4 de la loi du 21 mars 1884 ; il était représenté par son président, le docteur L..., qui, se portant partie civile, demanda des dommages-intérêts.

Le tribunal correctionnel de Domfront rendit en conséquence, à la date du 6 décembre 1884, le jugement suivant (voir *le Droit*, n° du 23 janvier 1885) :

« En ce qui concerne la recevabilité de l'intervention de Lory, ès qualité qu'il agit :

« Attendu que la loi du 21 mars 1884, en autorisant la création de syndicats ou d'associations professionnels, même de plus de vingt personnes exerçant la même profession, a exigé, dans son article 3, que ces actions aient exclusivement pour but l'étude de la défense des intérêts économiques, industriels, commerciaux et agricoles ; que cette disposition de la loi ne saurait être étendue à d'autres cas qu'à ceux qui ont été spécialement et nominativement indiqués par le législateur; que, s'il en était autrement, toute association professionnelle aurait le droit de s'occuper de questions politiques ou religieuses; que, cependant, il est certain que la loi a voulu éviter un pareil résultat;

« Or, attendu que, si l'on est amené à reconnaître que l'énonciation contenue dans l'article 3 est limitative, il paraît difficile à reconnaître que les médecins, qui n'ont ni intérêts économiques, commerciaux ou industriels à étudier ou à défendre, puissent se constituer en syndicat ;

« Attendu que, dût-on admettre que les médecins puissent se constituer en syndicats, il resterait à rechercher si ces syndicats ont le droit d'ester en justice ;

« Attendu que, d'après la loi du 21 mars 1884, ce droit n'a été accordé qu'à une certaine catégorie de syndicats ;

«,Attendu, en effet, que l'article 6 de cette loi est ainsi conçu : « Les syndicats professionnels de patrons ou d'ouvriers auront le droit d'ester en justice » ;

« Que la loi, il est vrai, ne dit pas : auront *seuls* le droit d'ester en justice ; mais que l'on ne comprendrait pas, si tous les syndicats professionnels régulièrement constitués pouvaient user du droit dont il s'agit, que le législateur eût employé une formule restrictive et ne se fût pas borné à dire que les syn-

dicats professionnels régulièrement constitués avaient
e droit d'ester en justice ;

« Qu'en présence de la rédaction qui a été adoptée
par le législateur les tribunaux ne sauraient reconnaître à une association professionnelle qui ne peut
rentrer dans la catégorie des associations de patrons
et d'ouvriers une faculté que la loi a voulu lui in-
terdir ;

« Attendu qu'en vain l'on voudrait assimiler le
syndicat, qui est représenté dans l'instance par le
président, le docteur Lory, à une réunion de médecins qui, habitant la même ville, viennent réclamer
la réparation du préjudice qu'une concurrence illicite leur a causé ;

« Attendu que, si l'on consulte la jurisprudence,
l'on remarque que, toutes les fois qu'une intervention formée par une réunion de médecins a été admise par les tribunaux, les médecins étaient désignés
individuellement et nominativement dans l'acte en
dommages ;

« Que, par suite, l'on comprend que la Cour de
cassation ait été amenée à reconnaître : « qu'aucune
loi n'interdisait à plusieurs médecins d'une même
ville d'agir d'un commun accord pour faire déterminer le chiffre des dommages-intérêts qui pouvaient
leur être dus ; qu'en se réunissant dans ce but parce
qu'ils avaient le même intérêt, chacun d'eux n'avait
pas cessé d'agir par le fait de sa volonté individuelle » ;

« Qu'il est évident que ces principes ne sauraient trouver leur application dans l'espèce actuelle;

« Qu'il convient donc, en résultance de ces diverses considérations, de déclarer non recevable l'intervention des parties de M° Leclerc, et de condamner celles-ci aux frais occasionnés par leur inter゠vention, etc. »

Le syndicat des médecins de Domfront interjeta appel; la Cour de Caen a ainsi statué, le 4 février 1885 :

« Attendu que, si les premiers juges ont eu le tort de repousser l'action du *Syndicat des médecins de Domfront*, en s'appuyant sur l'article 6 de la loi du 21 mars 1884, lequel est général, et accorde à tous les syndicats régulièrement constitués le droit d'ester en justice, les autres motifs énoncés dans le jugement dont appel, et que la Cour adopte, justifient suffisamment la décision attaquée; Qu'on peut ajouter que l'examen des statuts de l'association dont il s'agit, déposés à la mairie de Domfront, le 11 novembre dernier, et dont un exemplaire est sous les yeux de la Cour, démontre jusqu'à la dernière évidence que les médecins intervenant au procès n'ont eu en s'associant qu'un seul but, celui de fixer leurs honoraires suivant la gravité des cas et d'en poursuivre le recouvrement; — Attendu que le tribunal de Domfront, se trouvant ainsi en présence d'un intérêt purement pécuniaire, a dû, à juste titre, déclarer les médecins appelants non recevables à invoquer le bénéfice de la loi nouvelle ; — Confirme le jugement dont est appel, dans toutes ses dispositions relatives au *Syndicat;* — Condamne le sieur Lory, en qualité de président du *Syndicat médical de Domfront*, aux dépens d'appel envers Launay (1). »

La Cour de cassation, à qui l'arrêt précité fut déféré, rejeta, à la date du 27 juin 1885, le pourvoi dans les termes suivants (1) :

« Sur le premier moyen, pris de la violation de la loi du 21 mars 1884, sur les syndicats professionnels :

« Attendu que la loi sur les syndicats professionnels n'a point été rendue applicable à toutes les professions ;

« Que les travaux préparatoires ont constamment affirmé la volonté du législateur d'en restreindre les effets à ceux qui appartiennent, soit comme patrons, soit comme ouvriers ou salariés, à l'industrie, au commerce et à l'agriculture, à l'exclusion de toutes autres personnes et de toutes autres professions ;

« Que la loi n'est pas moins absolue dans ses termes, puisque, d'une part, dans l'article 6, elle réserve les droits qu'elle confère aux seuls syndicats

(1) V. *France judiciaire*, IX, p. 416 ; — Dalloz, 1886, I, 137 ; — *le Droit*, n° du 1ᵉʳ juillet 1885.

de patrons et d'ouvriers ; que, d'autre part, dans l'article 3, elle limite l'objet de ces syndicats à l'étude et à la défense des intérêts économiques, industriels, commerciaux et agricoles, refusant ainsi le droit de former des syndicats à tous ceux qui n'ont à défendre aucun intérêt industriel, commercial ou agricole, ni par suite aucun intérêt économique se rattachant d'une façon générale à l'un des intérêts précédents ;

« Qu'en déclarant, en conséquence, que les médecins dont le nom n'a été prononcé ni dans la loi, ni dans la discussion de la loi du 21 mars 1884, n'avaient pu régulièrement former un syndicat professionnel, dans les termes de ladite loi, l'arrêt attaqué en a justement interprété les dispositions ; — Rejette le pourvoi. »

En fait, il existe dans beaucoup de villes des associations de médecins ; nous ne parlons pas de celles qui ont un caractère purement scientifique, mais de celles qui ont pour objet à peu près exclusif la défens des intérêts de la corporation.

Le 10 novembre 1885, un journal de médecine, le *Concours médical*, publiait une lettre du docteur Margueritte, président des syndicats médicaux de France, qui proposait de soumettre à la Chambre des députés un article additionnel comblant la lacune de la loi du 21 mars 1884 en ce qui concerne les professions libérales, et conférant expressément aux médecins le droit de se syndiquer. On ne peut qu'applaudir à des tentatives de ce genre, qui profiteraient en même temps à toutes les professions dites libérales.

Une autre décision qui, en apparence, semble en contradiction avec celle qui vient d'être rapportée, a déclaré valable, au contraire, un syndicat formé entre pharmaciens. Voici dans quelles circonstances :

X. et Z., domiciliés à Paris, furent poursuivis à la requête du ministère public, l'un pour exercice illégal de la pharmacie, l'autre, pharmacien de 1re classe, pour complicité de ce délit ; le syndicat des pharmaciens de la Seine étant intervenu comme partie civile et demandant des dommages-intérêts, les prévenus prirent de leur côté des conclusions tendant à établir que le syndicat des pharmaciens n'avait pas pu se former légalement ; ils se basaient : 1° sur ce qu'aucune disposition de la loi du 21 mars 1884 n'autorise les syndicats de pharmaciens ; et 2°, à supposer que le syndicat fût légal, sur le manque d'intérêt dudit syndicat dans son intervention, lequel n'avait pas, dans l'espèce, d'intérêts économiques, industriels ou commerciaux à défendre.

Le tribunal de la Seine rendit, le 4 nov. 1885, le jugement ci-dessous qui, reconnaissant la légalité et la constitution régulière du syndicat des pharmaciens, admettait son intervention comme bien fondée :

« Le Tribunal,

« Statuant sur les conclusions préjudicielles prises par Borel-Deroide et Arbelin ;

« Attendu que, dans la poursuite intentée par le ministère public contre X. et Z. pour exercice illégal de la pharmacie et complicité de ce délit, le syndicat des pharmaciens est intervenu pour demander des dommages-intérêts ;

« Que X. et Z. contestent cette intervention, prétendant que les pharmaciens n'ont pas le droit de se constituer en syndicat ;

« Attendu que la loi du 21 mars 1884, invoquée par les prévenus à l'appui de leur thèse, a autorisé les syndicats de patrons ou d'ouvriers ;

« Que les termes de la loi, comme son esprit, indiquent que l'autorisation s'étend à toutes personnes exerçant la même profession, des métiers similaires ou des professions connexes, à la condition formelle et essentielle que le syndicat ne soit formé que pour l'étude ou la défense d'intérêts économiques, industriels, commerciaux ou agricoles ;

« Attendu que les pharmaciens exercent une profession dont les intérêts sont évidemment de la nature de ceux visés dans la loi ;

« Qu'ils sont commerçants, achètent pour revendre, qu'ils sont soumis aux lois et règlements généraux du commerce et sont justiciables du Tribunal de commerce, à raison de leurs rapports entre eux ou avec d'autres commerçants ;

« Attendu que la jurisprudence les considère depuis longtemps comme commerçants et que l'obtention du diplôme exigé d'eux et la surveillance dont leur commerce est l'objet, comme certains autres commerces, ne sauraient faire obstacle à ce qu'ils soient ainsi considérés ;

« Attendu que, s'il a été décidé juridiquement que le bénéfice de la loi du 21 mars 1884 ne doit pas s'étendre aux professions purement libérales, cette décision est motivée sur ce que lesdites professions n'ont point d'intérêts commerciaux ;

« Que tel n'est pas le cas de la profession de pharmacien qui, quoique libérale, présente un côté industriel et commercial qui, en l'absence d'exclusion formelle, lui permet de rentrer dans les professions pour lesquelles a été édictée la loi précitée ;

« Attendu, conséquemment, que le syndicat des pharmaciens existe légalement et peut ester en justice ;

« Par ces motifs,

« Rejette les conclusions des prévenus, admet le syndicat des pharmaciens comme intervenant ;

« Condamne X. et Z. aux dépens de l'incident ;

« Ordonne qu'il sera passé outre aux débats et remet la cause au premier jour pour statuer au fond (1).

(1) Consulter *Gazette des Tribunaux*, 25-26 janv. 1886.

Les prévenus firent appel de ce jugement et reprirent devant la Cour leurs premières conclusions ; ils demandèrent en outre à la Cour de décider « que le syndicat des pharmaciens avait contrevenu aux dispositions de l'art. 4 en ne déposant pas le nom de la personne ayant mandat de le représenter en justice ».

La Cour confirma le jugement de 1re instance (1), et prit des considérants intéressants pour repousser la nouvelle prétention des inculpés au sujet de la prétendue contravention à l'art. 4 (2). Voici le texte de l'arrêt en question :

« La Cour,

« Statuant sur les fins de non-recevoir opposées à l'action de la société des pharmaciens ;

« Considérant que le défendeur invoque contre la poursuite intentée à la requête de la société des pharmaciens cette circonstance que, contrairement à l'article 4 de la loi sur les syndicats professionnels, les noms de ceux qui sont chargés de l'administration de la société n'auraient pas été déposés régulièrement ;

(1) Cet arrêt ne fut pas sans intérêt : dans plusieurs régions, les pharmaciens se hâtèrent de se syndiquer, surtout dans le but de résister plus efficacement à la concurrence illicite que leur font les droguistes et les épiciers.

(2) C. d'appel de Paris (Ch. correct.), 20 janvier 1886. V. *Gaz. des Tribunaux*, 25-26 janv. 1886, et *le Droit*, n° du 28 janv. 1886.

« Considérant que, en effet, il n'est pas dénié par la société des pharmaciens que le dépôt fait en son nom mentionnait le nom de M. Fumouze comme président du conseil d'administration ; mais que, depuis le dépôt, ce dernier avait donné sa démission et avait été remplacé par M. Vigier, précédemment vice-président ;

« Mais considérant que si la loi, dans l'article 4, exige, aussi bien dans l'intérêt public que dans celui des tiers, le dépôt à la préfecture des noms de ceux qui, à un titre quelconque, sont chargés de l'administration ou de la direction, et si le nom de M. Vigier aurait dû être déposé à nouveau au moment où le changement dans la direction s'est opéré, il résulte de l'article 6 des statuts de la société, dont le dépôt a été régulièrement fait, que le vice-président passe de droit à la présidence, et que par suite le dépôt opéré en 1884 a fait connaître le nom du vice-président qui devait succéder au président en exercice ;

« Que, d'ailleurs, ni l'article 4, ni l'article 9, ne prescrivent la nullité des actes du syndicat dans le cas d'omission des déclarations exigées par la loi ;

« Que, de plus, d'après les termes des statuts, le président de la société a qualité pour ester en justice en son nom ;

« Que, dans ces conditions, la société des pharmaciens est donc régulièrement représentée ;

« Considérant qu'aux termes de la loi du 21 mars 1884 les syndicats professionnels peuvent se constituer entre personnes exerçant la même profession en vue de l'étude et de la défense exclusive des intérêts économiques, industriels, commerciaux et agricoles ;

« Que la pensée de la loi a été de donner aux industriels et aux négociants exerçant la même profession, quelle que soit d'ailleurs la nature de leur industrie ou de leur commerce, la faculté de se syndiquer pour la défense de leurs intérêts communs ;

« Considérant que les pharmaciens sont des commerçants, que leur profession rentre dans la première des catégories spécifiées par l'article 632 du Code de commerce ; qu'ils achètent des marchandises pour les revendre et en retirer un bénéfice ; qu'ils sont considérés comme commerçants, soumis à la juridiction commerciale ainsi qu'aux prescriptions du Code de commerce ;

« Considérant que vainement on prétend trouver dans les règles particulières auxquelles est soumise cette profession, dans les restrictions qui lui sont imposées, et les études auxquelles on oblige les pharmaciens, la preuve qu'elle doit être considérée comme une profession libérale ;

« Que si le législateur a édicté certaines dispositions spéciales restrictives de la liberté du commerce de la pharmacie, ces prescriptions ont été édictées dans un intérêt de sécurité publique ;

« Que les études auxquelles sont tenus les pharmaciens ne modifient pas plus la nature de la profession que, dans d'autres matières, les conditions exigées pour être patron ou capitaine de navire, courtier ou agent de change, n'ont jamais été considérées comme détruisant le caractère commercial de ces professions ;

« Que, dans ces conditions, les pharmaciens, industriels et commerçants, peuvent invoquer le bénéfice de la loi sur les syndicats professionnels;

« Considérant que vainement on objecterait à la société l'absence d'intérêt commercial dans la poursuite des contraventions reprochées aux inculpés ;

« Qu'en effet, les lois sur la pharmacie ont été faites, non dans l'intérêt des pharmaciens, mais dans le but de protéger le public contre les dangers auxquels, sans ces prescriptions, il pourrait être exposé ; mais que cependant la conséquence de la répression étant indirectement d'empêcher des tiers de faire une concurrence illégitime aux pharmaciens établis, ceux-ci se trouvent avoir un intérêt à la répression de ces faits; que les pharmaciens sont de ce chef dans la situation d'une personne non brevetée, qui poursuit un autre industriel pour usurpation d'une fausse indication d'un brevet ;

« Que toutes personnes lésées par un délit peuvent en poursuivre la répression devant le tribunal correctionnel, sauf au Tribunal à apprécier le mobile de l'action et la mesure de l'intérêt des poursuivants ;

« Adoptant au surplus les motifs des premiers juges;

« Rejette les conclusions prises;

« Confirme le jugement, dépens réservés. »

Ces décisions relatives aux associations de médecins et aux syndicats de pharmaciens doivent-elles être regardées comme interprétant sainement la loi de 1884? La jurisprudence a-t-elle raison de refuser le bénéfice de la loi aux professions libérales ?

Il faut répondre oui sans hésitation.

Il est vrai que la loi a été conçue dans un esprit très favorable à la liberté, que les travaux préparatoires le démontrent pleinement, et que la circulaire du ministre de l'Intérieur le répète en plusieurs passages.

Mais il ne faudrait pas aller au delà du but que s'est proposé le législateur de 1884 : celui-ci a voulu avant tout réglementer la situation des *travailleurs,* dans le sens étroit du mot ; il a pris soin de dire que les associations permises auraient pour seul objet l'étude et la défense des intérêts économiques industriels, commerciaux et agricoles. Cela signifie en somme que la loi a été faite pour régler les rapports du capital et du travail dans les conditions actuelles

qui ont été imposées à l'un et à l'autre par les besoins d'une société nouvelle, et que les professions
manuelles et arts mécaniques peuvent seuls se prévaloir de la législation de 1884, parce que seuls ils
ont vraiment des intérêts industriels, commerciaux
et agricoles. En limitant l'objet des syndicats professionnels à l'étude et à la défense des intérêts de
cette nature, la loi refuse la faculté de former des
syndicats à tous ceux qui n'ont à défendre aucun
intérêt industriel, commercial ou agricole, ni par
suite aucun intérêt économique se rattachant d'une
façon générale à l'un des intérêts spécifiés. Dans
l'espèce particulière de l'association des médecins,
peut-on dire qu'ils aient, au point de vue professionnel, des intérêts économiques, industriels, commerciaux ou agricoles?

On nous objectera que l'expression *économique*
a un sens bien plus général et que, d'après un tel
texte, les privilèges de la loi doivent s'étendre à
toutes les professions, même aux professions libérales, parce qu'il est indéniable qu'elles ont toutes
des intérêts économiques.

Nous adopterions sans difficulté cette opinion, si
nous ne savions que le mot *économique* n'a pas
ici son sens large ordinaire (sens un peu vague d'ailleurs dont on a souvent abusé) et que, inséparable
des qualificatifs qui le suivent, il a été intercalé dans
notre texte avec une signification plus restreinte, et

si nous ne connaissions les différents projets de loi et études préparatoires : or apparaît partout la volonté manifeste de limiter les effets de la loi à ceux qui appartiennent, — soit comme patrons, soit comme ouvriers ou salariés, — à l'industrie, au commerce et à l'agriculture, à l'exclusion de toutes autres personnes et de toutes autres professions. Dans la suite de la discussion, il est uniquement question des syndicats de patrons ou d'ouvriers ; il n'y a eu aucune allusion directe faite aux professions libérales, et, en fait, dans le texte même, on ne saurait trouver un article qui réglât la situation des syndicats de professions libérales, et même on s'est formellement prononcé dans un sens contraire.

Lors de l'amendement Beauquier, M. Allain-Targé, rapporteur, fit les déclarations suivantes qui sont importantes : « Je puis faire immédiatement remarquer à nos honorables collègues que la seule précaution que nous ayons prise, la seule condition que nous ayons exigée pour donner aux associations syndicales professionnelles la personnalité civile, les droits et les immunités qui en résultent, notre seule garantie est-celle ci : nous voulons que les sociétés syndicales soient formées uniquement d'ouvriers ou de patrons, de gens de travail en un mot. Nous voulons, par cette loi, émanciper le travail, le délivrer des servitudes auxquelles, depuis assez longtemps, il a été soumis. Nous voulons, en principe, qu'une so-

ciété syndicale soit uniquement composée d'ouvriers
de même profession ou de professions similaires ;
vous le voudrez comme nous. »

C'est dans ce même courant d'idées que fut intro-
duit le mot « exclusivement » dans l'art. 3. — Tous
les rapports qui ont suivi celui de M. Allain-Targé
ne parlent que des syndicats de patrons ou d'ouvriers. Voir, en effet, les rapports de MM. Marcel
Barthe (1), Lagrange (2) et Tolain (3).

Enfin, l'art. 6, qui accorde la personnalité civile aux
associations professionnelles, ne parle que des syndicats de patrons ou d'ouvriers (4).

Il est vrai que, au cours de la discussion, les idées
du législateur s'étaient singulièrement élargies, et
que le rapporteur au Sénat fit la déclaration précitée
« Jamais la Commission n'a eu la pensée de restreindre l'application de la loi aux seuls ouvriers qui
travaillent manuellement, aux ouvriers industriels.
Elle espère bien, au contraire, que la loi qui vous
est soumise est une loi très large dont se serviront
un très grand nombre de personnes auxquelles tout
d'abord on n'avait pas pensé ; les *gens de bureau*, par
exemple, les *comptables, commis* et *employés* de toute

----

(1) 1882, *Journ. off.*, Sénat, Doc. parlem., pp. 329 à 340.
(2) 1883, *Journ. off.*, Chambre, Doc. parlem., pp. 377 à 403.
(3) 1884, *Journ. off.*, Sénat, Doc. parlem., pp. 1117 à 1123.
(4) Nous verrons, à un autre point de vue, que cette rédaction de
l'art. 6 est défectueuse. (V. *Synd. mixtes*, page 232.)

espèce; en un mot, *toute personne qui exerce une profession...* »

Mais quand il s'agit, à plusieurs reprises, de donner des exemples, on ne cita que les salariés du
commerce et de l'industrie. La circulaire ministérielle également ne tranche pas la question d'une
façon précise et positive ; elle emploie des termes
généraux qui n'ont rien de compromettant : «... Le
vœu du Gouvernement est de voir se propager, dans
la plus large mesure possible, les associations professionnelles et les œuvres qu'elles sont appelées à
engendrer...... Désormais la fécondité des associations professionnelles n'a plus des limites légales...
Les difficultés devront toujours être tranchées dans
le sens le plus favorable au développement de la liberté... »

Donc, pour que les membres d'une profession
aient le droit de se syndiquer, il faut qu'ils justifient
d'intérêts industriels, commerciaux et agricoles à
défendre. Les professions libérales n'ayant pas, à
proprement parler, d'intérêts de cette nature, ne
peuvent profiter de la législation nouvelle; en outre,
si la loi de 1884 avait voulu viser les professions libérales, elle l'aurait fait d'une façon formelle : personne n'ignore en effet qu'elle aurait eu à prendre
des mesures spéciales relativement à certaines
professions libérales qui ont une situation légale à
part : on aurait été obligé de modifier la législa-

tion encore en vigueur pour la Chambre des notaires, la Chambre des avoués, l'Ordre des avocats. Or, aucune de ces hypothèses n'a été prévue; l'Ordre des avocats, par exemple, est une corporation obligatoire qui aurait dû disparaître, et cette abolition n'a pas été prononcée.

D'ailleurs, devant le silence de la loi de 1884, le conseil de l'Ordre des avocats aurait le droit incontestable de s'opposer à la formation de syndicats qui seraient superflus s'ils empruntaient ses usages et nuisibles s'ils combattaient ses décisions ; on aboutirait en outre à la constitution d'un syndicat dans un syndicat déjà établi.

On est donc amené à reconnaître la justesse des décisions dans l'affaire des médecins et dans celle des pharmaciens.

Si ces décisions semblent contradictoires à première vue, c'est que la situation des uns et des autres, médecins et pharmaciens, n'est pas la même: il suffit de lire l'arrêt précité de la Cour de Paris pour se convaincre que les motifs d'admettre la légalité des syndicats de pharmaciens sont inapplicables en ce qui regarde les médecins.

Nous ne nous dissimulons pas qu'en certains cas la solution de la négative puisse entraîner des résultats regrettables ; mais nous n'avons pas à refaire la loi : tous ce qu'il est permis de souhaiter, c'est une disposition additionnelle à l'article 2 ou à l'article 3, laquelle préciserait si certaines professions, qui le demandent instamment, peuvent se syndiquer (1).

Jusque là, la jurisprudence ne se départira probablement pas de son système d'interprétation, et la majorité des jurisconsultes persisteront à penser comme elle.

D'ailleurs, si l'addition indiquée était faite, les professions en question seraient toujours libres de profiter des avantages de la loi ou de n'en pas bénéficier, puisque la législation nouvelle est essentiellement facultative : elle s'est en effet préoccupée non moins de sauvegarder la liberté des dissidents que d'assurer celle des membres des associations professionnelles (2).

Syndicats mixtes. — Une autre question se pose : un seul et même syndicat peut-il comprendre, comme membres, des patrons et des ouvriers, faisant partie de la même profession, ou de métiers similaires et connexes? En un mot, les syndicats *mixtes* sont-ils implicitement autorisés par la loi?

La solution à admettre aura une grande importance, car pour certains économistes la création de syndicats mixtes est le principal moyen d'apaiser les conflits entre patrons et ouvriers, et par suite d'atté-

(1) Voir le projet de loi déposé à la Chambre des députés par M. Colfavru, le 21 juin 1886.

(2) Voir l'art. 7 : « Tout membre d'un syndicat professionnel peut se retirer à tout instant de l'association, nonobstant toute clause contraire... »

nuer l'antagonisme entre le capital et le travail. De telles associations renferment, disent-ils, des éléments de concorde et de rapprochement entre les patrons et les ouvriers, puisque les uns et les autres, se trouvant réunis ensemble, sont appelés à débattre pacifiquement leurs intérêts communs, intérêts non pas opposés, — comme on le prétend trop souvent, — mais simplement différents.

L'industrie retirerait en effet de grands avantages d'institutions semblables, et peut-être arriverait-on par là à la solution de plusieurs des questions concernant le travail. Dans la séance du 19 juin 1883, MM. de la Bassetière et de Mun proposèrent d'ajouter entre les articles 6 et 7 du projet une disposition ainsi conçue :

« Outre les cas prévus au précédent article, les syndicats professionnels mixtes réunissant les patrons et les ouvriers d'un même métier ou de métiers similaires, pourront recevoir des dons et legs même immobiliers et acquérir tels immeubles qu'il leur conviendra pour la création de logements d'ouvriers d'asiles pour l'enfance et la vieillesse et de maisons de secours pour les blessés et les malades.

Il s'agissait donc d'accorder certains privilèges aux syndicats mixtes de patrons et d'ouvriers.

L'amendement, quoique dicté par une pensée très recommandable, fut rejeté parce que, ses auteurs étant à la tête de l'OEuvre des *Cercles catholi-*

ques ouvriers, on craignit qu'il ne s'agît moins d'une œuvre professionnelle que d'une œuvre politique et religieuse (1).

Un économiste indiquait en ces termes, dans un récent ouvrage, les avantages des associations mixtes de patrons et d'ouvriers (2). « Ce que l'on constate avec regret en Suisse, écrit-il, comme dans presque toute l'Europe, c'est l'absence d'un pouvoir régulier et modérateur qui ne soit pas l'État, mais qui puisse, comme autrefois la corporation, déterminer les conditions du travail, prévenir les différends entre patrons et ouvriers, assurer le respect du droit des premiers, soutenir et en même temps contenir les derniers, conserver en un mot à la classe industrielle le caractère d'immense famille qu'elle avait encore au commencement de ce siècle et parler en son nom avec autorité.

Ce ne sera certainement ni par le retour aux anciens privilèges, ni par la restauration des maîtrises et des jurandes que pourra être comblée cette regrettable lacune.....

Dans quelques corps de métiers de l'industrie suisse, on signale la formation d'associations permanentes des maîtres avec leurs ouvriers. Ces associations, comme le fait remarquer M. Bohmert (1),

(1) *Journ. off.*, 1883, Chambre, Déb. parl., p. 1346.
(2) René Lavollée, *les Classes ouvrières en Europe*, tome II, p. 171.
(1) **Arbeiteverhæltnisse ùnd Fabrikeinrichtungen der Schweiz**, tome II, p. 403.

sont les véritables corporations de l'avenir. »

On peut affirmer que de semblables associations, répandues à travers tout le territoire et réunissant la plus grande partie des patrons et des ouvriers, contribueraient, par leur caractère pacifique, à la prospérité de notre industrie : elles fixeraient peut-être tout ce qui est mal réglé aujourd'hui et sans cesse contesté entre les intéressés, comme la quotité des salaires, les conditions et le mode du travail, la durée des journées, les questions d'engagements et de congés réciproques, et maints détails concernant les travailleurs.

Au 1⁰ʳ janvier 1884, on ne comptait, à Paris, que trois syndicats mixtes : celui des doreurs sur bois, celui des peintres décorateurs en fleurs, et un troisième encore plus modeste. Le mouvement général n'est pas, il faut l'avouer, au développement de cette institution : le patron et l'ouvrier ont l'un pour l'autre une excessive défiance que le temps et la réfutation des préjugés parviendront seuls à détruire.

Il y a tout lieu de croire que le législateur de 1884 a entendu autoriser les syndicats mixtes ; il n'est guère admissible qu'il ait voulu les empêcher de se fonder, lorsque, ayant pour objectif le bien de l'industrie et de la Société en général, il avait là un des moyens les plus sûrs de développer l'entente et l'union entre les travailleurs, patrons et ouvriers.

Comme il faut interpréter le plus largement possible cette loi permissive, on ne saurait le faire dans un sens trop libéral; une telle interprétation n'aura que d'heureux résultats, puisqu'elle aboutira dans notre espèce à favoriser l'un des principaux moyens d'arriver à la solution des problèmes concernant la lutte du capital et du travail.

Ce raisonnement, déduit de l'esprit de liberté qui a inspiré la loi, suffirait à convaincre que les associations en question sont permises, si des objections sérieuses ne nous étaient faites. Il faut les examiner d'abord.

Une première objection est tirée du § 1er de l'art. 6 ainsi conçu : « Les syndicats professionnels de patrons ou d'ouvriers auront le droit d'ester en justice. » Cette disposition semble interdire les syndicats mixtes ; il y est question seulement des syndicats de patrons *OU* d'ouvriers ; or, la disjonctive « ou » indique que les associations professionnelles permises doivent se composer ou de patrons, ou d'ouvriers, mais ne pas comprendre à la fois les uns *et* les autres.

Cet argument, basé sur les termes de l'article 6 § 1, est facile à combattre. Il faut répondre que l'art. 6 n'a aucune portée en ce qui regarde la question des associations mixtes : il a été voté pour reconnaître la personnalité civile aux syndicats professionnels, et les expressions « syndicats de patrons *ou* d'ouvriers » ont été employées précisément pour bien montrer que les uns et les autres ont les mêmes droits, et que la législation nouvelle les met sur le même pied d'égalité, soit qu'ils groupent des patrons, soit qu'ils groupent des ouvriers.

Il faut donc rejeter l'opinion contraire qui supposerait chez les auteurs de notre loi des vues étroites que logiquement ils ne pouvaient avoir. Une seconde objection, mieux fondée, est faite contre la création de syndicats mixtes.

Sous le régime de la tolérance, dit-on, avant le vote de la loi de 1884, il n'y avait pas, en fait, d'associations mixtes : les rédacteurs n'ont donc pas songé à elles, et la formule même du § 1ᵉʳ de l'art. 6 « syndicats de patrons *ou* d'ouvriers » prouve qu'ils ont voulu non seulement que les syndicats ne se confondent pas, mais qu'ils demeurent absolument séparés.

Nous répondons : c'est mal connaître l'esprit qui a animé les auteurs du texte que de limiter, en raisonnant ainsi, l'effet bienfaisant de la loi aux seules associations qui étaient, en fait, tolérées pendant la période de prohibition.

Et d'ailleurs on ne peut pas nier que les rédacteurs aient songé au rapprochement, dans le même syndicat, des patrons et des ouvriers, quand on lit par exemple les déclarations suivantes :

M. Marcel Barthe, dans son rapport au Sénat, fait remarquer que « les patrons qui composent

l'Union nationale tendent à attirer à eux les ouvriers ».
Il conclut : « Ne devons-nous pas chercher à éteindre
les divisions entre les classes de la Société ? »

M. Tolain dit aussi : « Si la grande industrie est
la forme définitive sous laquelle doit s'organiser la
production, comment diminuer progressivement
l'antagonisme entre le capital et le travail pour y
substituer peu à peu la solidarité, si ce n'est par la
pratique de l'association et par des rapports perma-
nents entre les intéressés ? »

Enfin, M. Floquet, repoussant l'amendement de
M. de Mun sur les associations mixtes (1), donnait
entre autres cette raison : « Si l'amendement en
question avait seulement pour objet d'autoriser les
syndicats mixtes de patrons et d'ouvriers, il n'était
pas nécessaire. La loi est conçue en de tels termes
que les syndicats de patrons et d'ouvriers sont possibles. »

Concluons qu'aucune disposition de la loi ne peut
faire supposer qu'elle ait entendu proscrire les associations mixtes. Au contraire, l'article 2 est rédigé
de telle manière qu'il n'y a aucune distinction à
faire sur la qualité des membres d'un syndicat :
« Les associations professionnelles sont composées de
personnes exerçant la même profession, des métiers
similaires ou connexes. » Par conséquent, que les

____

(1) Voir ci-dessus, page 333.

membres soient patrons, ouvriers, salariés quelconques, employés, tâcherons, etc., peu importe, pourvu, bien entendu, qu'ils aient des intérêts communs. On ne pouvait employer un terme plus général que le mot *personnes*, et certainement il a été employé à dessein.

Donc, tout porte à croire que les syndicats mixtes sont autorisés et même favorisés par la loi.

Quels droits auront-ils ? — Les mêmes droits que les syndicats simples, c'est-à-dire qu'ils auront la personnalité restreinte, reconnue par l'art. 6 : ils pourront ester en justice, acquérir du mobilier et posséder des immeubles dans les limites tracées par la loi, etc. C'est à tort qu'on les rangerait dans les *unions* de syndicats régies par l'art. 5, et privées de la personnalité civile : le syndicat mixte est un *syndicat unique* composé de personnes exerçant la même profession, des métiers similaires ou des professions connexes.

CHAPITRE II

OBJET DES SYNDICATS PROFESSIONNELS

SOMMAIRE :

L'objet du syndicat professionnel doit être exclusivement professionnel. — Pourquoi. — Addition du mot « agricoles ». — Distinction des syndicats professionnels et des sociétés commerciales ; distinction des syndicats professionnels agricoles et des associations syndicales agricoles.

L'objet des syndicats est précisé par l'article 3 de la loi (1).

Le but de cet article est visiblement d'empêcher que des associations politiques ou religieuses se masquent sous le nom de syndicats ; la loi a voulu, avant tout, écarter des syndicats les individus sans intérêt professionnel dont l'admission risquerait fort de changer le but d'une association qui doit rester exclusivement économique.

Elle n'autorise donc que les associations qui ont le caractère professionnel, et elle leur permet de

______

(1) « Les syndicats professionnels ont exclusivement pour objet l'étude et la défense des intérêts économiques, industriels, commerciaux et agricoles. » (Art. 3.)

s'occuper seulement et exclusivement de la défense des intérêts économiques de la profession.

Les rédacteurs avaient d'abord procédé autrement: ils énuméraient par le détail les actes que le syndicat pourrait faire. La Commission de la Chambre des députés avait cru bon, en effet, d'étendre la définition en énonçant quelques-unes des œuvres que pourraient créer les syndicats : fondation de caisses d'assurance contre le chômage, la maladie ou la vieillesse; établissement d'ateliers de refuge; magasins pour la vente et la réparation d'outils; organisation de sociétés coopératives; organisation des progrès de l'enseignement professionnel; offices de renseignements pour les offres et les demandes de travail; exercice des fonctions d'arbitres ou d'experts, etc.

Les rédacteurs de la loi abandonnèrent avec raison le projet de cette définition énonciative qui, loin de rendre le texte plus clair, ne pouvait que soulever des difficultés.

Ils agirent sagement aussi en supprimant la fin de l'article primitivement adopté qui reconnaissait aux syndicats le droit de s'occuper des *intérêts généraux des professions et métiers* (1); c'eût été autoriser des incursions sur un terrain étranger aux intérêts professionnels, provoquer l'altération du caractère

____

(1) Séance du 8 juillet 1882 (*Journ. off.*, 1882, Sénat, Déb. parl., p. 751).

essentiellement économique des associations que la loi avait en vue.

Quoi qu'il en soit, après une discussion confuse dont il était difficile de saisir la portée, le texte du projet fut remplacé par notre article 3.

Mais le dispositif de cet article ne contenait pas au début le mot « *et agricoles* » qui le termine ; il fut ajouté, à la suite de la deuxième discussion qui eut lieu à la Chambre des députés, sur l'observation de M. Oudet.

« Je propose, dit-il, d'ajouter à la fin de l'article 3 un mot que la Commission accepte comme un développement utile. Ce serait de mettre à la suite des mots « la défense des intérêts économiques, industriels et commerciaux » l'expression « et agricoles ». Il me semble qu'il est utile, en effet, de ne rien laisser d'équivoque sur la portée de la loi. Le projet n'a pas entendu limiter aux seuls patrons et ouvriers de l'industrie proprement dite le bénéfice de la possibilité de former des syndicats et surtout en exclure l'agriculture qui, sous beaucoup de rapports, constitue une industrie. »

L'addition du mot « agricoles » a eu de très grosses conséquences ; ce n'est pas que, sans lui, les agriculteurs n'eussent pu se syndiquer (les rédacteurs de la loi n'ont jamais eu l'intention de restreindre l'application des syndicats professionnels aux seuls ouvriers qui se livrent à un travail ma-

nuel)(1), mais cela leur a donné l'idée de profiter
de suite de la loi du 21 mars 1884. Et, comme nous
le verrons, ce n'est pas là l'une des moindres sur-
prises que réserve cette loi : tandis que les ouvriers
proprement dits, pour qui surtout elle était faite,
en ont jusqu'ici peu tiré parti, les syndicats agricoles, au contraire, ont pris un immense développement, et l'on ne saurait prévoir encore les résultats
heureux qui peuvent en découler pour notre agriculture, si éprouvée durant la période que nous tra-
versons.

L'objet du syndicat professionnel étant déterminé,
on voit apparaître les différences qui peuvent exister :

1° Entre les syndicats professionnels et les sociétés commerciales;

2° Entre les syndicats professionnels agricoles et
les associations syndicales agricoles.

I. — *Distinction des syndicats professionnels et des*
sociétés commerciales.

La société commerciale a pour objet l'exploitation d'un fonds commun dans le but de réaliser et
de partager les bénéfices qui pourront résulter des
opérations commerciales en vue desquelles elle a été
fondée (2); le syndicat professionnel n'a et ne peut

(1) Voir notamment l'importante déclaration faite par M. Tolain
dans son rapport au Sénat, *supra*, page 210.

2) Nous appuyons à dessein dans notre définition sur la néces-

avoir d'autre objet que l'élude et la défense des intérêts professionnels (art. 3 de la loi).

De là, il suit que, lorsqu'une association professionnelle se livrera habituellement à des actes de commerce, lorsqu'elle achètera pour revendre avec bénéfice, elle sera soumise à toutes les formalités et toutes les conditions imposées aux sociétés commerciales, sans pouvoir invoquer les avantages accordés aux syndicats.

Mais on peut concevoir qu'une association professionnelle se livre à des actes de commerce qui ne lui sont pas habituels et ne constituent pas sa fonction principale : en ce cas, le syndicat sort de l'objet strict qui lui est assigné par la loi de 1884, et tombe sous la menace d'une dissolution judiciaire, qui est facultative pour le tribunal.

Il n'est pas douteux non plus qu'un syndicat puisse, comme toute autre personne, constituer une société commerciale, mais celle-ci aura alors une vie propre et indépendante, et sera soumise aux règles du Code de commerce et de la loi du 24 juillet 1867 ; ce sera

sité pour la société commerciale de se livrer à des opérations commerciales ; s'il en était autrement, nous pourrions aussi bien nous trouver en présence d'une société civile.

Or, nous n'avons pas à nous placer, dans notre parallèle, au point de vue des sociétés civiles, un parallèle ne pouvant s'établir entre le syndicat professionnel qui est personne morale et la société civile à qui nous ne reconnaissons pas la personnalité civile. (Cf. Lyon-Caen et Renault, *Précis de droit commercial*, tome Ier, n°s 276 et s. et n° 290.)

une personnalité nouvelle greffée sur la personne morale du syndicat professionnel.

Que si le syndicat veut faire partie d'une société commerciale déjà existante, il y a lieu d'établir des distinctions qui trouveront leur place ultérieurement (1).

II. — *Distinction des syndicats agricoles et des associations syndicales agricoles.*

Les associations syndicales agricoles sont des associations ayant pour objet certains travaux faits dans un intérêt collectif, tels que l'exécution et l'entretien de travaux de défense contre la mer, les fleuves, torrents et rivières navigables et non navigables ; de curage, approfondissement, redressement et régularisation des canaux d'irrigation ou de dessèchement ; d'assainissement des terres humides et insalubres, etc.

Telle est, en substance, la définition de l'article 1er de la loi des 21-26 juin 1865 sur les associations syndicales.

Ces associations se divisent en deux classes : les unes sont dites « autorisées », parce qu'elles ne peuvent se fonder qu'avec une autorisation administrative, laquelle émane ou du préfet ou d'un décret rendu en Conseil d'État ; les autres, dénommées

____

(1) Voir ci-dessous le chapitre de la « *Personnalité civile du syndicat professionnel* » (deuxième partie, chap. Ier, section Ire, § 1er).

« libres », n'ont besoin pour se former que du consentement des intéressés, constaté dans un acte authentique ou sous seing privé, et soumis à une certaine publicité.

Mais ces deux classes d'associations syndicales, autorisées et libres, ne jouissent pas des mêmes droits. Aux premières, la loi de 1865 accorde des privilèges spéciaux dont sont privées les secondes; ces privilèges sont : la faculté d'obtenir l'expropriation, pour cause d'utilité publique, des terrains nécessaires aux travaux à exécuter, le droit de faire recouvrer les taxes et cotisations au moyen de rôles rendus exigibles par les préfets, comme en matière de contributions directes ; — enfin, le droit de faire juger par le juge de paix du canton les contestations relatives aux servitudes que les associations syndicales voudraient établir (1).

On conçoit qu'un syndicat professionnel, constitué en vertu de la législation de 1884, puisse atteindre le même but que l'association syndicale régie par la loi de 1865. Quels sont donc les avantages qu'il y a à se conformer à l'une ou à l'autre loi ? Il faut distinguer deux hypothèses :

1° Les intéressés veulent fonder une association syndicale *autorisée*. — Ils n'auront qu'à se soumettre aux dispositions, toujours en vigueur, de la loi de

(1) Art. 15 et suivants de la loi du 21 juin 1865.

1865 ; la loi de 1884 ne pourrait suppléer à sa devancière;

2° Les intéressés veulent fonder une association syndicale *libre*. — Ils auront l'option entre les deux législations ; celle de 1884 exige, il est vrai, moins de formalités, mais elle confère à l'association une capacité moindre que celle octroyée par l'article 3 de la loi de 1865 (1). En outre, l'article 4 de la même loi permet aux propriétaires non exploitants de faire partie de l'association syndicale, tandis qu'il n'est pas admis généralement que la loi de 1884 ait entendu faciliter à la même catégorie de personnes l'accès d'un syndicat agricole.

(1) « Elles (les associations syndicales) peuvent ester en justice par leurs syndics, acquérir, vendre, échanger, transiger, emprunter et hypothéquer. » Art. 3 de la loi des 21-26 juin 1865.

CHAPITRE III

ADMINISTRATEURS ET DIRECTEURS DES SYNDICATS PROFESSIONNELS.

SOMMAIRE :

Deux conditions : 1° avoir la qualité de Français (amendement de M. Roger-Marvaise); — 2° jouir de l'intégralité des droits civils.

Il faut réunir deux conditions pour avoir le droit d'être administrateur ou directeur d'un syndicat professionnel : 1° être Français; 2° jouir de ses droits civils.

1ʳᵉ condition : — la qualité de Français est nécessaire pour être administrateur ou directeur d'un syndicat professionnel. — Posons tout d'abord que la loi n'a pas eu du tout l'intention d'exclure les étrangers des syndicats professionnels; aucune disposition ne les empêche d'en être membres. Tout ce que la loi a voulu leur défendre, c'est de faire partie de l'administration ou de la direction de l'association.

Il valait évidemment mieux prévenir des difficultés inévitables en décidant que, si les étrangers ont la faculté d'entrer comme membres dans les syndi-

cats, ils ne pourront jamais en avoir la direction ou
l'administration.

C'était être déjà très libéral que de les admettre à
bénéficier, sans autre restriction, d'une législation
que les Français eux-mêmes ont attendue si longtemps.

Le projet du Gouvernement de 1880, il est vrai,
n'autorisait que les Français exclusivement à former
des syndicats ; mais le Parlement trouva cette disposition trop étroite et refusa avec raison de l'adopter. D'ailleurs, lors de la préparation de la loi,
on fit remarquer avec justesse que tenir les travailleurs étrangers complètement à l'écart serait impo-
litique ; cette exclusion n'aboutirait qu'à les froisser
et à les pousser à former des groupes hostiles : il
valait bien mieux les enrôler dans les syndicats, et
utiliser ainsi leur activité au profit de l'industrie
française.

Un amendement avait été proposé au Sénat par
un membre de cette assemblée à l'effet de permettre
à certains étrangers de faire partie de l'administration ou de la direction des syndicats professionnels.

Cet amendement était ainsi conçu : « Les membres de tout syndicat professionnel chargés de l'administration ou de la direction de ce syndicat devront
être Français, ou avoir été admis à établir leur domicile en France, ou appartenir à une nation liée avec
la France par un traité stipulant une égalité abso-

lue entre les ressortissants des deux États pour l'exercice de tout genre d'industrie ou de commerce (1). »

On pouvait défendre cet amendement par des raisons qui ne manquent pas de force. Il suffisait de citer les articles 11 et 13 du Code civil, et de constater le développement de notre législation depuis le commencement du siècle pour conclure à l'assimilation presque complète, au point de vue de l'exercice des droits civils, de l'étranger et du Français.

Avec l'extension qu'a reçue notre législation en cette matière sous tous les gouvernements, on arrive à assimiler aujourd'hui complètement, pour ainsi dire, au Français lui-même, non seulement l'étranger qui a été admis à établir son domicile en France, mais aussi l'étranger qui exerce une industrie quelconque en France.

Pourquoi dès lors remonter le courant établi et exiger la qualité de Francais pour administrer un syndicat dans lequel tous les étrangers peuvent entrer, et dans lequel on ne saurait faire que tous les étrangers ne pussent entrer, du moment qu'ils sont patrons ou ouvriers ?

M. Roger-Marvaise avait choisi un moment opportun pour proposer la modification précitée. Il rappelait au Sénat que cette législation civile si favorable

(1) Amendement de M. Roger-Marvaise, séance du 11 juillet 1882, Sénat (*Journ. off.*, 1882, Sénat, Déb. parl., p. 775 et s.).

actuellement aux étrangers, le Parlement lui-même l'avait transportée tout récemment dans la législation internationale, en votant un traité spécial avec la Suisse.

En effet, ce traité intitulé : « Traité entre la France et la Suisse sur l'établissement des Français en Suisse et des Suisses en France (1) », est l'un des plus explicites sur la situation réciproque des nationaux des deux pays.

Il contient en substance que les Français seront reçus et traités dans chaque canton de la confédération, relativement à leurs personnes et à leurs propriétés, sur le même pied et de la même maniere que le sont ou pourront l'être à l'avenir les ressortissants des autres cantons ; tout genre de commerce et d'industrie permis à ces derniers le sera également aux Français, auxquels aucune condition, pécuniaire ou autre, ne sera imposée. Ils devront seulement se conformer, ce qui va de soi, aux lois et règlements de police de la Suisse.

L'article correspondant, relatif aux Suisses, accorde à ceux-ci les mêmes droits et avantages, à titre de réciprocité, que ceux conférés aux Français.

Ce traité international, voté en 1882, n'était que

(1) Traité conclu à Paris, le 23 février 1882, sanctionné par la loi spéciale du 11 mai 1882. — V. *Recueil de de Clercq*, tome XIII, année 1881-82, à la date du traité, p. 294.

la reproduction d'un autre traité qui lui-même était calqué sur un traité plus ancien : car, si nous sommes appelé à parler spécialement de la Suisse, c'est parce que c'est avec cette nation que nous avons eu le plus grand nombre de traités de commerce.

Depuis un très grand nombre d'années, en ce qui concerne l'exercice du commerce et de l'industrie, les Suisses en France, comme les Français en Suisse, sont mis sur le même pied d'égalité.

Au moment où la Commission du Sénat présentait le projet exigeant la qualité de Français de tout administrateur ou directeur de syndicat professionnel, il y avait donc lieu de demander au législateur s'il se croyait conséquent avec lui-même en votant une disposition contradictoire avec sa manière d'agir antérieure à l'égard des étrangers.

M. Roger-Marvaise le fit en excellents termes. Il citait la situation des Suisses à l'appui de son opinion, parce que certains individus de ce pays se trouvent en France dans des conditions particulières : dans certaines villes françaises, en effet, certaines industries sont représentées presque uniquement par des Suisses. Or ces industriels, étant tous étrangers, sont dans l'impossibilité même de former des syndicats entre eux, puisque le projet présenté, qui est passé dans la loi actuelle, leur interdit de faire partie du bureau d'un syndicat.

Voilà donc des Suisses qui viendront en France

pour y exercer le commerce ou l'industrie, en conséquence de la foi qui est due au traité conclu avec
nous, en conséquence de la conviction qu'ils
ont qu'ils seront sur notre territoire absolument
assimilés aux Français quant à la matière commerciale et industrielle : trompés dans leur attente,
ils verront que nous ne tenons pas nos engagements
et qu'ils seront eux-mêmes forcément dans une situation inférieure aux Français, en ce qui concerne
le commerce et l'industrie, puisqu'ils ne pourront
pas participer à l'administration et à la direction
des syndicats professionnels.

Ce sont là d'excellents arguments, en apparence,
pour combattre la disposition finale de l'article 4 qui
interdit aux étrangers de faire partie du bureau des
syndicats.

On nous dira encore ; dans un syndicat professionnel, ce qui en sera l'âme, ce sera le conseil d'administration, et si vous excluez de ces conseils d'administration les étrangers qui ont le droit de jouir
en France de tous les avantages attachés par les lois
françaises à l'exercice de tel commerce ou de telle
industrie, vous arrivez à supprimer le principe
d'égalité absolue qui a été confirmé par des
traités.

Soit, répondrons-nous ; mais l'exemple des Suisses,
choisi à dessein par l'auteur de l'amendement de
1882, ne saurait être généralisé. Il est trop spécial

pour nous obliger à condamner de parti pris la disposition critiquée de l'article 4.

D'autres raisons militent en faveur de la décision de la loi.

La plupart des commentateurs jugent qu'il faudrait supprimer la fin de l'article 4 ; la loi de 1884, disent-ils, étant une loi très libérale, les associations professionnelles devraient être ouvertes à tous sans distinction de nationalité. L'industrie française ne pourrait en retirer que des avantages.

Il est peu logique, dit-on encore, après avoir admis les étrangers à bénéficier de la loi, de leur refuser une partie du profit de cette même loi ; c'est établir en matière professionnelle une exception qui n'existe pas en matière industrielle ou commerciale, où nous voyons les sociétés jouir de la plus grande liberté ; toutes, en effet, sociétés anonymes et autres, ont la personnalité civile, encore qu'elles soient composées exclusivement d'étrangers....,.... Et maintes raisons analogues sont mises en avant par les adversaires de la disposition de l'art. 4.

Ces raisonnements ne nous convainquent pas ; nous sommes même absolument de l'avis opposé. Qu'on se figure, en effet, à côté d'associations professionnelles françaises, représentant l'élément français, dirigées par des Français qui n'ont en vue que l'intérêt du pays, qu'on se figure des associations composées uniquement d'étrangers, et dirigées par des étrangers ; quel pouvoir énorme ces derniers auront entre les mains! A un moment donné, il y aura forcément lutte entre les deux éléments, — national et étranger, — et la faveur de la loi pourra tourner au préjudice des intérêts de l'industrie nationale et de la France.

A l'objection que les mêmes restrictions n'existent pas pour les sociétés commerciales et industrielles, nous répondrons que les associations professionnelles ne sont pas d'ordre exclusivement industriel ou commercial, que par leur caractère de généralité elles intéressent toute la société, et qu'une trop grande tolérance pour les étrangers pourrait devenir, à un moment donné, un péril social. Nous ajouterons même : ces dispositions si libérales pour les sociétés de commerce et d'industrie, notamment pour les sociétés financières qui disposent d'une force considérable, la fortune publique, sont-elles à l'abri de toute critique ?

D'ailleurs, le syndicat étranger qui s'intitule syndicat professionnel a peut-être un tout autre but; dans certaines circonstances l'intervention de l'autorité deviendrait très délicate, et alors il ne serait plus temps d'enrayer le mal, de disperser des hommes habitués à obéir à la direction d'un même chef, et ayant probablement de puissantes ressources pécuniaires dans la caisse de l'association.

Il faudrait d'ailleurs se garder de conclure que la

loi de 1884 fût aussi restrictive à l'égard des étrangers que certains veulent l'insinuer ; il semblerait, à
les entendre, qu'elle refusât aux étrangers, comme
le voulait le projet du Gouvernement de 1880, l'entrée dans les associations professionnelles. Or, on a
vu le contraire ; un seul cas est visé, qu'il faut mettre
nettement en lumière, celui de la direction ou de
l'administration des syndicats par des non-natio-
naux. En fait, l'on conçoit le péril qu'aurait pu présenter une telle direction, en raison de l'influence
considérable que peuvent avoir des étrangers placés
à la tête de groupes aussi puissants.

Il faut pourtant reconnaître que le législateur a
eu tort d'écarter des fonctions de directeurs et
administrateurs même les étrangers qui ont été
admis à établir leur domicile en France ; à vrai dire,
cette restriction est plus difficile à comprendre vis-
à-vis d'individus, bien traités par la législation générale, qui offrent plus de garanties que de simples
étrangers.

Ici, nous n'aurions pas été aussi loin que la loi ;
nous nous rangerions volontiers à l'opinion de
M. Roger-Marvaise qui présenta un second amendement au Sénat en 1884, lorsque revint en discussion
la question des directeurs et administrateurs (1).
M. Roger-Marvaise avait abandonné son amen-

(1) Séance du 29 janv. 1884, Sénat (*Journ₁ off.*, 1884, Sénat, Déb.
parl., p. 204 et s.).

dement de 1882 tendant à l'admission des étrangers dans le bureau des syndicats, pour ne plus réclamer cette faveur que pour les étrangers admis à établir leur domicile en France.

Il s'était fait l'interprète devant le Sénat d'individus non Français qui se trouvaient être en fait directeurs d'associations syndicales à Paris même, et il demandait simplement la consécration légale de cet état de choses, afin que ces individus, qui avaient tous l'autorisation de domicile en France, pussent continuer leurs fonctions.

Mais ce second amendement fut repoussé comme le premier, sur le rapport de M. Marcel Barthe, qui se montra opposé à l'addition du membre de phrase, à la fin de l'article 4 : « ou avoir été admis à établir leur domicile en France. »

2° condition : — les administrateurs et directeurs de syndicats professionnels doivent jouir de l'intégralité des droits civils. — Le dernier paragraphe de l'art. 4 se termine ainsi : « (les directeurs et administrateurs de syndicats doivent être Français) *et jouir de leurs droits civils.* » Cette rédaction est inexacte et amphibologique. Depuis l'abolition de la mort civile par la loi de 1854, il n'y a plus de Français qui, d'une manière générale, soient privés de leurs droits civils. Il est probable que le législateur de 1884 a eu en vue la dégradation civique, qui est la conséquence des peines criminelle. et les incapa-

17

cités conservées de la mort civile par la loi du 31 mai 1854 ; mais il s'est mal exprimé. C'était simplement vouloir écarter des syndicats ceux auxquels une condamnation a enlevé la jouissance d'une *partie* de leurs droits civils, ainsi que le dit la circulaire interprétative du ministre de l'Intérieur.

La loi aurait donc dû dire que les directeurs et administrateurs de tout syndicat doivent jouir de *l'intégralité* de leurs droits civils. Son intention n'est pas douteuse si l'on se reporte à l'exposé des motifs qui précède le projet du Gouvernement, projet qui, on le sait, appliquait l'exigence de l'art. 4, *in fine*, même aux simples membres des syndicats. Cette disposition y était ainsi commentée : « La jouissance de la liberté nouvelle, qui est essentiellement un droit civil, est réservée aux seuls Français qui sont *en pleine possession de leurs droits civils.* »

Si l'on interprétait autrement la fin de l'art. 4, la disposition n'aurait pour ainsi dire pas d'application.

CHAPITRE IV

FORMALITÉS DE CONSTITUTION DES SYNDICATS PROFESSIONNELS

SOMMAIRE :

Formalité unique : dépôt. — Tous les syndicats, sans distinction, sont soumis au dépôt. — Comment ce dépôt est opéré.

La formalité exigée est le dépôt des statuts du syndicat ainsi que la déclaration des noms de ceux qui, à un titre quelconque, seront chargés de l'administration ou de la direction.

Telle est la prescription de l'article 4 (1).

La loi demande aux associations professionnelles la plus grande publicité possible, lors de leur cons-

(1) « Les fondateurs de tout syndicat professionnel devront déposer les statuts et les noms de ceux qui, à un titre quelconque, seront chargés de l'administration ou de la direction.

Ce dépôt aura lieu à la marie de la localité où le syndicat est établi, et, à Paris, à la préfecture de la Seine.

Ce dépôt sera renouvelé à chaque changement de la direction ou des statuts.

Communication des statuts devra être donnée par le maire ou par le préfet de la Seine au Procureur de la République.

Les membres de tout syndicat professionnel chargés de l'administration ou de la direction de ce syndicat devront être Français et jouir de leurs droits civils. » (Art. 4.)

titution, et à chaque changement dans la direction ou les statuts. C'est, l'on peut dire, à peu près la seule formalité que cette loi très libérale impose aux syndicats; cela n'a pas empêché certaines associations ouvrières de formuler des plaintes à ce sujet.

L'obligation du dépôt prescrit par l'article 4 est en quelque sorte la déclaration de naissance des syndicats; l'autorité se trouve ainsi avertie et peut veiller à l'observation de la loi. Les tiers sauront dans quelles conditions ils peuvent contracter, les syndicats jouissant de la personnalité civile en vertu de l'article 6, après l'accomplissement des formalités.

Le dépôt est exigé pour tous les syndicats sans distinction.

Cette proposition est intéressante à plusieurs points de vue.

Et d'abord elle implique le rejet d'une opinion qui consistait à admettre deux classes de syndicats.

Plusieurs députés avaient en effet demandé que les syndicats fussent divisés en deux catégories : ceux qui auraient voulu jouir de la personnalité civile, c'est-à-dire des droits spéciaux énumérés dans la loi, auraient dû se soumettre au dépôt; ceux qui n'auraient pas rempli les formalités auraient eu simplement une existence de fait, comme avant la législation nouvelle, et auraient été considérés comme des

associations syndicales dénuées de toute personnalité.

Cette proposition fut définitivement repoussée,
par la raison que, permettre aux syndicats professionnels de ne pas déclarer leur existence, ce serait
autoriser toutes les sociétés occultes ou secrètes.
M. Marcel Barthe, dans son rapport au Sénat, com-
battit l'admission de deux classes de syndicats ; les
motifs d'adopter le même raisonnement sont faciles
à concevoir.

Ces syndicats professionnels dont la constitution
n'aurait pas été rendue publique seraient tout
simplement des sociétés secrètes, en faveur desquelles aurait été abrogé indirectement l'article 13
de la loi du 11 juillet 1848, article qui interdit les
sociétés de ce genre. On susciterait en outre un
danger pour la société en facilitant des affiliations
clandestines répandues à travers tout le territoire,
car rien ne pourrait entraver le développement de
ces associations qui éviteraient de se faire connaître
et qui constitueraient un péril d'autant plus à redouter.

Cette même idée que tous les syndicats sans distinction sont soumis à la formalité du dépôt reçoit
une autre application.

Les termes mêmes de l'article 4 montrent bien
que les syndicats existant en fait sous le régime de
la tolérance, avant la loi, doivent, pour jouir des

avantages conférés par cette dernière, se conformer aux prescriptions de publicité. L'on ne comprendrait pas qu'il en fût autrement ; la loi deviendrait en effet, à beaucoup d'égards, lettre morte, puisqu'une foule d'associations avaient auparavant une existence de fait, et que c'est précisément sur la demande des intéressés eux-mêmes que le législateur a voulu donner à ces sociétés une situation légale, depuis longtemps réclamée. De quoi se plaindraient donc les membres de ces syndicats? la formalité peu gênante de publicité imposée par la loi de 1884 ne peut pas leur nuire.

Mais il ne faudrait pas aller jusqu'à soumettre à la nécessité du dépôt les syndicats qui sont encore dans la période d'élaboration.

A ce moment, le syndicat n'a pas encore d'existence, pour ainsi dire ; tout est provisoire, statuts et administration. Aussi, le ministre de l'Intérieur, interrogé par l'un des rapporteurs de la loi sur le point de savoir si cette administration toute provisoire serait tenue de déposer ses statuts, répondit négativement (1).

Les principes généraux de notre droit commandent en effet cette opinion. Ainsi, pour les sociétés commerciales en préparation, on ne saurait exiger des organisateurs une publicité qui n'aurait pas

____

(1) Séance du 29 1janv. 1884 (*Journ. off.*, 1884, Sénat, Déb. parl., p. 201).

sa raison d'être, puisque non seulement les résultats, mais la forme même de la société future, n'ont encore rien de définitif. Il en est de même pour les syndicats professionnels; il faut leur appliquer les principes admis en matière de sociétés. Le jour où l'association aura arrêté définitivement sa forme et les bases de sa constitution, elle devra se conformer à la seule prescription de la loi de 1884, qui est le dépôt et la publication. C'est tout ce que l'on doit exiger d'elle.

Une demande nous est faite: à quel moment la constitution du syndicat sera-t-elle regardée comme définitive? c'est une question de fait, qui sera laissée à l'équitable appréciation des tribunaux.

Nous avons montré que, d'après les prescriptions de la loi de 1884, tous les syndicats indistinctement sont astreints au dépôt; voyons maintenant comment ce dépôt est opéré.

Sur ce point la loi est muette, mais la circulaire ministérielle, interprétative, du 25 août 1884, a fixé et élucidé les points qui n'avaient pas été précisés :

Le ministre, adoptant une règle suivie généralement au départemeut de l'Intérieur, fixe à deux le nombre d'exemplaires des statuts à déposer.

Il décide que, la loi de 1884 ne prévoyant pas la forme de la rédaction, les statuts pourront être rédigés sur papier libre, et même pourront être manuscrits. La seule condition à exiger est le visa

de certificat du président et du secrétaire du syndicat.

Le dépôt est constaté par un récépissé du maire,
— ou, à Paris, du préfet de la Seine.

Enfin dans chaque mairie un registre spécial est
ouvert pour recevoir à leurs dates le dépôt des statuts de tout syndicat professionnel constitué conformément à la loi du 21 mars 1884, le nom des administrateurs et directeurs, et la délivrance du récépissé de dépôt.

Disons en terminant que, lorsque le dépôt prescrit
a été effectué, les statuts doivent être communiqués
au ministère public par le maire, — ou, à Paris, par
le préfet de la Seine.

DEUXIÈME PARTIE

FONCTIONNEMENT DU SYNDICAT PROFESSIONNEL

CHAPITRE PREMIER

PERSONNALITÉ ¦CIVILE DES SYNDICATS PROFESSIONNELS

SOMMAIRE :

Généralités. — Section I : Droits d'acquisition et d'aliénation du syndicat. — Section II : Représentation en justice. — Section III : Des droits exceptionnels accordés à la personne morale du syndicat professionnel.

Les syndicats professionnels constituent des personnes morales. Ils peuvent, en effet, d'après l'article 6 de la loi de 1884, ester en justice, acquérir des biens sous certaines conditions : attributs essentiels de la personnalité.

De cette idée générale que le syndicat professionnel est une personne civile, sortent trois grandes conséquences : premièrement, l'association constituant le syndicat a un patrimoine distinct de celui de ses membres ; en second lieu, les créanciers du syndicat ont un droit exclusif sur le fonds social ; enfin le syndicat sera valablement représenté par son directeur pour ester en justice et pour contracter avec les tiers.

Ce n'est pas assez de dire que le syndicat a la personnalité civile. Il faut ajouter qu'il l'a de par la loi, sans que ses membres aient à remplir aucune formalité spéciale pour l'obtenir, en un mot par le fait seul de sa constitution régulière. Du jour où le dépôt est opéré, en l'absence même de toute déclaration spéciale dans les statuts, le syndicat naît à la vie juridique et peut revendiquer, sous les restrictions que nous aurons à voir, les attributs de la personnalité.

Cette constatation a son importance ; elle marque la place de l'association professionnelle parmi les diverses variétés de personnes morales reconnues en droit. On sait qu'en effet la personnalité civile peut revêtir trois types très distincts. Une première classe de personnes morales comprend l'État, le département, la commune, et en outre tout un ensemble d'établissements se référant à la gestion d'intérêts généraux et de services publics, par exemple les bureaux de bienfaisance, les hospices, les fabriques, certains établissements d'instruction publique, personnes morales, éminemment dépendantes de l'État, et dont tous les actes tombent sous le contrôle de l'administration, leur tutrice permanente et perpétuelle.

Dans une seconde classe on range les établissements d'utilité publique qui ne s'occupent que d'intérêts privés, mais qui ont obtenu la personnalité civile par une autorisation spéciale, précédée d'une information, et accordée suivant les cas, en vertu d'une loi, par arrêté préfectoral, ou par décret du Président de la République; tels sont les congrégations religieuses autorisées (pour elles l'autorisation ne peut être donnée que par une loi), les caisses d'épargne, les hospices.

Une fois constituées, ces personnes juridiques administrent à leur gré leur patrimoine, sous la réserve, au profit de l'administration supérieure, du droit d'autoriser ou de prohiber certains actes, cela principalement dans un intérêt social, quelquefois et accessoirement aans l'intérêt des particuliers. C'est ainsi qu'un établissement d'utilité publique ne peut acquérir par donation ou par legs sans l'autorisation administrative; on prévient ainsi le danger de la mainmorte, on sauvegarde en outre les droits de la famille du disposant contre les générosités excessives et irréfléchies d'un des siens.

La troisième catégorie de personnes morales comprend celles qui, s'occupant d'intérêts privés, ont *ipso jure* une personnalité déterminée par la loi, sans avoir besoin comme les autres ni de l'autorisation administrative, ni de l'enquête qui la précède, personnalité obligatoire, inhérente à l'association régulièrement constituée. Telles les sociétés commerciales, tels aussi les syndicats professionnels.

Il s'en faut cependant que cette personnalité légale *ipso jure* leur ait été attribuée sans discussion.

Parmi la variété des systêmes émis, lors des travaux préparatoires, il est facile de distinguer deux tendances maîtresses, de marquer deux types primordiaux auxquels se réduisent, sous réserve de leurs nuances diverses, les opinions proposées.

Dans le premier courant d'idées, on posait ce principe que l'État doit avoir la haute main sur la création même des personnes morales, on jugeait imprudent de conférer par une loi d'ensemble la personnalité juridique à toute une catégorie d'associations. On demandait que cette personnalité ne leur fût accordée que d'une façon individuelle. Théoriquement, de puissantes raisons parlent en ce sens; il est dans l'esprit de notre législation que l'État intervienne dans la constitution même des personnes morales, et ne laisse pas aux simples particuliers le droit d'en augmenter le nombre à leur gré. Il convient que l'État s'inquiète des circonstances qui ont pu présider à la naissance d'un nouvel être de raison, qu'il juge, qu'il modifie, s'il est nécessaire, les conditions futures de son existence, qu'en un mot, dans un intérêt social supérieur, toutes les personnes formées par les collectivités soient en quelque sorte suspendues à la grande personnalité de l'Etat et lui doivent même la vie.

On ajoutait que si une exception a été faite à cette idée en faveur des sociétés commerciales, si celles-ci ont de plein droit la personnalité par le seul fait de leur constitution régulière, c'est par des motifs particuliers qui ne peuvent être transportés aux syndicats. La société commerciale a un objet restreint, un but spécial, une durée fixée d'avance ; un syndicat professionnel a, par nature, un objet complexe, une durée indéterminée ; ses membres entrent, sortent, se renouvellent sans cesse, il peut être appelé à jouer un rôle social d'une importance considérable ; *a priori* on se fait une idée suffisamment exacte des sociétés commerciales, personne ne sait d'avance ce que sera un syndicat professionnel. Il n'y a aucun danger à conférer *ipso jure* la personnalité aux premières, mais l'attribuer en bloc à tous les syndicats professionnels, c'est la leur conférer à l'aveugle, et désarmer l'Etat.

Enfin on faisait observer que, dans l'intérêt même des tiers, l'autorisation administrative était nécessaire. La personnalité civile est une sorte de certificat, un brevet avec garantie du Gouvernement. Le tiers qui contracte avec le syndicat traite avec une personne morale dont l'Etat, qui l'a autorisée, lui garantit, sinon la surface, du moins la légitime naissance.

A ce principe que le syndicat professionnel doit avoir l'autorisation de l'État pour être personne morale, se rattachaient plusieurs opinions qui forment comme les nuances d'un même système.

Les uns s'en rapportaient à l'application du droit commun, le projet du Gouvernement était en ce sens : c'est-à-dire que pour être constitués personne morale, pour pouvoir par exemple ester en justice, acquérir, les syndicats auraient eu à se faire reconnaître d'utilité publique, selon les règles ordinaires. A défaut de reconnaissance, il n'y aurait eu qu'une association sans personnalité, garantie seulement contre toute poursuite tant qu'elle resterait dans les limites tracées par la loi. D'autres, parmi nos législateurs, proposaient une simplification, un tempérament à cette rigoureuse application du droit commun (1) : pour eux la personnalité résulterait seulement de l'approbation donnée par le Préfet aux statuts, sur la demande du syndicat, dans la quinzaine du dépôt. Si le syndicat ne veut point acquérir la personnalité civile, il n'a qu'à ne pas déposer ses statuts. Mais s'il opère le dépôt, le Préfet a le droit de vérification, il voit si le syndicat n'est pas vicié par la fraude, il veille à ce que la personnalité civile ne soit pas usurpée par des collectivités dangereuses déguisées en associations professionnelles, et s'il refuse l'autorisation, le récépissé des statuts, alors le recours au Conseil d'État est

____

(1) Voir le *Journ. off.*, 1881, Chambre, Débats parl., p. 956 et s.

ouvert qui protège le syndicat contre tout arbitraire
du pouvoir préfectoral. Ce système est à rapprocher
du premier : sans doute, en théorie, il donne aux
syndicats un véritable droit à la personnalité civile
qui cesse ainsi d'être une faveur ; mais, en fait, ce
droit est soumis à la nécessité d'obtenir un visa du
Préfet et de recourir, s'il y a lieu, au Conseil d'État.
Je veux que ces exigences administratives ne soient
point l'autorisation proprement dite; mais, pour qui
connaît les pratiques administratives, elles lui sont
voisines, elles lui eussent bien ressemblé en fait. De
plus cette opinion, comme la première, aboutissait
à reconnaître deux catégories de syndicats, les uns
ayant la personnalité morale, les autres constituant
de simples associations. L'une et l'autre ont été re-
jetées.

Voilà pour les opinions qui se rattachent à cette
idée générale que l'autorisation ou le contrôle administratif devraient être exigés pour la constitution de
la personne morale du syndicat.

La conception qui a prévalu relève d'une tendance
radicalement opposée. Le législateur a cru devoir
conférer de plein droit la personnalité civile aux
syndicats, par cela seul qu'ils auraient déposé leurs
statuts. Il les a affranchis de ces entraves administratives que les partisans de l'idée contraire leur sus-
citaient. Il est vrai qu'il aurait pu ne pas aller jusqu'à rendre sa faveur obligatoire, un amendement

avait été déposé en ce sens et adopté par la Chambre
en première lecture : les syndicats qui n'auraient
pas voulu être reconnus comme personnes morales
n'avaient qu'à ne point déposer leurs statuts. Mais
ce système n'a pas prévalu, et la loi de 1884, en
exigeant le dépôt pour tous les syndicats, les revêt
tous obligatoirement de la personnalité civile.

C'est que, d'une part, le législateur a pensé qu'il
était utile de les astreindre sans exception à la publicité de leurs statuts.

Il a considéré en outre que la personnalité civile
leur était indispensable pour réaliser leur destination, pour défendre leurs intérêts matériels, répandre leur action par l'enseignement professionnel, par
les fondations de bibliothèques, par la création
de caisses de résistance et de secours mutuels,
etc.

S'il n'a pas voulu que l'obtention de cette personnalité fût subordonnée à l'accomplissement d'aucunes
formalités spéciales, c'est parce que ces exigences
eussent pu entraver le développement d'une institution qu'il voit d'un œil favorable : ainsi, alors même
qu'on se fût borné à exiger le visa du Préfet, cette
nécessité eût fait reculer beaucoup d'ouvriers, igno-
rant la portée de cette formalité ou craignant la
perte de temps et d'argent qu'entraîne son accomplissement. Et d'ailleurs à quoi bon une vérification
des statuts par l'autorité administrative, alors que

le pouvoir judiciaire est précisément institué pour assurer l'observation des lois, garantie suffisante; garantie qui n'existe même dans toute sa force que si l'on retire aux pouvoirs administratifs tout droit d'examen et d'approbation préalable; en effet, comme on le disait très bien lors de la discussion, l'approbation administrative préalable mettrait souvent, en fait, l'association autorisée à l'abri du contrôle judiciaire dans une mesure très large, et le Procureur de la République hésiterait à toucher aux sociétés privilégiées qui auraient reçu l'approbation du Préfet.

Quant à la raison d'État et de prudence générale, on a fait observer que la personnalité du syndicat n'est pas dangereuse dans les limites où la loi la restreint. Le syndicat, même dans la sphère des droits patrimoniaux, n'a pas les mêmes pouvoirs que la personne naturelle; s'il s'occupe d'un objet autre que l'étude ou la défense de ses intérêts économiques, industriels, commerciaux, agricoles, si par exemple il fait œuvre de propagande politique ou religieuse, ses directeurs ou administrateurs tombent sous le coup des pénalités de l'art. 9. Bien plus, le ministère public, organe de l'intérêt social, peut alors demander sa dissolution, et l'autorité judiciaire supprimera l'être de raison qui élève une menace contre l'ordre établi. Enfin, pour justifier complètement le système actuel, pour répondre à

une dernière et faible objection tirée de l'intérêt
des tiers à qui l'autorisation gouvernementale serait
utile pour donner sécurité dans leurs rapports avec
les syndicats, on n'a qu'à répondre que l'État n'a
point à intervenir dans les relations d'ordre privé ;
ce n'est pas à lui de donner des garanties, c'est aux
tiers de se renseigner ; l'autorisation administrative
peut même être dangereuse ; si, par exemple, le syndicat autorisé est plus tard dissous, les tiers en pourraient rendre le Gouvernement moralement responsable, et lui imputer la lésion qui en résulte pour
eux. L'autorisation et le contrôle de l'État ne s'imposaient donc pas à ce point de vue.

Toutes ces raisons justifient, selon nous, le système de la loi de 1884.

Reste à préciser les conséquences juridiques de la
personnalité de plein droit qu'elle confère aux syndicats professionnels.

La loi de 1884 (art. 6) fait elle-même deux applications importantes du principe lorsqu'elle nous dit
que les syndicats peuvent ester en justice, acquérir
certains immeubles. Il résulte évidemment de cette
disposition que les syndicats n'ont pas besoin de l'autorisation pour accomplir ces actes ; la loi institue
un régime de liberté qui préside à leur fonctionnement comme à leur naissance ; à ce point de vue, ils
sont assimilés aux sociétés commerciales, et les tra-

vaux préparatoires ne laissent aucun doute à cet égard (1).

Mais s'ils jouissent ainsi d'une personnalité indépendante, c'est dans un cercle étroitement limité. Il y a lieu de bien préciser ces limites, notamment en ce qui concerne leurs pouvoirs d'acquisition.

Il sera traité ensuite dans une section spéciale de la représentation en justice du syndicat professionnel.

Enfin, pour compléter l'analyse des droits qui sont la conséquence de leur personnalité, il y aura lieu d'étudier dans une troisième section toute une série d'actes pour lesquels la loi de 1884 leur accorde une capacité exceptionnelle, exorbitante du droit commun, en les dispensant des règles auxquelles sont soumises les personnes ordinaires : prérogatives importantes relatives à la création des caisses de secours mutuels et de retraites pour la vieillesse, au droit de créer des offices de renseignements pour les offres et demandes de travail, au droit, dans les questions contentieuses, de donner des renseignements et avis.

SECTION I. — DES ACQUISITIONS ET ALIÉNATIONS PERMISES AUX SYNDICATS PROFESSIONNELS.

Il y a lieu de distinguer, suivant que ces actes sont à titre onéreux ou à titre gratuit.

(1) *Journ. off.*, 1884, Sénat, Déb. parl., pp. 201-203.

§ I. — *Acquisitions et aliénations à titre onéreux.*

Il s'agit alors d'immeubles ou de meubles.

A. — Immeubles.

Les syndicats ne peuvent acquérir que les immeubles nécessaires à leur fonctionnement, dit le § 3 de l'art. 6. Le but évident de cette restriction est d'empêcher la reconstitution des biens de mainmorte.

Cependant l'on est d'accord pour ne pas interpréter trop restrictivement la disposition du § 3. Ne laisser aux syndicats que la possibilité d'acquérir les immeubles absolument nécessaires, ce serait évidemment aller au delà de ce qui est strictement indispensable à la sauvegarde de l'intérêt général ; on doit admettre que [les syndicats auront la faculté de devenir propriétaires des immeubles que réclame leur fonctionnement normal Ce n'est pas dépasser l'esprit de la loi.

Mais à l'inverse les syndicats ne pourraient tirer un profit de leurs immeubles par location (1) ou autrement : ce serait leur donner une destination autre que celle prévue par la loi (voir la circulaire

____

(1) A moins que la location, ne constituant pas l'exploitation exclusive de l'immeuble, n'ait d'autre but que d'alléger les charges du syndicat : ainsi en serait-il au cas où la société louerait, pour les jours où il n'y aurait pas séance, la salle de ses réunions.

du ministre de l'Intérieur du 25 août 1884). Toujours par application de la prohibition, ils ne pourraient placer leur argent en immeubles, ni faire partie d'une société immobilière, si l'on admet toutefois, avec la jurisprudence et la majorité des auteurs, que la société immobilière est une société civile (1), étant présupposé en outre cet autre principe que la société civile ne constitue pas une personne morale.

Une seule question un peu délicate serait celle de savoir si le syndicat peut prendre hypothèque sur un fonds, pour la garantie d'un prêt d'argent qu'il aurait consenti. La raison de douter serait que le syndicat, étant créancier hypothécaire, peut plus tard surenchérir dans la procédure des offres ; si personne ne vient couvrir la surenchère, il sera par là même déclaré adjudicataire de l'immeuble, qui, par hypothèse, n'est nullement nécessaire à son fonctionnement. N'est-ce pas contraire à l'article 6, § 3 de la loi de 1884 ? Malgré cette considération, nous croyons que le syndicat peut être créancier hypothécaire ; la conséquence lointaine du droit d'hypothèque que l'on indique peut fort bien ne pas se produire, il peut se faire qu'une personne couvre la surenchère ; à supposer même que le syndicat soit déclaré adjudicataire, il en sera quitte pour

______

(1) Voir l'opinion contraire, *Revue critique*, 1869, I, p. 325, article de M. Garsonnet.

revendre l'immeuble et mettre en caisse le prix de
la revente, par application de l'article 8 de notre
loi.

Cela nous amène à rechercher quelle est la sanction d'une acquisition d'immeubles à titre onéreux
faite au mépris de la prohibition de l'art. 6.

Elle est indiquée en ces termes par la loi de 1884 :
« Lorsque les biens auront été acquis contrairement
aux dispositions de l'article 6, la nullité de l'acquisition... pourra être demandée par le Procureur de
la République ou par les intéressés. Dans le cas
d'acquisition à titre onéreux, les immeubles seront
vendus et le prix en sera déposé à la caisse de l'association. »

Il était difficile de s'exprimer plus mal. L'acquisition de l'immeuble, faite à titre onéreux, au mépris de la prohibition de l'art. 6, n'est pas nulle, la
vente est parfaitement valable et produit tous ses
effets entre le vendeur et l'acheteur ; le syndicat est
bien devenu propriétaire, comme le prouve la dernière partie de l'article. Tout ce que la loi défend
au syndicat, c'est de conserver l'immeuble ; tout ce
qu'elle ordonne, c'est sa transformation en un capital mobilier. Le Procureur de la République, si le
syndicat n'opère pas cette transformation de plein
gré, agira non pas en nullité de la première vente,
mais en revente de l'immeuble acquis. La même
action lui serait donnée, bien entendu, si l'immeuble

affecté, à l'origine, au fonctionnement normal du syndicat, avait cessé de remplir cette destination. Quant à l'action qui serait donnée aux intéressés, elle ne se conçoit pas en l'espèce ; le législateur a eu le tort d'appliquer, dans les termes, aux acquisitions à titre onéreux, une prescription qui ne touche que les libéralités, comme il sera expliqué plus loin.

Telle est la limitation apportée par la loi de 1884 au pouvoir d'acquisitions immobilières des syndicats. Hors ces restrictions, ils ont liberté pour tout le reste ; ils peuvent échanger leurs immeubles, les vendre, les hypothéquer, les donner à bail, sans aucune autorisation administrative, mais en se conformant soit à leurs statuts, soit aux principes du droit.

B. — Meubles.

Il y a peu à dire sur ce point. Le syndicat peut acheter les valeurs qu'il veut, employer ses fonds mobiliers comme il l'entend ou même ne pas les employer, afin de se constituer une réserve toujours disponible, prêter des fonds, faire partie d'une société commerciale, à la condition toutefois que la qualité de membre n'implique pas celle de commerçant (1), posséder une marque de fabrique, acquérir un brevet d'invention.

____

(1) De là il suit que le syndicat ne pourrait être membre d'une société en nom collectif, ni commandité dans une société en com-

Mais il est bien certain que les actes de commerce lui sont interdits, et cela sous la sanction des peines et de la dissolution judiciaire dont l'article 9 menace les directeurs et les syndicats qui sortent de l'objet propre de leurs attributions. Ce n'est pas qu'en fait les syndicats s'arrêtent toujours devant cette sanction : beaucoup d'entre eux se livrent à des actes de commerce. C'est ainsi que les syndicats agricoles revendent souvent à leurs membres, avec bénéfices, les engrais et produits chimiques achétés en gros et pour le compte du syndicat. Cette pratique irrégulière, qui répond à un besoin, indique qu'il y aurait peut-être lieu d'élargir la loi sur ce point. Peut-être conviendrait-il de donner aux syndicats le droit de faire les achats en gros pour revendre aux syndiqués. Dans l'esprit actuel de la loi, ils ne peuvent qu'être mandataires de leurs membres et acheter au nom des syndiqués, qui sont seuls tenus, seuls bénéficiaires de l'opération.

§ II. — *Acquisitions et aliénations à titre gratuit.*

L'article 6 de la loi de 1884 ne tranche pas la question de savoir si d'une manière générale les syndicats peuvent être donataires ou légataires.

---

mandite. Mais il pourrait être commanditaire dans cette société, fonder une société anonyme ou en faire partie, car le commanditaire, l'associé dans une société anonyme ne sont pas commerçants. (Cf. Lyon-Caen et Renault, *Précis de droit commercial,* tome 1, n° 353.)

Dans ce silence de la loi une opinion s'est fortement dessinée pour la négative ; elle s'appuie surtout
sur les travaux préparatoires, sur les paroles prononcées par le rapporteur de la première Commission de la Chambre (1), d'où il semblait résulter que
le législateur a toujours considéré les syndicats professionnels comme incapables d'acquérir par dons
ou par legs, et n'est jamais revenu sur cette intention. On ajoute, ce qui est fort contesté en principe,
que les personnes morales, êtres d'exception et de
fiction, n'ont pas les droits qui ne leur sont pas expressément conférés. Or, aucun texte de la loi de
1884 ne donne, dit-on, aux syndicats professionnels
la faculté d'acquérir à titre gratuit. C'est qu'ils en
sont privés. Nous n'hésitons pas, malgré ces considérations, à nous ranger à l'opinion contraire ; les
syndicats professionnels peuvent être donataires ou
légataires. Les travaux préparatoires que l'on invoque sont plutôt favorables à la doctrine de l'affirmative, lorsqu'on veut bien les suivre jusqu'au bout.
Si le premier rapporteur concluait dans le premier
sens, si le projet primitif du Gouvernement adop-
tait la négative, il n'est pas moins certain que le
second rapporteur parlait dans un sens contraire et
que la seconde Commission supprimait l'article pro-
hibitif du projet. Et pourquoi? « Parce qu'il est à
présumer (dit le rapporteur) que dans la pratique

(1) *Journ.off.*, 1881, Déb. parl., p. 973 et s.

les syndicats recevront de nombreux dons de livres, d'outils ou d'instruments ; et il serait injuste de les obliger à dépenser pour l'acquisition de ces objets des fonds qui peuvent utilement grossir les ressources des caisses de retraite ou de secours mutuels. » C'était se prononcer nettement en faveur de la capacité des syndicats d'acquérir à titre gratuit.

A supposer d'ailleurs que, dans le silence même des textes, les intentions formelles du législateur ne ressortissent pas des travaux préparatoires (point qui nous est cependant acquis) (1), il resterait en faveur de l'affirmative une raison de droit et de principe, assez puissante, selon nous, pour la rendre indiscutable.

D'après la majorité des auteurs, la personne morale est capable, dans la sphère des droits patrimoniaux, comme les particuliers ; dans ces limites, elle est faite à l'image de la personne physique et elle peut acquérir par tous les modes qui ne lui sont pas défendus. On fonde ce principe sur la généralité de l'art. 902, ainsi conçu : « Toutes personnes peuvent disposer et recevoir, soit par donation entre vifs, soit par testament, excepté celles que la loi en déclare incapables. » On voit bien que cet article ne distingue pas entre les différentes personnes. L'article 902 est corroboré par une autre disposition,

***

(1) V. la déclaration de M. Lagrange, rapporteur à la Chambre des députés, *loc. cit.*

celle de l'article 910. Ce texte implique pour certaines personnes morales le droit d'acquérir à titre gratuit, sous certaines formalités qu'il serait superflu de développer ici — c'est par application de ce système que la jurisprudence admet les sociétés commerciales à recevoir des dons ou des legs, doctrine éminement rationnelle, car, si la société commerciale a un patrimoine qui s'accroît normalement par les opérations commerciales, cependant il est absolument conforme à son but — la réalisation et le partage ultérieur des bénéfices, — de recevoir les donations et les legs ; ces libéralités viennent lui donner l'impulsion et la vie, ce sont des bénéfices par excellence.

Si le société commerciale est capable d'acquérir par dons et par legs, pourquoi refuserait-on la même capacité aux syndicats professionnels reconnus par la loi personnes morales, constitués en vue d'un but spécial et selon une destination à laquelle la libéralité vient précisément concourir ?

Tels sont les motifs qui nous déterminent à admettre que les syndicats professionnels peuvent acquérir des dons ou des legs. J'ajoute que, par conséquence de la même libérale interprétation, l'article 910, qui soumet les libéralités faites au profit de certaines personnes morales à la nécessité d'une autorisation administrative, n'a point son application en la matière, cela en vertu de l'idée, d'ailleurs contestée, que l'article 910 est limitatif, et ne s'applique qu'aux établissements d'utilité publique ; c'est en ce sens que s'est prononcée la jurisprudence (1). En adoptant cette opinion, nous ne faisons que persévérer dans un système qui est bien certainement celui du législateur : donner à une loi libérale l'interprétation la plus large possible.

Mais il va de soi que le principe de capacité posé, une grande restriction s'impose en ce qui concerne le pouvoir d'acquérir des immeubles à titre gratuit. L'article 6, absolument général, s'oppose à ce que la société acquière des immeubles en dehors de ceux qui sont nécessaires à son fonctionnement ; cette prohibition s'applique aux libéralités comme aux acquisitions à titre onéreux.

La question très intéressante qui s'élève est celle de la sanction. Ici, la loi prononce une véritable nullité. « Dans le cas de libéralité, les biens feront retour aux disposants ou à leurs héritiers ou ayants cause. » Et par *biens* le législateur entend les *immeubles* donnés, qui ne sont pas nécessaires au fonctionnement du syndicat, ainsi que cela résulte du rapprochement de cette seconde partie de l'article 6 avec son début.

La nullité est éminemment d'ordre public, d'où il suit qu'elle peut être demandée par tous les intéres-

(1) Jugement Trib. Seine, 1881 ; Dalloz, 1881, 3, 31.

sés et par le ministère public (art. 6) ; l'action n'est pas prescriptible, la libéralité viciée de nullité ne peut être valablement confirmée.

Ainsi, tandis que le syndicat qui a acquis un immeuble à titre onéreux, en violation de l'article 6, a fait un acte valable et définitif, sauf à revendre l'immeuble ultérieurement, l'acquisition à titre gratuit est au contraire radicalement nulle, et les immeubles indûment acquis feront retour au disposant.

SECTION II. — REPRÉSENTATION EN JUSTICE DU SYNDICAT PROFESIONNEL.

Le syndicat peut ester en justice ; il emprunte alors la personnalité d'un de ses membres qui le représente. Avant la loi de 1884, les individus seuls pouvaient plaider en leur propre nom, pour leur compte, et non dans l'intérêt de l'association.

Normalement, et en l'absence de disposition expresse des statuts prévoyant le cas, le syndicat est valablement représenté par son président. Ainsi l'a décidé le Cour de Paris dans un arrêt du 20 janvier 1886, où elle pose en principe que le syndicat a pu ester en justice par l'intermédiaire du président en exercice, alors même que la déclaration prescrite par l'article 4, du changement de président, n'a pas été faite à la préfecture de la Seine.

Mais les statuts pourraient désigner un membre chargé d'agir ou de défendre, et les tiers ne pourraient engager l'action contre un membre autre que celui désigné aux statuts ; ainsi l'action dirigé contre le président, si un autre membre a été désigné pour ester en justice, tomberait devant une fin de non-recevoir fondée sur l'incapacité du président à représenter le syndicat.

SECTION III. — DES DROITS EXCEPTIONNELS ACCORDÉS A LA PERSONNE MORALE DU SYNDICAT PROFESSIONNEL.

L'art. 6 énumère plusieurs œuvres utiles que peuvent fonder les syndicats professionnels : « Les syndicats professionnels pourront sans autorisation, mais en se conformant aux autres dispositions de la loi, constituer entre leurs membres des caisses spéciales de secours mutuels et de retraite.

Ils pourront librement créer et administrer des offices de renseignements pour les offres et demandes de travail.

Ils pourront être consultés sur tous les différends et les questions se rattachant à leur spécialité. »

Cette énumération n'est pas limitative. En outre de certaines prérogatives qui sont accordées aux syndicats, à l'occasion des trois institutions de l'article 6, et dont l'analyse viendra plus loin, les syndicats ont tous les droits qui résultent du jeu du droit commun. Comme le disait un second paragraphe ajouté par la Commission de la Chambre à l'article 3 du projet : « Les syndicats pourront s'occuper, notamment dans l'intérêt de leurs professions et métiers, de la création de caisses d'assurance contre le chômage, la maladie ou la vieillesse, de l'établissement d'ateliers de refuge, de magasins pour la vente et la réparation d'outils, de l'organisation de sociétés coopératives, de l'organisation et des progrès de l'enseignement professionnel, et d'autres questions de même nature. » Ce paragraphe ne trouva pas place dans la rédaction définitive ; s'il avait été maintenu, il aurait pu présenter certains dangers : était-il ou non limitatif ? Si oui, la disposition de l'article aurait été trop étroite, et le but du législateur, qui est de favoriser l'extension des syndicats par la fondation d'œuvres utiles, eût été manqué. Dans la crainte que cette interprétation limitative fût donnée, et pour supprimer les difficultés d'appréciations qu'elle aurait pu soulever, on a fait disparaître l'article 3 du projet. Mais il résulte à l'évidence (et c'est une conséquence même de l'esprit de la loi) que les syndicats ont tous les droits qui découlent des principes ; pourvu qu'ils restent sous l'empire des règles communes, ils ont comme les personnes naturelles l'exercice des droits patrimoniaux. Et notamment ils pourront constituer des sociétés de consommation, de production, de commerce) qui seront régies selon le droit commun, et, greffées sur le syndicat, auront cependant une vie propre, régie par les lois générales qui président au fonctionnement du contrat de société. Aussi l'intérêt spécial de notre étude n'est pas là. Ce qui fait l'objet propre de cette section ce sont précisément les dérogations au droit commun que l'art. 6 de la loi de 1884 fait au profit des syndicats en trois hypothèses remarquables : à savoir lorsqu'il s'agit 1° de la création de caisses de secours mutuels, 2° de la création d'offices de renseignements, 3° du droit de consultation. Analysons à ces divers points de vue la loi de 1884.

§ I. — *Création de Caisses de secours mutuels.*

« Les syndicats, dit le § 4, pourront, sans autorisation, mais en se conformant aux autres dispositions de la loi, constituer entre leurs membres des caisses spéciales de secours mutuels et de retraites. »

Et d'abord il y a lieu d'éliminer, comme échappant à l'ordre d'idées où nous entrons, le cas où un syndicat subventionne une caisse de secours mutuels constituée en dehors de lui, ayant sa personnalité propre et indépendante, moyennant l'obligation contractée par cette société d'assurer le service de la pension des membres du syndicat. Il y a là une simple application du droit commun. Le cas prévu par la loi est celui où le syndicat crée lui même une caisse de secours mutuels et où en outre cette caisse a une affectation toute spéciale, et n'admet que les syndiqués parmi ses membres.

En cette hypothèse il est dispensé de la nécessité d'une autorisation. On conçoit cette faveur : la fondation de la caisse de secours n'est dans ce cas qu'un acte d'une portée très limitée et rentrant dans l'objet même poursuivi par le syndicat.

Mais la disposition qui concède cette prérogative aux syndicats a soin d'ajouter qu'ils doivent se conformer aux autres formalités.

Quelles sont ces formalités? La réponse dépend d'une question qui n'est pas expressement tranchée dans la loi, celle de la condition même des sociétés de secours mutuels ainsi fondées.

Sont-ce des sociétés reconnues, c'est à dire ayant une personnalité analogue à celle des établissements d'utilité publique, telles que les crée la loi du 15 juillet 1850? Rentrent-elles seulement dans la classe des sociétés de secours mutuels dites approuvées qui ont une situation moindre, une personnalité restreinte, soumise à certaines prescriptions réglementaires, que les premières ne connaissent pas? Doit-on enfin les laisser dans une troisième catégorie qui est formée par les sociétés de secours mutuels dites libres, c'est-à-dire n'ayant que le droit d'exister, mais ne jouissant pas de la personnalité qu'elles ne peuvent obtenir qu'en remplissant les formalités exigées tant pour l'approbation que pour la reconnaissauce d'utilité publique ?

Il est tout d'abord certain que la caisse de secours mutuels dont il s'agit ne rentre pas dans le premier type, qu'elle n'est pas assimilable aux sociétés reconnues. En effet, la reconnaissance d'utilité publique emporte une personnalité très étendue ; notamment le droit d'acquérir des immeubles, sans limite, sauf l'autorisation administrative. Or, c'est un droit, nous l'avons vu, que n'a pas le syndicat. On ne peut admettre que la société qui procède du syndicat ait plus de droits et soit investie d'une plus vaste personnalité que lui même.

Restent deux opinions en présence. La première veut que les sociétés de secours mutuels créées par le syndicat soient tenues pour sociétés libres. Par suite elle les soumet à la nécessité de se faire reconnaître ou tout au moins approuver pour qu'elles acquièrent une personnalité. C'est en ce sens, il faut le reconnaître, que se prononce la circulaire ministérielle.

Mais nous avons quelque peine à admettre que, dans son intention, le législateur ne se soit point référé au type usuel des sociétés de secours, au régime des sociétés approuvées, organisées par le décret du 26 mars 1852. Ces sociétés forment en quelque sorte la règle ; leur régime est comme le droit commun des caisses de secours mutuels. En l'absence d'un texte déterminant la condition des sociétés qui nous

occupent, c'est à ce régime que l'on doit les ratta-
cher. Et cette solution se présente comme éminemment rationnelle. Les sociétés de secours mutuels
fondées par les syndicats auront ainsi, à leur image,
le droit d'ester en justice, d'employer le montant des
cotisations, d'acquérir les immeubles dans certaines
conditions. Les tenir pour de simples sociétés libres
serait rendre presque dérisoire la décision de la loi,
et la réduire à n'être que la pure suppression d'une
formalité.

Sous cette réserve, rappelons qu'en pratique pré-
vaut la solution contraire, et que la caisse de secours
mutuels ne sera société approuvée ou reconnue,
n'aura une personnalité qu'à la condition de remplir
les formalités nécessaires à l'approbation ou à la reconnaissance.

§ II. — *Création d'offices de renseignements.*

La loi prévoit encore la création et l'administration par les syndicats d'offices de renseignements
pour les offres et les demandes de travail (art. 6,
§ 5).

Cette pratique existait déjà avant la promulgation
de la loi, des offices de ce genre étaient depuis
longtemps organisés par les chambres syndicales.
Nul doute qu'ils prennent un développement plus
considérable; la chose est très désirable, car les

offices privés, étrangers aux associations, ne sont créés la plupart que pour l'exploitation des travailleurs, obligés de passer par leurs exigences. Mieux valent à tous les points de vue des institutions relevant directement des syndicats professionnels, et administrées par les intéressés eux-mêmes.

Les bureaux de placement ne peuvent d'ordinaire être établis qu'avec une autorisation spéciale. Les syndicats professionnels qui fondent des offices de renseignements sont, cela va sans dire, dispensés de cette autorisation.

§ III. — *Droit de consultation et avis.*

Les syndicats pourront encore avoir un rôle très utile, celui de conseillers, soit pour les adhérents eux-mêmes, soit pour les tribunaux, soit même pour le législateur. En ce qui touche les membres du syndicat, il est évident qu'ils trouveront dans leur propre association des conseils et des renseignements désintéressés qu'ils ne pourraient trouver nulle part ailleurs. On peut citer l'exemple de l'Union nationale de la rue de Lancry, qui offre à ses adhérents de précieux et utiles conseils et renseignements sur toutes les questions qui les intéressent.

Souvent aussi le législateur aura intérêt à consulter les hommes de la partie avant la rédaction d'une loi ou d'un règlement, et l'on voit ici l'avantage de l'association : un particulier isolé ferait difficilement entendre sa voix, et l'on ne songerait pas d'ailleurs à lui demander son avis ; au contraire, tout un corps d'état sera écouté, on prendra ses conseils en considération. La réclamation collective pourra avoir d'importants résultats, en matière d'impôts et de douanes notamment.

Mais le syndicat peut non seulement fournir des conseils et des renseignements, il joue aussi un rôle au contentieux, il peut donner de véritables consultations dans les différends se rattachant à sa spécialité. Et c'est là le point de vue très original de la loi de 1884 (art. 6). En fait, même avant la loi, les syndicats ont rendu de grands services aux tribunaux de commerce et aux conseils de prud'hommes en leur fournissant des arbitres et des experts très compétents. Les tribunaux s'adressaient volontiers aux chambres syndicales dans ce but, quoiqu'elles n'eussent pas encore de situation légale. Elles ont ainsi concilié de nombreuses affaires, et si les procès n'ont pas toujours été évités, ils ont tout au moins été mieux jugés, grâce à l'intervention des délégués des syndicats.

L'article 6 consacre officiellement cette importante mission des syndicats. Remarquons toutefois qu'il ne s'agit, dans l'esprit de la loi et de ses rédacteurs, ni d'un *arbitrage,* ni d'une *expertise*, mais d'un simple avis, d'une consultation. Le tribunal peut, même après avis du syndicat, nommer un arbitre ou un expert, en vertu de l'article 429 du Code de procédure civile : « S'il y a lieu de renvoyer les parties devant des arbitres pour examen de comptes, pièces et registres, il sera nommé un ou trois arbitres pour entendre les parties et les concilier si faire se peut ; sinon, donner leur avis. — S'il y a lieu à visite ou estimation d'ouvrages ou de marchandises, il sera nommé un ou trois experts. — Les arbitres et les experts seront nommés d'office par le tribunal, à moins que les parties n'en conviennent à l'audience. »

Les principes sont donc saufs.

Il a été entendu, lors du vote de la loi, que cet avis du syndicat n'aurait aucunement le caractère soit d'une décision arbitrale, soit d'une décision judiciaire ; le dernier paragraphe de l'article 6 exige simplement que, dans les affaires contentieuses, les avis du syndicat soient tenus à la disposition des parties qui pourront en prendre communication et copie. Un premier amendement contenant : « que les *rapports* ou avis du syndicat seraient tenus à la disposition des parties » a été rejeté par le Sénat, parce que le mot « rapport » désigne l'œuvre d'un expert ou d'un arbitre (1).

Le langage du rapporteur de la loi au Sénat est

____

(1) Séance du 1er août 1882 (*Journ. off.*, 1882, Déb. parl., p. 969).

conforme à cette interprétation : « S'il se présente une question se rattachant à une industrie particulière, pour laquelle un magistrat n'ait pas les connaissances spéciales nécessaires, il demande des renseignements à un syndicat qui les lui donne. Il faut remarquer qu'il ne s'agit ici ni d'un rapport, ni d'une sentence sortis de la plume d'un expert ou d'un arbitre....... Il s'agit tout simplement de donner aux parties et aux tribunaux la faculté de demander des renseignements sur les points spéciaux qu'ils peuvent ne pas connaître (1). »

Il est donc bien entendu que le juge reste libre, même après avoir pris l'avis d'un syndicat ; c'est à lui d'apprécier, avant de rendre son jugement, s'il croit suffisants les renseignements fournis. Il pourra toujours en demander d'autres en dehors du syndicat déjà consulté (2).

---

(1) Séance du 11 juillet 1882 (*Journ. off.*, Sénat, Déb. parl., p. 782 et s.).

(2) V. encore, à l'appui de la même idée, la lettre du Ministre de la justice du 7 juillet 1885. (*Écho des Chambres syndicales*, 1885, p. 207.)

CHAPITRE DEUXIÈME

RAPPORTS DU SYNDICAT AVEC SES MEMBRES

SOMMAIRE :

Ces rapports sont fixés librement par les statuts. — Mais la clause ayant pour but d'empêcher les membres de se retirer du syndicat est illicite. — Droits réciproques du syndicat et du membre qui se retire.

Le principe, en cette matière, est celui de la liberté même des conventions ; c'est dans les statuts du syndicat que l'on doit chercher la réglementation des rapports du syndicat et de chacun de ceux qui le composent.

Les statuts ayant la faculté de déterminer les conditions exigées pour faire partie du syndicat peuvent fixer comme ils l'entendront le montant des cotisations et décider que tels ou tels faits entraîneront l'exclusion du syndicat. C'est ainsi que nous pouvons relever, à titre d'exemple curieux, la disposition des statuts du syndicat des inventeurs décidant que, au cas de contestation entre deux inventeurs faisant partie de l'association, le différend doit être porté immédiatement, par les intéressés, devant le président. Sanction : « Toute infraction à cette règle entraînera purement et simplement l'exclusion du syndicat. »

Mais si, en principe, les rapports des syndicats avec leurs membres sont réglés par les statuts, il est cependant, dans l'intérêt de la liberté individuelle, certaines clauses qui ne peuvent être insérées.

C'est ce qui résulte de l'article 7 (1).

Le membre du syndicat a toujours le droit de se retirer de l'association ; ce droit lui est formellement reconnu par la loi qui n'admet pas de clause contraire à ce principe (2). Les adhérents n'ont donc pas à craindre l'éventualité d'une grève qui leur serait imposée, puisque le législateur a pris soin de rendre leur retraite possible à tout instant. L'insertion dans les statuts d'une condition opposée à l'esprit de la loi, telle que la prononciation d'une amende contre le sociétaire qui se retire du syndicat, n'aurait aucune espèce de valeur ; les tribunaux devraient refuser d'en reconnaître la validité.

Mais quels sont, au point de vue pécuniaire, les

(1) « Tout membre d'un syndicat professionnel peut se retirer à tout instant de l'association, nonobstant toute clause contraire, mais sans préjudice du droit pour le syndicat de réclamer la cotisation de l'année courante.

Toute personne qui se retire d'un syndicat conserve le droit d'être membre des sociétés de secours mutuels et de pensions de retraites pour la vieillesse, à l'actif desquelles elle a contribué par des cotisations ou versements de fonds. » (Art. 7.)

(2) M. Trarieux fit voter par la Chambre l'addition des mots « nonobstant toute clause contraire » dans la séance du 9 juin 1881 (*Journ. off.*, 1881, Chambre, Déb. parl., p. 1168).

droits réciproques du syndicat et du membre qui se retire?

1° *Droits du syndicat.* — Celui-ci ne conserve, vis-à-vis du retraité, qu'un droit, bien légitime, celui de réclamer la cotisation de l'année courante. Remarquons que les syndicats français ont une action contre leurs membres pour obtenir le paiement des cotisations : l'article 7 le dit expressément. Il y a là, comme on le verra plus loin, une différence essentielle avec les *trades unions* anglaises qui, elles, n'ont d'action en justice ni pour le recouvrement des cotisations et amendes, ni pour l'exécution des décisions prises par la majorité.

2° *Droits du membre qui se retire.* — Le membre qui se retire de l'association ne peut rien retenir sur l'actif social, en dehors de sa part dans les fonds de sociétés de prévoyance, à moins que les statuts n'aient prévu spécialement ce cas : le législateur a voulu, en effet, laisser aux statuts qui font la loi des associés le soin de régler les hypothèses de ce genre.

Mais le sociétaire démissionnaire a la faculté de continuer à faire partie des sociétés de secours mutuels et de retraites, fondées par le syndicat. Ce droit est concédé par le paragraphe additionnel de l'art. 7, et ce n'est que justice, puisque tous les membres, même démissionnaires, ont contribué par leurs versements périodiques à constituer le capital des sociétés en question.

Malgré cette mesure de sagesse, la loi n'est pas suffisamment explicite, car elle ne prévoit pas toutes les atteintes qui pourraient être portées à la liberté du travail. Le législateur aurait dû chercher à assurer, par des moyens plus efficaces, d'un côté la liberté des dissidents, de l'autre la libre sortie des membres qui veulent quitter l'association. Il aurait pu, par exemple, édicter des peines contre les syndicats qui contreviendraient aux dispositions libérales de l'art. 7.

Il se serait inspiré ainsi de la législation anglaise de 1871 qui prévoit minutieusement les atteintes à la liberté individuelle soit des membres des Unions de métiers, soit des travailleurs qui préfèrent se tenir en dehors d'elles.

CHAPITRE TROISIÈME

RAPPORTS DES SYNDICATS ENTRE EUX (UNIONS)

SOMMAIRE :

Justification du principe de l'Union. — Formalités prescrites pour former une Union. — Situation juridique de l'Union.

Les Unions de syndicats sont autorisées par l'art. 5 (1).

Cet article consacre un état de choses déjà existant. On a vu en effet dans l'historique des associations syndicales contemporaines que, dès 1859, s'étaient fondés l'Union nationale du commerce et de l'industrie, — dont le siège est rue de Lancry, —le groupe de la Sainte-Chapelle et la Chambre syndicale d'exportation, toutes associations qui réunissent plusieurs professions dans le même local en laissant cependant à chaque association son autonomie particulière. L'exemple de Paris avait été suivi par la

(1) « Les syndicats professionnels régulièrement constitués d'après les prescriptions de la présente loi pourront librement se concerter pour l'étude et la défense de leurs intérêts économiques, industriels, commerciaux et agricoles.

Ces Unions devront faire connaître, conformément au deuxième paragraphe de l'article 4, les noms des syndicats qui les composent.

Elles ne pourront posséder aucun immeuble ni ester en justice. » (Art. 5.)

province ; aussi le législateur comprit la nécessité de rendre légales ces Unions, et, sur le rapport de la Commission, la Chambre vota tout d'abord un article ainsi conçu :

« Des Unions entre les syndicats professionnels régulièrement constitués pourront se former en vue de la protection de communs intérêts, industriels et commerciaux (1). »

Les Unions de syndicats sont donc autorisées, à la condition que les syndicats qui voudront en faire partie soient régulièrement constitués, conformément aux prescriptions de la présente loi.

Cependant, on a vivement combattu la disposition de l'article 5, lors des travaux préparatoires, pour la raison principale suivante.

On a dit : admettez qu'il se forme une fédération générale ouvrière qui ait des ramifications sur toute l'étendue du territoire ; dans toutes les villes, dans tous les centres un peu importants, elle aura des commissions exécutives. Ces commissions seront en correspondance les unes avec les autres ; et, rattachées à un comité supérieur qui leur donnera l'unité de direction, elles arriveront à constituer une force puissante dans l'État.

Supposez, a-t-on dit encore, que le comité direc-

(1) Voir, dans le Rapport de M. Marcel Barthe au Sénat (séance du 24 juin 1882), titre VIII, d'intéressants détails sur les Unions de syndicats existant en fait avant la loi de 1884.

teur veuille déclarer la guerre, à un moment donné ;
il pourra mettre sur pied une véritable armée prête
à lui venir en aide. Et, dans des circonstances semblables, les idées de pacification qui pourraient être
émises auront peu de chance de succès, car les partisans des moyens de violence auront toujours le
dessus, avec les procédés d'intimidation si efficaces
qu'ils emploieront à l'égard de collègues trop faibles
ou trop timorés pour résister.

Enfin, ajoute-t-on, la fédération qui est à redouter aura des ressources énormes ; sa caisse, alimentée par les cotisations de tous les groupes réunis,
pourra s'enrichir indéfiniment, si l'on songe qu'il y
a en France trois millions d'ouvriers industriels et
six millions d'ouvriers agricoles; on conçoit donc
que le péril social s'accroîtra en raison de cette richesse même d'une association puissante.

Mais le législateur n'a pas été arrêté par ces objections. Il savait que cette fédération dont on voulait
lui faire un épouvantail était irréalisable en fait;
pour qu'elle pût se constituer en effet avec les caractères de désordre qu'on lui présuppose, il faudrait admettre que tous les travailleurs ne sont
guidés que par les théories subversives d'une certaine école politique, et qu'ils n'ont en vue que la
désorganisation sociale.

La masse est meilleure que cela, nous le savons;
elle est parfaitement capable de résister aux in-

fluences mauvaises qui la mèneraient simplement à sa perte, et les idées d'individualisme sont encore assez profondément enracinées chez les Français pour que nous n'ayons pas à craindre les résultats funestes que certains économistes veulent prédire.

Les auteurs de la loi de 1884 ont eu d'autant mieux raison d'admettre sans arrière-pensée la constitution des Unions de syndicats que le pouvoir a, contre l'Union, l'arme de la dissolution, quand elle sortira de son objet pour s'occuper de propagande politique ou religieuse. Il n'y aura qu'à faire application de l'article 9 de notre loi.

En outre, l'Union, comme nous le verrons, n'ayant pas la personnalité civile, n'aura que peu de ressources pécuniaires, et manquera par suite de moyens pratiques pour troubler l'ordre social, si cette pensée pouvait lui venir.

Nous avons montré que l'Union n'est pas dangereuse ; reconnaissons maintenant qu'elle a de grandes utilités.

En effet, à tous les points de vue, l'Union est même préférable au syndicat particulier, quand même ce syndicat serait assez nombreux et assez puissant pour jouir de quelque autorité. Pourquoi ?

C'est que les réclamations d'un syndicat isolé auront toujours un caractère spécial; les réformes qu'il souhaitera seront ordinairement en faveur d'une seule industrie, la sienne ; en un mot, il ne s'élèvera pas au-dessus de ses intérêts professionnels, dussent-ils être contraires au bien public. L'Union, elle, groupant un nombre infini de patrons ou d'ouvriers (1), peut prétendre véritablement qu'elle représente le commerce et l'industrie tout entiers ; ses revendications n'auront pas un caractère particulier, elles auront bien un caractère d'utilité générale. En outre, la réunion des syndicats composant l'Union peut, mieux qu'un syndicat isolé, atteindre les buts utilitaires que la loi a voulu favoriser par son article 6 : les bureaux de renseignements commerciaux et contentieux, les cours professionnels, les bibliothèques, etc., peuvent être et sont effectivement plus sérieusement organisés par le groupe syndical qu'ils ne le seraient par un syndicat particulier.

Voilà pour la justification générale de la disposition de l'article 5.

Reste à analyser cette disposition sous deux points de vue :

1° Quelles sont les formalités qui président à la formation des Uuions ;

2° Quelle est leur situation juridique.

A. — *Formalités exigées pour la formation d'Unions de syndicats.*

La première formalité consiste en une publicité imposée par le deuxième paragraphe de l'article 4.

____

(1) L'Union nationale de la rue de Lancry réunit quinze mille patrons.

Cette publicité est, comme on l'a très bien dit, une sorte de déclaration de naissance qui empêchera toute constitution clandestine.

Les termes de l'article 5 se référant pour la publicité à la disposition de l'article précédent sont d'ailleurs insuffisants. L'Union est astreinte à toutes les formalités prescrites pour les syndicats eux-mêmes ; le paragraphe en question ne le dit pas en toutes lettres, il est vrai, puisqu'il s'exprime simplement ainsi : « Ces Unions devront faire connaître, conformément au deuxième paragraphe de l'article 4, les noms des syndicats qui les composent ; » mais cette opinion est confirmée par la circulaire du Ministre de l'intérieur déclarant que les Unions devraient remplir toutes les formalités imposées aux syndicats, c'est-à-dire déposer leurs statuts si elles en possèdent, et faire connaître le lieu où siègent les syndicats unis.

C'était logique, du moment qu'on astreignait à la publicité les syndicats, qui sont des forces moins redoutables que les Unions elles-mêmes.

De là sortent notamment les conséquences pratiques suivantes :

1° L'Union doit indiquer non seulement sa constitution, mais son siège social, — indication qui sera nécessaire pour savoir si la déclaration a eu lieu à la mairie compétente ;

2° Les administrateurs et directeurs de l'Union

doivent être Français, car si cette condition est exigée pour les syndicats, qui sont des groupes moins considérables et moins dangereux pour la sécurité de l'État, à plus forte raison doit-elle l'être pour les Unions.

B. — *Situation juridique de l'Union.*

L'idée dominante est que l'Union n'a pas la personnalité civile.

Le paragraphe 3 de l'article 5 lui refuse absolument cette faveur : l'Union ne peut ni ester en justice, ni posséder d'immeubles.

Cette disposition cependant n'est pas si étroite qu'elle le semble : l'exemple du fonctionnement remarquable de l'Union nationale de la rue de Lancry prouve surabondamment que les Unions peuvent se passer de la personnalité civile pour vivre, — et pour vivre dans de bonnes conditions.

Ce refus de la personnalité a été admis pour rassurer les adversaires du principe même de l'Union qui craignaient, nous l'avons vu plus haut, qu'une sorte de fédération suprême, un syndicat des syndicats, une collectivité menaçante pût avoir une caisse, des ressources propres, un moyen d'action par l'argent, si puissant auxiliaire des doctrines.

En supprimant la personnalité civile, que les travailleurs eux-mêmes ne tenaient pas pour indispensable, on faisait disparaître le danger.

De ce principe que les Unions ne sont pas personnes civiles, il résulte que, juridiquement, elles forment de simples associations qui ne peuvent ni personnellement agir ou défendre en justice, ni acquérir en leur nom. Il faut, pour accomplir ces divers actes, le concours de tous les membres de l'Union, c'est-à-dire des syndicats agissant, défendant, acquérant en leur nom propre.

CHAPITRE IV

DISSOLUTION DES SYNDICATS PROFESSIONNELS

SOMMAIRE :

Cas de dissolution des syndicats. — La dissolution est volontaire
ou forcée. — Liquidation de l'actif du syndicat dissous.

En ce qui concerne la dissolution du syndicat,
nous devons nous placer à un double point de vue :

1° Dans quels cas y a-t-il lieu à dissolution?

2° Comment se liquide l'actif social?

PREMIER POINT : — *Cas de dissolution.*

La dissolution se présente sous deux aspects ; elle
sera volontaire ou forcée.

A. — Sur la dissolution volontaire, nous ne trouvons aucune disposition spéciale dans la loi. D'où la
question de savoir si la dissolution peut résulter de
la décision de la majorité des membres du syndicat,
ou s'il faut que cette décision soit prise à l'unani-
mité.

C'est à cette dernière solution que nous nous ral-
lions .. pour que l'association cesse d'exister, il est
nécessaire que tous les associés en soient sortis,
— ainsi que l'article 7 leur en reconnaît le droit.

Telle est l'opinion qui, en l'absence même de textes, nous semble le plus conforme aux principes généraux.

Une opinion contraire s'est cependant formée qui consiste à reconnaître à la majorité des membres le droit de prononcer la dissolution de l'association. On raisonne par analogie de ce que la loi décide pour les sociétés commerciales, mais nous combattons ce raisonnement en répétant ce que nous avons établi précédemment : la société commerciale diffère du syndicat professionnel à tant de points de vue essentiels qu'il est téméraire d'étendre aux associations professionnelles les dispositions du droit commercial qui est déjà lui-même dérogatoire au droit commun.

Concluons donc que la dissolution volontaire du syndicat ne peut résulter que de la résolution unanime des membres.

B. — Quand la dissolution est forcée, elle a le caractère d'une peine accessoire. Cette peine, prévue formellement par notre texte (art. 9), peut en effet être prononcée par les tribunaux accessoirement à la peine principale de l'amende en cas d'infractions commises par le syndicat aux articles 2, 3, 4, 5 et 6 de la loi de 1884, autrement dit, lorsque celui-ci a enfreint les dispositions légales relatives à la composition des associations professionnelles, à leur objet, aux formalités nécessaires à leur création, aux conditions de constitution des Unions, enfin aux restrictions que l'article 6 apporte à la personnalité du syndicat.

Supposons que le syndicat admette dans son sein des membres sans intérêt professionnel, — qu'il néglige de déposer ses statuts, — que ses administrateurs ou directeurs ne soient pas Français, — qu'il acquière des immeubles inutiles à son fonctionnement normal, — qu'il s'occupe de questions religieuses ou politiques..., dans toutes ces hypothèses le tribunal pourra, à la diligence du Procureur de la République, prononcer la dissolution de l'association (art. 9, § 2).

Mais cette peine n'est que facultative, et les tribunaux peuvent, dans ces diverses circonstances, se contenter de prononcer l'amende qui, elle, au contraire, est obligatoire, les faits étant constants (art. 9, § 1er).

Deuxième point : — *Liquidation de l'actif, après la dissolution du syndicat.*

Sur la solution de cette question, le législateur n'a pas pris soin de s'expliquer.

Il n'y a d'ailleurs que deux solutions possibles : ou les biens devront être considérés comme vacants et sans maître, et par suite faire retour à l'État; ou l'actif à partager sera réparti entre les différents membres du syndicat.

C'est cette seconde solution que nous adoptons ; elle nous paraît s'imposer par des considérations d'équité, par l'intention du législateur qui doit, à son honneur, être présumée telle, plus encore que par l'argument d'analogie déduit de notre droit commercial.

CONCLUSION

Une loi était devenue nécessaire pour assurer l'indépendance d'associations de fait qui n'avaient rien que de précaire, et dont la situation instable ne pouvait se prolonger. Mais, chose singulière, cette loi ne fut pas unanimement bien reçue.

Cependant les patrons et les ouvriers ne peuvent pas se plaindre sérieusement de celle qui est venue les régir, puisque, très large et très libérale, comme nous l'avons répété souvent, elle ne les soumet, pour ainsi dire, à aucune restriction ni à aucune entrave, et qu'elle n'a été votée que dans la considération de légaliser et d'améliorer leur état dans la société. Tout au plus peut-on dire qu'une gêne insignifiante résulte de la condition de dépôt et de publicité prescrite par les articles 4 et 5 de la loi du 21 mars.

Aussi les sociétés anarchistes, collectivistes, communistes, qu'il faut se garder de confondre avec les syndicats ouvriers, prétendent-elles que la loi nouvelle a, par l'obligation du dépôt des statuts, placé les travailleurs sous la surveillance de la police ; pour ces sociétés, la loi de 1884 est *la loi maudite, la loi infâme*, qui a trompé les espérances des artisans et qui empêche de poursuivre les revendications sociales.

Elles feront sagement de [ne pas s'en servir, de cette loi, car elle n'est pas faite pour elles.

Quoi qu'il en soit, il est constant que, jusqu'ici, la loi de 1884 n'a pas donné les résultats qu'on était en droit d'attendre. Est-ce à cause des dispositions des patrons et des ouvriers que nous venons de rappeler ? Faut-il voir là un effet de la crise actuelle qui paralyse les énergies ?

Si nous ne pouvons déterminer exactement les causes de cet état de fait, nous devons consulter la statistique qui vient confirmer nos constatations. Quoique le nombre des syndicats professionnels soit considérable, il est vrai, l'on peut assurer sans témérité que leur importance l'est moins, et qu'ils n'ont pris qu'un développement restreint depuis 1884.

Voici les chiffres recueillis au Ministère du commerce, au 1er janvier 1887 : 1003 syndicats enregistrés, dont 251 à Paris ; ils se répartissaient ainsi : 480 syndicats de patrons, 23 syndicats mixtes de patrons et d'ouvriers, 391 syndicats d'ouvriers, enfin 109 syndicats agricoles. Dès le 1er mai suivant, le nombre des syndicats enregistrés s'élevait à plus de 1450, dont 320 pour Paris.

Quant aux syndicats non enregistrés, on les estimait, à cette époque, à 700 au moins.

Cette statistique est fort incomplète ; il y a des départements où les rapports ne signalent aucun syndicat enregistré, et qui comprennent cependant plus de 30 syndicats régulièrement constitués. Cela tient à ce que beaucoup de maires ne préviennent pas les préfets qui ne peuvent transmettre que des tableaux incomplets.

Il ressort de cette satistique que les associations de patrons et celles d'ouvriers se balancent ; les syndicats mixtes, dont nous avons expliqué plus haut le fonctionnement et les utilités, sont plus rares.

Il faut cependant constater que les syndicats de patrons ont, mieux que les autres, mis à profit la législation nouvelle.

Dans maintes circonstances, on les voit s'occuper avec activité de l'étude et de la défense de leurs intérêts professionnels. En novembre 1886, un congrès des Chambres syndicales de France a eu lieu à Paris ; plus de deux cents vœux sur toutes les questions relatives au commerce et à l'industrie ont été

émis, et ils paraissent avoir été étudiés très sérieusement (1).

Nous avons déjà parlé des onze syndicats de
patrons qui forment le groupe de la Sainte-Chapelle,
sis rue de Lutèce, et des soixante-dix autres qui se
réunissent dans l'hôtel de la rue de Lancry, sous le
titre de l'Union nationale. Ces deux Unions considérables existaient depuis longtemps, lorsque la loi
nouvelle fut promulguée (2).

Quant aux syndicats d'ouvriers proprement dits,
ce sont eux qui, jusqu'ici, ont le moins profité de la
loi. D'après les derniers renseignements, ils ne représentent qu'une infime minorité des artisans de
chaque métier. D'ailleurs, ils sont tous *loco*, sauf
les deux principaux dont il a déjà été question, les
typographes et les *chapeliers*, qui ont des adhérents
sur toute l'étendue du territoire.

Pour ne parler que des typographes et montrer
la force d'association de ce genre, nous voyons
qu'en 1886 la Fédération typographique a formé
une grève, avec plein succès : c'est qu'elle disposait
d'énormes capitaux.

L'existence de pareilles puissances ouvrières appelle l'organisation de syndicats de patrons paral-

(1) V. le journal l'*Union nationale*, n° 47 de l'année 1886.
(2) Sur l'*Union nationale* de la rue de Lancry, voir les détails que
donne M. Marcel Barthe dans son rapport au Sénat (séance du 24
juin 1882).

lèles, qui défendent le capital contre des exigences qui pourraient grandir encore.

Si, en effet, les patrons ne se syndiquent pas, il suffira aux ouvriers syndiqués de mettre tour à tour à l'index toutes les maisons pour arriver à être maîtres du terrain dans un temps très court ; car quel patron pourrait résister à l'action d'un véritable corps d'armée, comprenant, comme l'Association des typographes, 9.000 membres qui touchent ensemble 45.000 francs par jour ?

Aussi, lorsqu'en 1881 les charpentiers se furent mis en grève, les entrepreneurs s'unirent aussitôt, formèrent une caisse de résistance, et, grâce à elle, triomphèrent de la grève.

En un mot, et c'est ce que nous voulons établir, partout où se forme un syndicat d'ouvriers, le syndicat de patrons parallèle devra se constituer ; si l'un est prêt à soutenir les prétentions du travail, l'autre aura à défendre l'intérêt des capitalistes.

On s'explique donc aisément que jusqu'ici les uns et les autres soient en nombre à peu près égal.

Les syndicats d'ouvriers ont, à l'instar des patrons, formé des Unions.

Les deux principaux groupes sont :

1° L'*Union des chambres syndicales ouvrières de France*, dont le siège est rue de l'Entrepôt, n° 10, qui a son journal hebdomadaire, le *Moniteur des syndicats ouvriers, organe des chambres syndicales ouvrières de France.* Cette union des syndicats réunit annuellement le congrès national ouvrier, et se tient en communication avec le bureau des associations ouvrières établi depuis quelques années au Ministère de l'intérieur ;

2° L'*Union fédérative*, qui se subdivise en fédération régionale, fédération du centre, fédération du nord-est, fédération du sud-est, fédération du sud-ouest ; elle a aussi son journal le *Prolétariat* et elle réunit des congrès dit *Congrès socialistes ouvriers.*

Les syndicats ouvriers de Bordeaux, de Rouen, du Havre, forment également des fédérations.

Le premier groupe précité, l'*Union des chambres syndicales ouvrières de France* a des idées modérées et combat avec énergie les théories subversives de l'*Union fédérative ;* son organe, le *Moniteur des syndicats*, se montre résolument l'adversaire de toute mesure de violence. Enfin, disons à l'éloge de l'*Union des chambres syndicales* qu'elle est en rapports constants avec l'*Union nationale des patrons*, de la rue de Lancry.

Malheureusement, à côté des syndicats ouvriers, et même parmi eux, il y a beaucoup de sociétés politiques, qui ont souvent été les instigatrices de troubles et d'excès dans ces dernières années à l'occasion de grèves qu'on n'a pas oubliées ; mais il ne faut pas accuser la loi du 21 mars 1884 d'avoir contribué au développement de passions difficiles à

contenir : ce ne sont pas les syndicats eux-mêmes
qui sont responsables de ces faits, ce sont les sociétés dont nous parlons, qui n'existeraient pas moins,
quand même notre loi n'aurait pas été votée.

Il faut, au contraire, attendre de bons résultats de
l'organisation des syndicats ouvriers ; ceux véritablement dignes de ce nom ne sont pas encore bien
nombreux, mais nul doute que les travailleurs hon-
nêtes ne s'y engagent dans un avenir prochain, en
vue de défendre purement et simplement leurs intérêts professionnels. Ces associations sont utiles, les
patrons sont les premiers à le reconnaître ; voici la
déclaration du secrétaire perpétuel du comité central des chambres syndicales : « Il y a deux courants
bien distincts dans les syndicats d'ouvriers ; il en est
un où l'on ne reconnaît même pas la loi sur les syndicats professionnels et où l'on se laisse un peu trop
subjuguer par les politiciens socialistes ; mais il en
est un autre, et c'est celui qui a créé l'*Union des
chambres syndicales ouvrières*, où tous les efforts
tendent à réagir contre cet esprit en cherchant les
moyens pratiques de concilier les intérêts respectifs
des patrons et des ouvriers (1). »

(1) Recueil des procès-verbaux des séances du Comité central,
novembre 1886. Nous voyons par exemple que la chambre syndicale du papier a fondé, en 1874, avec la chambre syndicale des
ouvriers papetiers et régleurs, un syndicat mixte dont l'objet est
de concilier les différends entre patrons et ouvriers et qui fonctionne
depuis lors à la satisfaction de tous les intéressés.

Cette déclaration résume bien notre opinion. L'on ne peut mieux faire que d'engager les syndicats ouvriers à suivre la voie ouverte par l'Union des chambres syndicales, et l'on a tout lieu d'espérer que le modèle aura de nombreux imitateurs.

L'effet le plus remarquable de la loi, la conséquence la moins prévue par le législateur a été sans contredit l'heureuse influence de la législation nouvelle au point de vue de l'agriculture nationale.

Le mouvement le plus marqué effectivement s'est produit chez les agriculteurs à qui, à vrai dire, le législateur n'avait pas songé tout d'abord. Cette catégorie de travailleurs qui, autrefois, sous le régime de la tolérance, n'avait pas, comme les ouvriers industriels, des syndicats de fait, s'est hâtée de bénéficier des faveurs de la loi. Plusieurs syndicats agricoles très importants sont déjà constitués et d'autres sont en voie de formation ; les plus anciens ne remontent guère au delà de 1884, et dès janvier 1886 on en constatait déjà plus de deux cents.

Cette conséquence de la législation nouvelle, peu prévue au moment du vote,— puisqu'aucun orateur n'avait insisté sur ce point avant M. Oudet, — aura, à n'en pas douter, d'excellents résultats pratiques en ce qui touche les intérêts communs des agriculteurs.

L'association est appelée à rendre les plus grands services à nõtre agriculture en souffrance depuis de si longues années.

Les syndicats agricoles n'ont qu'à prendre l'initiative des œuvres utiles prévues par la loi de 1884. Le résultat immédiat sera soit de diminuer les frais d'exploitation, soit de relever le prix des produits, soit enfin d'inculquer à l'agriculteur des notions de progrès qui lui font souvent défaut, et de lui montrer que le travail à la campagne est non moins rémunérateur que le travail des villes où le salaire semble plus élevé et la vie plus assurée et plus facile.

L'essor des syndicats agricoles a été rapide et brillant, à en juger par l'éloquence des chiffres : au 1er janvier 1887, le Ministère du commerce signale 109 syndicats agricoles enregistrés ; le 1er mai suivant, le Ministère de l'agriculture publie la liste de 220 syndicats enregistrés, et estime à environ 400 le nombre total des syndicats agricoles, enregistrés ou non ; enfin, au mois de février 1888, M. de Dampierre, président de la Société des agriculteurs de France, a rappelé à M. le président Carnot, lors de la réception officielle des délégués de ladite Société, que cette grande association compte aujourd'hui 8.000 adhérents, dont 400 sociétés, comices et syndicats, et forme ainsi le groupement de près de 300.000 agriculteurs.

Dans la plupart des départements, il s'est formé

des syndicats dont beaucoup comptent des milliers d'adhérents.

Prenons des exemples.

Le syndicat agricole de Die, fondé en septembre 1885, réunissait, dès mars 1886, 612 membres ; il avait fait déjà 13.000 francs de bénéfices, au profit de ceux-ci, dans l'achat d'engrais en commun, et les ventes collectives dépassaient 50.000 francs (1).

Le syndicat de la Loire-Inférieure a pu fournir à ses adhérents, depuis le mois d'avril 1885, date de sa création, jusqu'en janvier 1886, pour 818.200 fr. d'engrais de toute sorte.

Même succès dans les mêmes opérations pour le syndicat des agriculteurs de la Haute-Vienne ; un syndicat organisé dèpuis quatre ans dans le département des Ardennes compte déjà plus de 1.500 membres, qui achètent en une année, à frais communs, pour 120.000 francs d'engrais et produits divers, et qui réalisent ainsi de fortes économies.

Deux syndicats professionnels se fondèrent, en janvier 1885, l'un dans l'arrondissements de Brives, entre cultivateurs, l'autre dans l'arrondissement de Sancerre, entre vignerons.

Mentionnons, dans les statuts de ce dernier syndicat, les articles suivants qui font saisir le côté pratique d'institutions de ce genre :

1° Faire l'ouvrage des sociétaires dans l'impossi-

____

(1) *Moniteur des syndicats ouvriers*, 13 mars 1886.

bité momentanée de faire leurs vignes, soit par acci-
dent, ou maladie, soit par suite des 28 jours ou des
13 jours ;

2° Acheter les matières premières et les outils
relatifs à la profession, afin que les sociétaires les
payent moins cher ;

3° Organiser, dès que faire se pourra, une petite
banque de prêts mutuels.

Dans les statuts des cultivateurs de Brives, je
relève les articles qui ont trait à l'achat de semences
de choix, d'outils et machines perfectionnés, à des
réunions en plein champ pour faire des expériences
publiques d'instruments ou de procédés de culture
nouveaux, etc.

Il y a un syndicat qui a servi de type à beaucoup
d'autres qui se sont formés ultérieurement : c'est le
syndicat des agriculteurs de Loir-et-Cher. Il a pris
une grande extension depuis l'année 1883, époque
de sa fondation. Il a pour but l'achat en commun,
afin de les avoir à meilleur marché, de toutes les
matières premières utiles à l'agriculture ; le bureau
du syndicat se charge lui-même des commandes, et
publie un bulletin annuel relatant ses opérations. Il
passe même des contrats dans l'intérêt collectif, et
accepte de vérifier les lettres de voiture.

Comme résultat immédiat, on constate que ce
syndicat a acheté, en 1883, 80.000 kilog. d'engrais ;
— en 1884, 300.000 kilog ; — en 1885, 385.000

kilog ; — enfin, en 1886, le total de l'acquisiti on en commun approche 500.000 kilog.

Dans presque tous les départements, des syndicats agricoles fonctionnent et rendent d'importants services ; nous pouvons citer la Manche, l'Orne, le Calvados, le Loiret, la Loire-Inférieure, la Marne, la Nièvre, la Drôme, le Cher, le Tarn-et-Garonne, la Haute-Garonne, la Vienne, le Finistère, le Jura, etc. D'autres départements, comme la Corse et la Dordogne, auront bientôt des syndicats de même nature.

Dans bien des régions, plusieurs syndicats se sont constitués simultanément et parallèlement : nous en comptions, en 1887, six dans les Vosges, quatre en Seine-et-Marne, trois dans l'Isère, trois dans l'Eure, dix dans le Pas-de-Calais, six dans la Gironde, huit dans le Lot-et-Garonne, une trentaine dans le seul département de la Loire-Inférieure, etc.

Les statuts de ces diverses associations sont tous rédigés à peu près dans le même sens ; les dispositions, qui ont ordinairement le même type, sont reproduites d'après un modèle commun. Les syndicats agricoles ne peuvent avoir d'ailleurs qu'un seul et même but : aider et développer l'agriculture française par tous les moyens qui sont en leur pouvoir.

Dans certains départements, les associations agricoles se sont constituées avec un caractère exclusivement local : ainsi, dans la Gironde, dans la Creuse, dans le Cher, ces associations n'attirent à elles que

les petits propriétaires et les ouvriers agricoles ;
nous en avons un exemple dans le syndicat des vignerons de Sancerre, dont il a été question un peu
plus haut (1).

Dans d'autres départements, l'institution a une
portée plus étendue ; les syndicats s'efforcent de
grouper à la fois les grands propriétaires et leurs
fermiers, les petits propriétaires et les ouvriers agricoles, à un double point de vue : d'un côté, étude et
défense des intérêts généraux de l'agriculture, de
l'autre, établissement de relations pacifiques entre
les différents intéressés. Le syndicat fondé à Poli-
gny, le 17 novembre 1884, mérite d'être cité comme
modèle. Il se compose de propriétaires de tout
genre, — cultivateurs, vignerons, sylviculteurs, —
et d'ouvriers agricoles ou de professions connexes.
Divisé en groupes cantonaux qui ont conservé chacun leur indépendance et leur liberté d'action, et qui
ont des réunions mensuelles sous la présidence d'un
propriétaire dévoué, ce syndicat se conforme complètement au vœu du législateur de 1884 qui est
l'étude et la défense des intérêts économiques professionnels.

Les résultats de la création des syndicats agricoles sont tellement appréciables qu'ils se sont déjà
groupés, selon la faculté accordée par l'article 5 de

____

(1) Voir page 321

la loi de 1884, en une Union très importante, l'*U-
nion centrale des syndicats agricoles*.

Nous reproduisons ci-dessous dans la note (1) le
modèle d'adhésion à l'Union distribué par le syndicat central des agriculteurs de France.

Sur mille sociétés agricoles existant en France,
le syndicat central des agriculteurs en a déjà en-
rôlé plus de 400 dans l'Union en question.

Le but de l'*Union des syndicats agricoles* est mul-
tiple;

Etablir entre les syndicats régionaux un centre
permanent de relations, étudier, défendre les in-

---

(1) Liste d'adhésion n°

Département d
Commune d
Bureau de poste d ,
M. correspondant (1)

Le Syndicat Central a pour objet général l'étude et la défense
des intérêts économiques agricoles, et pour but spécial : 1° de
favoriser la vente des produits agricoles ;
2° De centraliser les demandes de machines, engrais, semences
et toutes matières premières utiles à l'agriculture, de manière à
faire profiter ses adhérents des remises qu'il obtiendra.

NOMS des ADHÉRENTS.	PRÉNOMS.	PROFESSION.	ADRESSE.			Les Adhérents sont priés de signer dans l'une de ces trois colonnes.		
			COMMUNE.	BUREAU DE POSTE.	DÉPARTEMENT.	Membre fondateur cotisation annuelle fr.	Membre fondateur cotisation annuelle fr.	Membre ordinaire cotisation annuelle fr.

(1) Les correspondants sont priés de vouloir
bien recueillir les cotisations en même temps
que les adhésions, et en faire parvenir le montant en un mandat-poste à M. le Président du
Syndicat Central.

Nota. — Les Membres fondateurs sont seuls
éligibles aux fonctions de Membre du Conseil. Les Membres fondat. urs et souscrip-
teurs font seuls partie de l'Assemblée générale.

térêts économiques agricoles, assurer les progrès
moraux et matériels de l'agriculture. Elle a organisé
à cet effet une chambre syndicale de renseignements, consultative d'agriculture, une chambre
arbitrale d'appel des sentences rendues en premier ressort par les syndicats adhérents, un
bureau de détaxe pour les prix de transport par che-
mins de fer. En outre, elle a l'intention de constituer une chambre syndicale chargée de soumission-
ner aux adjudications de l'Etat, des administrations
et des établissements publics, de créer une chambre
spéciale, dite d'exportation, chargée d'organiser,
d'encourager et de contrôler l'exportatiou des produits agricoles ; — et d'établir une autre chambre
chargée spécialement de la défense des intérêts agricoles auprès des pouvoirs publics. L'Union centra-
lise déjà les échantillons de blé, d'orge, d'avoine,
de chanvre, de bois, de foin, de sucre, d'alcool et de
vins disponibles, d'origine exclusivement française.

Elle veut aussi organiser des concours, vulgari-
ser les meilleurs procédés de culture propres à faciliter le travail, à réduire le prix de revient, à supprimer les intermédiaires ; elle veut surtout servir
elle-même d'intermédiaire entre les syndicats adhérents et les fabricants d'instruments et d'outils, ainsi
que les producteurs d'engrais, de semences, d'animaux et de toutes les matières dont les agriculteurs
ne peuvent se passer.

Tous ces résultats ne peuvent pas être atteints du premier coup ; il n'en faut pas moins adresser des éloges aux hommes qui se mettent à la tête d'un mouvement aussi considérable vers le progrès et la prospérité. L'agriculture a, plus qu'à aucune époque, besoin d'être encouragée et soutenue ; il est incontestable qu'elle traverse une crise qui a pour trait caractéristique l'abaissement des prix de vente et des prix de location, et dont les causes multiples sont trop connues : secours insuffisant de la loi, régime douanier mal réglementé sur bien des points, et surtout esprit routinier des cultivateurs qui se tiennent de parti pris en dehors des progrès réalisés par la science moderne, et ne veulent pas toujours profiter des modifications et des transformations qui s'imposent cependant par la force même des faits. De là l'abandon des campagnes et l'entraînement malheureux des populations rurales vers les grandes villes où la vie au jour le jour semble, aux yeux des ignorants, plus facile et plus assurée.

On le voit, la loi du 21 mars 1884 a déjà eu d'heureuses conséquences surtout pour notre agriculture : elle est donc venue à une heure opportune. Il est à souhaiter que les travailleurs, patrons et ouvriers industriels, qui composent un tiers de sa population, sachent profiter, eux aussi, mieux qu'ils ne l'ont fait jusqu'alors, de la législation nouvelle. La loi du 21 mars 1884 met entre leurs mains un instrument d'une singulière force, et il y a tout lieu d'espérer que, après des hésitations et des défaillances inévitables, ils arriveront, de progrès en progrès, à tirer tout le bénéfice possible d'une institution telle que le *syndicat professionnel;* en présence de l'isolement et de la faiblesse d'action de l'individu dans les conditions nouvelles qui ont été faites au travail, il est évident que l'association sera un moyen puissant de défense.

Cependant il ne faut pas non plus exagérer la portée de cette idée ; si l'association est excellente en elle-même, on n'en doit pas moins tout d'abord considérer la valeur des forces qui l'animent et la mettent en œuvre, et des hommes qui la composent. L'association n'étant que la résultante des efforts individuels, l'individu sera appelé à y jouer un rôle important ; loin de s'en reposer absolument, pour la sauvegarde de ses propres intérêts, sur l'œuvre envisagée en elle-même d'une manière abstraite, il devra déployer toute l'énergie dont il est capable. C'est à ce prix seulement que l'association sera efficace ; elle facilite le développement des forces particulières, elle les multiplie par l'union même, mais elle n'a pas le pouvoir de les suppléer en tout.

L'association vaudra donc ce que vaudront les individus qui la constituent; c'est-à-dire que ses résultats ne seront pas douteux si elle groupe des hommes pacifiques et de bonne volonté, qui sont animés avant tout du désir de se prêter mutuellement aide et concours, de se connaître, et de travailler ensemble dans un effort commun pour l'honneur et pour l'intérêt de la profession. Telles sont les bases d'une forte situation économique.

La loi du 21 mars 1884 sur les syndicats professionnels contribuera puissamment à l'accomplissement de l'œuvre souhaitée. Le mouvement est commencé, et l'on ne saurait en contester l'importance; dans un avenir prochain, il sera permis, — il faut l'espérer, — de porter un jugement définitif, qui ne pourra être que favorable, sur les résultats obtenus.

APPENDICE

1° Texte de la loi du 21 mars 1884, sur les syndicats professionnels.

Le Sénat et la Chambre des députés ont adopté,

Le Président de la République promulgue la loi dont la teneur suit :

ART. 1er. — Sont abrogés la loi des 14-17 juin 1791 et l'article 416 du Code pénal.

Les articles 291, 292, 293, 294 du Code pénal et la loi du 10 avril 1834 ne sont pas applicables aux syndicats professionnels.

ART. 2. — Les syndicats ou associations professionnelles, même de plus de vingt personnes, exerçant la même profession des métiers similaires, ou des professions connexes concourant à l'établissement de produits déterminés, pourront se constituer librement, sans l'autorisation du Gouvernement.

ART. 3. — Les syndicats professionnels ont exclusivement pour objet l'étude et la défense des intérêts économiques, industriels, commerciaux et agricoles.

ART. 4. — Les fondateurs de tout syndicat professionnel devront déposer les statuts et les noms de ceux qui, à un titre quelconque, seront chargés de l'administration ou de la direction.

Ce dépôt aura lieu à la mairie de la localité où le syndicat est établi, et, à Paris, à la Préfecture de la Seine.

Ce dépôt sera renouvelé à chaque changement de la direction ou des statuts.

Communication des statuts devra être donnée par le maire ou par le Préfet de la Seine au Procureur de la République.

Les membres de tout syndicat professionnel chargés de l'administration ou de la direction de ce syndicat devront être Français et jouir de leurs droits civils.

Art. 5. — Les syndicats professionnels régulièrement constitués, d'après les prescriptions de la présente loi, pourront librement se concerter pour l'étude et la défense de leurs intérêts économiques, industriels, commerciaux et agricoles.

Ces Unions devront faire connaître, conformément au deuxième paragraphe de l'article 4, les noms des syndicats qui les composent.

Elles ne pourront posséder aucun immeuble ni ester en justice.

Art. 6. — Les syndicats professionnels de patrons ou d'ouvriers auront le droit d'ester en justice.

Ils pourront employer les sommes provenant des cotisations.

Toutefois, ils ne pourront acquérir d'autres immeubles que ceux qui seront nécessaires à leurs réunions, à leurs bibliothèques et à des cours d'instruction professionnelle.

Ils pourront, sans autorisation, mais en se conformant aux autres dispositions de la loi, constituer entre leurs membres des caisses spéciales de secours mutuels et de retraites.

Ils pourront librement créer et administrer des offices de renseignements pour les offfres et demandes de travail.

Ils pourront être consultés sur tous les différends et toutes les questions se rattachant à leur spécialité.

Dans les affaires contentieuses, les avis du syndicat seront tenus à la disposition des parties qui pourront en prendre communication et copie.

Art. 7. — Tout membre d'un syndicat professionnel peut se retirer à tout instant de l'association, nonobstant toute clause contraire, mais sans préjudice du droit pour le syndicat de réclamer la cotisation de l'année courante.

Toute personne qui se retire d'un syndicat conserve le droit d'être membre des sociétés de secours mutuels et de pensions de retraite pour la vieillesse, à l'actif desquels elle a contribué par des cotisations ou versements de fonds.

Art. 8. — Lorsque les biens auront été acquis contrairement aux dispositions de l'article 6, la nullité de l'acquisition ou de la libéralité pourra être demandée par le Procureur de la République ou par les intéressés. Dans le cas d'acquisition à titre onéreux, les immeubles seront vendus, et le prix en sera déposé à la caisse de l'association.

Dans le cas de libéralité, les biens feront retour aux disposants ou à leurs héritiers ou ayants cause.

Art. 9. — Les infractions aux dispositions des articles 2, 3, 4, 5 et 6 de la présente loi seront poursuivies contre les directeurs ou administrateurs des syndicats et punies d'une amende de 16 à 200 francs.

Les Tribunaux pourront, en outre, à la diligence du Procureur de la République, prononcer la dissolution du syndicat et la nullité des acquisitions d'immeubles faites en violation des dispositions de l'article 6.

Au cas de fausse déclaration relative aux statuts et aux noms et qualités des administrateurs ou directeurs, l'amende pourra être portée à 500 francs.

Art. 10. — La présente loi est applicable à l'Algérie.

Elle est également applicable aux colonies de la Martinique, de la Guadeloupe et de la Réunion.

Toutefois, les travailleurs étrangers et engagés sous le nom d'immigrants ne pourront faire partie des syndicats.

La présente loi, délibérée et adoptée par le Sénat et par la Chambre des députés, sera exécutée comme loi de l'État.

Fait à Paris, le 21 mars 1884.

Jules GRÉVY.

Par le Président de la République,

Le Ministre de l'Intérieur :

Waldeck-Rousseau.

2° Documents devant servir à l'historique de la loi du 21 mars 1884.

Présentation du projet à la Chambre des députés, 22 novembre 1880 (*Journal officiel* du 23, page 1167). — Rapport de M. Allain-Targé, 15 mars 1881 (*Journ. off.*, 1881, Chambre, déb. et doc. parl., p. 361).

Discussion à la Chambre : 1re délibération, séances des 16, 17, 21, 23, 24 mai 1881 ; 2° délibération, séance du 9 juin 1881 (*Journ. off.*, 1881, Chambre, déb. parl., p. 909 à 1006 et 1159 à 1170.

Présentation au Sénat, 21 juin 1881 (*Journ. off.*, 1881, Sénat, doc. parl., p. 440). — Rapport de M. Marcel Barthe, 24 juin 1882 (*Journ. off.*, 1882, Sénat, doc. parl., p. 329).

Discussion au Sénat : 1re délibération, séances des 1, 8, 11, 12, 17, juillet 1882 (*Journ. off.*, 1882, Sénat, déb. parl., p. 707 à 740, 748 à 759, 790 à 804, 810 à 820; 2° délibération, séances des 28, 31 juillet, 4 août 1882 (*Journ. off.*, 1882, Sénat, déb. parl., p. 956, 968 à 978, 980 à 994).

Transmission à la Chambre du projet voté par le Sénat, 11 décembre 1882 (*Journ. off.*, 1882, Chambre, doc. parl., annexe 1492). — Rapport de M. Lagrange, 6 mars 1883 (*Journ. off.*, 1883, Chambre, doc. parl., p. 396). — Discussion: séances des 12, 16, 18, 19 juin 1883 (*Journ, off.*, 1883, Chambre, déb. parl., p. 1276 à 1284, 1312 à 1362).

Présentation au Sénat du projet modifié par la Chambre, 28 juillet 1883 (*Journ. off.*, 1883, Sénat, doc. parl., p. 993). — Rapport de M. Tolain, 14 décembre 1883 (*Journ. off.*, 1883, Sénat, doc., parl., p. 1117. — Discussion : 1re délibération, séances des 15, 16, 25, 27, 28, 29 janvier 1884 (*Journ. off.* 1884, Sénat, déb. parl., p. 199), et des 1er et 2 février 1884; 2° délibération, séances des 21, 22, 23 février 1884 (*Journ. off.*, 1884, Sénat, déb. parl., p. 439 à 482).

Transmission à la Chambre le 28 février 1884 (*Journ. off.*, 1884, Chambre, doc. parl., p. 560). — Adoption par la Chambre

du projet définitif du Sénat : séance du 13 mars 1884 (*Journ.
off.*, 1884, Chambre, déb. parl., p. (737 à 743).

Promulgation (*Journ. off.*, 22 mars 1884, p. 1577).

3° Projet de loi du Gouvernement, présenté à la Chambre des députés le 22 novembre 1880.

PROJET DE LOI *relatif à la création des syndicats professionnels présenté au nom de M.* Jules GRÉVY, *président de
la République française, par M.* Jules CAZOT, *'garde des
sceaux, ministre de la justice, et par M.* TIRARD, *ministre
de l'agriculture et du commerce.*

EXPOSÉ DES MOTIFS

Messieurs, la loi des 2-14 mars 1791 a fait disparaître les
entraves apportées à la liberté du travail en supprimant les
maîtrises, les jurandes et les corporations.

Cette loi a été suivie de près par celle des 14-17 juin de la
même année, qui a donné une sanction à la première.

Peu d'actes législatifs ont exprimé avec autant de vigueur et
de précision la volonté de ses auteurs.

La liberté du travail est érigée en principe fondamental de
la Constitution française, et pour consacrer et sauvegarder ce
principe, le législateur « anéantit toutes espèces de corporations
des citoyens du même état ou de la même profession et défend
de les rétablir de fait, sous quelque prétexte et quelque forme
que ce soit. Les citoyens d'un même état ou d'une même profession, les entrepreneurs, ceux qui ont boutique ouverte, les
ouvriers ou compagnons d'un art quelconque n'ont pas le droit
de délibérer, de tenir des registres et de former des règlements *sur leurs prétendus intérêts communs.*

« Il est interdit aux corps municipaux ou administratifs de
recevoir aucune adresse ou pétition sous la dénomination d'un
état ou profession. Et si, contre les principes de liberté de la

Constitution, des citoyens attachés aux mêmes professions, arts et métiers, établissent entre eux un accord pour le prix de leurs travaux, leurs délibérations sont déclarées inconstitutionnelles, attentatoires à la liberté et à la Déclaration des droits de l'homme. »

Ces mesures, qui aujourd'hui peuvent paraître excessives, étaient alors nécessaires pour briser les résistances et déjouer les manœuvres des privilégiés « d'octroi royal », qui avaient si longtemps imposé au travail le joug de leur réglementation et confisqué à leur profit la liberté des contrats.

Mais, aujourd'hui, cette nécessité existe-t-elle encore, ou tout au moins existe-t-elle au même degré? Serait-il à craindre, si l'on se départissait des rigueurs de la loi des 14-17 juin 1791, de voir renaître les corporations oppressives des temps passés? ou bien pourrait-on redouter des coalitions d'intérêt préjudiciables à l'ordre public et à la prospérité du pays ?

Telles sont les questions qui depuis longtemps sont posées et qui, hâtons-nous de le dire, sont dès à présent résolues, sinon en droit, du moins en fait.

Il existe, en effet, depuis bien des années, à Paris et dans les départements, des associations connues sous le nom de syndicats, composées, soit d'ouvriers, soit de patrons, dans lesquelles sont traitées toutes les questions d'intérêt général relatives à une même profession, et qui n'ont occasionné ni trouble ni désordre. La liberté du travail a toujours été respectée, et jamais, que nous sachions, les décisions des chambres syndicales n'ont été imposées à ceux qui ont voulu s'y soustraire. Du reste, le Gouvernement n'est-il pas suffisamment armé par les articles 414, 415 et 416 du Code pénal pour protéger les dissidents contre les menaces, les manœuvres frauduleuses ou les violences ?

L'expérience ayant ainsi démontré que, sans aucun danger, les membres d'une même profession peuvent se constituer en société libre et permanente pour l'étude et la défense d'inté-

rêts communs, nous estimons qu'il y aurait tout avantage à ré-
gulariser une situation irrégulière, et à faire disparaître une
interdiction légale qui n'a plus aujourd'hui sa raison d'être.

La liberté du travail et des transactions est si bien entrée
dans nos mœurs que nous n'avons plus à redouter, comme au
lendemain de la Révolution, le retour d'un état de choses condamné et disparu.

Qui pourrait, en effet, être sérieusement tenté de reconsti-
tuer, à un degré quelconque, les anciennes corporations ? Et
si, par aventure, il se rencontrait des esprits disposés à la
réalisation d'une semblable entreprise, n'échoueraient-ils pas
bientôt devant la résistance des intérêts rivaux, et ne rencon-
treraient-ils pas un invincible obstacle dans le sentiment d'indépendance qui est le fond même de notre caractère national?

Et d'ailleurs, la différence est profonde entre les syndicats
professionnels tels qu'ils fonctionnent aujourd'hui et les anciennes corporations.

Tandis que les décisions de ces dernières étaient obligatoires, qu'elles s'imposaient, bon gré mal gré, à tous les artisans d'une même profession, les membres des syndicats actuels sont au contraire toujours libres et indépendants, ils restent les maîtres de leur action individuelle, et ne sont collec-
tivement engagés que dans la mesure qu'ils ont volontairemen t
acceptée. Ce n'est plus qu'un contrat librement consenti et soumis pour son exécution aux règles du droit commun.

Donc en proposant de lever les interdictions inscrites par
le législateur de 1791 dans la loi des 14-17 juin, no.is ne por
tons aucune atteinte à son œuvre première des 2 et 17 mars ;
nous la consacrons, au contraire, en la dégageant des mesures
transitoires qui la protégeaient et qui sont devenues inutiles
aujourd'hui.

Déjà, le législateur a senti le besoin de se départir des me_
sures rigoureuses qui, dans l'esprit de la loi des 14-17 juin
1791, avaient été introduites dans le Code pénal. La loi du
25 mai 1864 a, en effet, modifié les articles 414, 415 et 416,

22

en ce sens que les coalitions de patrons ou d'ouvriers ne sont plus punies que dans les cas de violence, de voies de fait ou de manœuvres frauduleuses.

L'on a ainsi reconnu virtuellement aux patrons et aux ouvriers le droit de se concerter pour la défense de leurs intérêts communs. Cet abandon partiel des mesures de précaution édictées en 1791 est une première conséquence des changements survenus dans les conditions de la production.

Aux privilèges d'autrefois ont succédé les luttes ardentes de la libre concurrence. Une foule de petits artisans, disséminés un peu partout, mais que l'on rencontre plus fréquemment dans les grands centres de population, rivalisent, à force d'intelligence et d'épargne, avec les grands établissements où sont concentrés de nombreux ouvriers. Tous concourent à la prospérité et à la richesse du pays, mais s'il est facile aux chefs des grandes usines de s'entendre et de se concerter, il n'en est pas toujours de même pour leurs ouvriers, non plus que pour les petits patrons, dont l'action isolée ne peut exercer aucune influence dans les questions d'intérêt général.

De là, le besoin de s'unir et d'étudier en commun les intérêts professionnels d'une même industrie.

La loi de 1864 a donné une première satisfaction à ce besoin. L'épreuve a pleinement réussi : la compression avait engendré parfois de sourdes menées qui éclataient avec violence ; la liberté a supprimé les violences. Ouvriers et patrons usent généralement avec sagesse et modération du droit de se concerter et de défendre leurs communs intérêts.

Chose digne de remarque : partout où fonctionnent, côte à côte, des syndicats de patrons et d'ouvriers, l'entente est plus facile, plus cordiale. Les chefs de ces syndicats, qui ont le sentiment de leur responsabilité, discutent avec le sincère désir de promptement aboutir. Et, au lieu de la passion des foules, ils apportent, dans l'examen des intérêts en lutte, le sens et la raison, sans lesquels il n'y a pas d'arrangement sérieux et durable.

Les syndicats de patrons et d'ouvriers ont donc rendu et rendront encore de véritables services dans toutes les questions de salaire et de durée des heures de travail. A ce seul point de vue, ils mériteraient d'être encouragés.

Mais leur sphère d'action ne se borne pas là. Les syndicats de patrons peuvent rendre de véritables services dans toutes les questions générales : tarif de douane, traités de commerce, impôts, moyens de transport, expositions internationales, législation commerciale, propriété industrielle en France et à l'étranger, etc., etc. Rien n'est plus propre à éclairer le Gouvernement et le Parlement que les renseignements fournis par des hommes sans cesse aux prises avec les difficultés et les ressources de leurs métiers.

Isolés, livrés à eux-mêmes, leurs efforts sont impuissants et stériles. Groupés, unis dans un sentiment d'intérêt commun, leur concours est singulièrement efficace. Nous avons pu en faire tout récemment l'épreuve à propos de l'exposition de Melbourne, qui, grâce à l'action des chambres syndicales combinée avec celle des chambres de commerce, à Paris et dans plusieurs centres industriels, a été organisée en quelques semaines avec un plein succès.

Nous ne parlons ici que des questions d'intérêt purement général, mais combien d'autres plus intimement liées à chaque profession peuvent être traitées avec profit !

Pendant plusieurs années, les chambres syndicales de patrons ont également rendu de réels services en qualité d'arbitres des tribunaux de commerce. De nombreuses affaires leur étaient renvoyées, et les plaideurs y trouvaient le double avantage de la compétence et de la gratuité. Malheureusement, l'absence de responsabilité, résultant de l'existence précaire de ces chambres sydicales, a motivé une circulaire dans laquelle M. Tailhand, alors garde des sceaux, interdit aux tribunaux de commerce de renvoyer aucune affaire à leur arbitrage. Cette interdiction pourrait être levée dès que la situation des chambres syndicales aurait été régularisée.

Les chambres syndicales d'ouvriers, sans avoir parcouru jusqu'ici une carrière aussi brillante que celle des patrons, en ont pas moins rendu de réels services et donné la mesure de ce qu'elles pourront faire dans l'avenir. Elles s'occupent du placement des ouvriers sans ouvrage ; elles contribuent à la création de sociétés de secours mutuels et de sociétés coopératives ; elles cherchent les moyens de procurer aux ouvriers des ressources ou du travail dans les temps de chômage. Comme nous l'avons déjà dit, elles s'interposent utilement dans les contestations entre patrons et ouvriers. Les questions d'apprentissage sont aussi l'objet de leur constante préoccupation. Il y a même des syndicats d'ouvriers qui ont créé des écoles spéciales pour les jeunes apprentis ; créations vraiment touchantes, faites avec les seules ressources de modestes et habiles ouvriers, qui, à tour de rôle, et en dehors des heures du travail d'atelier, enseignent aux jeunes apprentis le dessin, le modelage et les premiers principes de l'art qu'ils exercent.

Ce sont là des institutions qui méritent vraiment d'être encouragées ; et nous sommes convaincus qu'il y aura tout avantage à leur permettre de se constituer librement et à la faveur des lois.

Il y a toujours avantage, en effet, à mettre la législation en harmonie avec les mœurs et le progrès de la civilisation.

Avec leur organisation actuelle, qui est de pure tolérance, les syndicats professionnels échappent à toute responsabilité légale. C'est un inconvénient, peut-être même un danger, que fera disparaître notre projet de loi. Les membres de ces syndicats auront une garantie qui leur manque aujourd'hui. Ils sortent du régime discrétionnaire pour entrer dans le régime légal, mais c'est à la condition de se renfermer strictement dans les limites que leurs statuts auront tracées ; toute excursion dans un domaine étranger aux intérêts spéciaux, qui sont la raison d'être des syndicats, les exposerait à la dissolution.

Par là, l'intérêt supérieur de l'ordre public se trouvera suffisamment garanti, sans que le droit individuel ait à redouter

l'arbitraire administratif, puisque le projet de loi réserve exclusivement aux tribunaux le droit de prononcer la dissolution.

L'observation exacte des statuts, la nécessité d'une déclaration préalable renouvelée chaque année, comme à chaque
changement dans le personnel des administrateurs ou dans
les statuts du syndicat, enfin la jouissance de cette liberté nouvelle, qui est essentiellement un droit civil, réservée aux seuls
Français qui sont en pleine possession de leurs droits civils :
telle est toute l'économie d'un projet de loi depuis longtemps
désiré, et qui, s'il est accepté par les Chambres, mettra dans
les mains de la démocratie laborieuse un instrument de progrès social d'une importance incontestable.

PROJET DE LOI.

Article premier. — Des syndicats professionnels composés
de plus de vingt personnes, exerçant la même profession ou le
même métier, pourront se constituer, sans l'autorisation préalable du Gouvernement, aux conditions prescrites par les articles suivants :

Art. 2. — Les syndicats professionnels ont exclusivement
pour objet l'étude et la défense des intérêts professionnels économiques, industriels et commerciaux commun s à tous leurs
membres.

Art. 3. — Quinze jours avant le fonctionnement d'un syndicat professionnel, ses fondateurs devront déposer les statuts du
syndicat et les noms et adresses de tous les membres qui le
composent, avec indication spéciale de ceux qui, sous un titre
quelconque, seront chargés de l'administration ou de la direction.

Ce dépôt aura lieu, pour le département de la Seine, à la
préfecture de police, et pour les autres départements, à la mairie
de la localité où le syndicat est établi.

Ce dépôt devra être renouvelé le 1er janvier de chaque

année, et à chaque changement des administrateurs ou des statuts.

Art. 4. — Les syndicats professionnels ne pourront être formés qu'entre Français jouissant de leurs droits civils.

Art. 5. — Le défaut de déclaration sera puni d'une amende de 16 à 200 fr. En cas de fausse déclaration, l'amende pourra être portée à 500 fr.

En cas d'infraction aux statuts ou aux prescriptions des articles 2 et 4, les tribunaux pourront prononcer la dissolution des syndicats professionnels.

Art. 6. — Les dispositions antérieures qui sont contraires à la présente loi sont abrogées.

4° Circulaire ministérielle du 25 août 1884.

Monsieur le Préfet,

La loi du 21 mars 1884, en faisant disparaître toutes les entraves au libre exercice du droit d'association pour les syndicats professionnels, a supprimé, dans une même pensée libérale, toutes les autorisations préalables, toutes les prohibitions arbitraires, toutes les formalités inutiles. Elle n'exige de la part de ces associations qu'une seule condition pour leur établissement régulier, pour leur fondation légale : la publicité. Faire connaître leurs statuts, la liste de leurs sociétaires, justifier en un mot de leur qualité de *syndicats* professionnels, telle est, au point de vue des formes qu'elles doivent observer, la seule obligation qui incombe à ces associations.

Si le rôle de l'État se bornait exclusivement à veiller à la stricte observation des lois, votre intervention n'aurait sans doute que de rares occasions de se produire.

Mais vous avez un devoir plus grave. Il vous appartient de favoriser l'essor de l'esprit d'association, de le stimuler, de faciliter l'usage d'une loi de liberté, d'en rendre la pratique aisée, d'aplanir sur sa route les difficultés qui ne sauraient

manquer de naître de l'inexpérience et du défaut d'habitude
de cette liberté. Ainsi, à considérer les besoins auxquels répond
la loi du 21 mars, son esprit, les grandes espérances que les
pouvoirs publics et les travailleurs ont mis en elle, votre mission, Monsieur le Préfet, s'élargit et son importance se mesurera
au degré de confiance que vous saurez inspirer aux intéressés ;
à la somme de services que cette confiance vous permettra de
leur rendre. C'est pourquoi, Monsieur le Préfet, il m'a semblé
nécessaire de vous faire connaître les vues du Gouvernement
sur l'application de la loi du 21 mars.

La pensée dominante du Gouvernement et des Chambres
dans l'élaboration de cette loi a été de développer parmi les
travailleurs l'esprit d'association.

Le législateur a fait plus encore. Pénétré de l'idée que l'association des individus suivant leurs affinités professionnelles
est moins une arme de combat qu'un instrument de progrès
matériel, moral et intellectuel, il a donné aux syndicats la personnalité civile pour leur permettre de porter au plus haut
degré de puissance leur bienfaisante activité. Grâce à la liberté
complète d'une part, à la personnalité civile de l'autre, les
syndicats, sûrs de l'avenir, pourront réunir les ressources
nécessaires pour créer et multiplier les utiles institutions qui
ont produit chez les autres peuples de précieux résultats :
caisses de retraites, de secours, de crédit mutuel, cours, bibliothèques, sociétés coopératives, bureaux de renseignements, de
statisque, des salaires, etc. Certaines nations moins favorisées
que la France par la nature et qui lui font une concurrence
sérieuse doivent, pour une large part, à la vitalité de ces établissements leur prospérité commerciale, industrielle et agricole. Sous peine de déchoir, la France doit se hâter de suivre
cet exemple. Aussi le vœu du Gouvernement et des Chambres
est de voir se propager, dans la plus large mesure possible, les
associations professionnelles et les œuvres qu'elles sont appelées à engendrer.

La loi du 21 mars ouvre la plus vaste carrière à l'activité

des syndicats en permettant à ceux qui sont régulièrement constitués de se concerter pour l'étude et la défense de leurs intérêts économiques, industriels, commerciaux et agricoles. Désormais, la fécondité des associations professionnelles n'a plus de limites légales. Le Gouvernement et les Chambres ne se sont pas laissé effrayer par le péril hypothétique d'une fédération antisociale de tous les travailleurs. Plein de confiance dans la sagesse tant de fois attestée des travailleurs, les pouvoirs publics n'ont envisagé que les bienfaits certains d'une liberté nouvelle qui doit bientôt initier l'intelligence des plus humbles à la conception des plus grand problèmes économiques ou sociaux.

Bien que l'administration ne tienne de la loi du 21 mars aucun rôle obligatoire dans la poursuite de cette œuvre, il n'est pas admissible qu'elle y demeure indifférente, et je pense que c'est un devoir pour elle d'y participer en mettant à la disposition de tous les intéressés, sans distinction de personnes, sans arrière-pensée, ses services et son dévouement· Aussi, ce que j'attends de vous, Monsieur le Préfet, c'est un secours actif à l'organisation des associations et établissements professionnels. Mais il importe de vous indiquer dans quelles conditions et avec quels ménagements il doit s'exercer.

Quant à la création des syndicats, laissez l'initiative aux intéressés qui, mieux que vous, connaissent leurs besoins. Un empressement généreux, mais imprudent, ne manquerait pas d'exciter des méfiances. Abstenez-vous de toute démarche qui, mal interprétée, pourrait donner à croire que vous prenez parti pour les ouvriers contre les patrons ou pour les patrons contre les ouvriers. Il faut, il suffit que l'on sache, que les syndicats professionnels ont toutes les sympathies de l'administration et que les fondateurs sont sûrs de trouver auprès de vous les renseignements qu'ils auraient à demander. Il sera bon qu'un de vos bureaux soit spécialement chargé de répondre à toutes les demandes d'éclaircissements qui vous seraient adressées. Dans ses rapports avec les fondateurs, il s'inspirera d cette idée que son rôle est de faciliter ces utiles créations. En cette matière comme en toute autre, le rôle de l'administration républicaine consiste à aider non à compliquer.

Le syndicat une fois créé, il s'agira de lui faire produire tous ses résultats. Si, comme je n'en doute pas, vous avez pu montrer à ces associations ouvrières à quel point le Gouvernement s'intéresse à leur développement, vous pourrez encore leur rendre les plus grands services, quand il s'agira pour elle d'entrer dans la voie des applications. Vous serez fréquemment consulté sur les formalités à remplir pour l'établissement de ces œuvres et sur les différentes opérations que comporte leur fonctionnement. Il est indispensable que vous vous prépariez à ce rôle de conseiller et de collaborateur dévoué par l'étude approfondie de la législation qui les régit et des organismes similaires existant en France où à l'étranger. Cette tâche sera facilitée par les documents que publiera la Revue générale d'administration et par le commentaire succinct de la loi du 21 mars, que vous trouverez un peu plus loin.

Cette loi a remis complètement aux travailleurs le soin et les moyens de pourvoir à leurs intérêts. On n'y trouve aucune disposition de nature à justifier l'ingérence administrative dans leurs associations. Les formalités qu'elle exige sont très peu nombreuses et très faciles à remplir. Son laconisme, qui est tout à l'avantage de la liberté, pourra causer au début quelques hésitations et quelques incertitudes. Il serait difficile de prévoir à l'avance toutes les difficultés qui pourront surgir. Elle devront toujours être tranchées dans le sens le plus favorable au développement de la liberté.

L'article 1er abroge la loi des 14-17 juin 1791 qui défendait aux membres du même métier où de la même profession de former entre eux des associations professionnelles, et l'article 416 du Code pénal ainsi conçu : « Seront punis d'un emprisonnement de six jours à trois mois et d'une amende de seize à trois cents francs ou de l'une de ces deux peines seulement tous ouvriers, patrons et entrepreneurs d'ouvrage qui, à l'aide d'amendes, de défenses, proscriptions, interdictions prononcées par suite d'un plan concerté, auront porté atteinte au libre exercice de l'industrie et du travail. »

De cette abrogation résultent les conséquences suivantes :

1° Le fait de se concerter, en vue de préparer une grève n'est plus un délit ni pour les syndicats de patrons, d'ouvriers, d'entrepreneurs d'ouvrage ni pour les ouvriers, patrons, entrepreneurs d'ouvrage non syndiqués;

2° Cessent d'être considérées comme des atteintes au libre exercice de l'industrie et du travail les amendes, défenses, proscriptions, interdictions prononcées par suite d'un plan concerté.

Mais demeure punissable, aux termes des articles 414 et 415 du Code pénal, quiconque, à l'aide de violences, voies de fait, menaces ou manœuvres frauduleuses, aura amené ou maintenu, tenté d'amener ou de maintenir une cessation concertée de travail dans le but de forcer la hausse ou la baisse des salaires ou de porter atteinte au libre exercice de l'industrie et du travail.

Le paragraphe 2 de l'article 1er déclare non applicables aux syndicats professionnels les articles, 291, 292, 293, 294 du Code pénal et la loi du 10 avril 1834 qui considèrent comme illicite toute association de vingt personnes sans l'agrément préalable du Gouvernement et frappent de peines exceptionnelles les auteurs de provocations à des crimes ou à des délits faites au sein de ces asssemblées, ainsi que les chefs, directeurs et administrateurs de l'association.

Cet article 1er consacre la liberté complète d'association, mais seulement au profit des associations professionnelles.

Les articles 2 et 3 définissent les associations appelées à jouir du bénéfice de la présente loi. Ce sont les associations professionnelles dont les membres exercent la même profession ou des professions similaires concourant à l'établissement de travaux déterminés, et qui ont exclusivement pour but, aux termes de l'article 3, l'étude et la défense de leurs intérêts économiques, industriels, commerciaux ou agricoles.

Les groupements réalisant ces conditions ont le droit, quel que soit le nombre de leurs membres, de se former sans autorisation du Gouvernement.

Du silence de la loi ou des discussions qui ont eu lieu dans les Chambres, il faut conclure :

1° Qu'un syndicat peut recruter ses membres dans toutes les parties de la France ;

2° Que les étrangers, les femmes, en un mot tous ceux qu sont aptes, dans les termes de notre droit, à former des conventions régulières, peuvent faire partie d'un syndicat;

3° Que ces mots « professions similaires concourant à l'établissement d'un produit déterminé » doivent être entendus dans un sens large. Ainsi, sont admis à se syndiquer entre eux tous les ouvriers concourant à la fabrication d'une machine, à la construction d'un bâtiment, d'un navire, etc...;

4° Que la loi est faite pour tous les individus exerçant un métier ou une profession, par exemple, les employés de commerce, les cultivateurs, fermiers, ouvriers agricoles, etc.

En accordant la liberté la plus large aux syndicats professionnels, la loi, pour toute garantie, leur demande une déclaration de naissance par l'article 4, qui prescrit le dépôt des statuts et des noms de ceux qui, à un titre quelconque, seront chargés de l'administration ou de la direction.

La publicité est, en effet, le corollaire naturel et indispensable de la liberté d'association ; c'est la seule garantie possible de l'observation de cette condition exigée par la loi, le caractère professionnel de l'association.

Cette simple formalité ne saurait inspirer aucune inquiétude aux syndicats ni les exposer à aucune vexation. Au contraire, elle présente cet avantage précieux de limiter le champ étroit où peut s'exercer la surveillance de l'État. D'ailleurs, la publicité répugne si peu aux syndicats que, sous le régime de la tolérance, nombre d'entre eux ont spontanément demandé aux Préfets de recevoir leurs statuts et de les conserver dans les archives des préfectures.

Le même article porté que le dépôt doit être renouvelé à chaque changement de la direction ou des statuts.

La loi ne pouvait être moins formaliste. Elle n'exige ni la rédaction sur papier timbré, ni l'impression. La loi ne fixant pas le nombre des exemplaires qui devront être déposés, il convien de se référer aux précédents et de considérer que le dépôt de deux exemplaires sera suffisant.

Comme j'attache une grande importance à constituer de sérieuses archives des syndicats professionnels qui permettront de se rendre compte des effets produits par la loi du 21 mars, vous voudrez bien prendre les mesures nécessaires pour me transmettre copie de ces documents. Vous me renseignerez également sur les institutions fondées par les syndicats.

Toutes ces indications réunies au ministère et tenues à la disposition de tous les intéressés seront une source précieuse de renseignements pour ceux qui voudront les consulter.

L'authenticité des statuts doit être établie par des signatures. La loi est muette sur ce point. Bornez-vous à demander qu'ils soient certifiés par le président et le secrétaire et donnez à MM. les maires des instructions en ce sens.

J'ai été consulté sur le point de savoir si le dépôt des statuts ou des noms des directeurs et administrateurs doit être accompagné d'une déclaration spéciale. Cette déclaration est inutile. Il suffit que le règlement statutaire soit certifié au bas du texte et que les noms des directeurs et administrateurs, s'ils ne sont pas mentionnés dans les statuts, soient, dans une seule et même pièce, indiqués et certifiés par le président et le secrétaire.

Tout dépôt d'un des documents précités doit être constaté par un récépissé du maire et, à Paris, du Préfet de la Seine. Ce récépissé est exigible immédiatement. Il suffit de l'établir sur papier libre.

Il sera indispensable que dans chaque mairie il soit tenu un registre spécial où seront mentionnés à leur date le dépôt des statuts de chaque syndicat, le nom des administrateurs ou directeurs, la délivrance du récépissé. Ce registre fera foi de l'accomplissement des formalités ; il permettra de remédier à la perte possible du récépissé de dépôt.

L'obligation pour les syndicats en formation d'opérer le dépôt n'existe qu'à partir du jour où les statuts ont été arrêtés, où, par conséquent, le syndicat est matériellement formé. Jusque-là, les fondateurs ont toute liberté de se réunir pour en concerter les dispositions sans être exposés aux pénalités des articles 291 et suivants du Code pénal ou à celles de l'article 9 de la présente loi.

Le dernier paragraphe de l'article 4 écarte des fonctions de directeurs et administrateurs des syndicats les étrangers, même ceux qui ont été admis à établir leur domicile en France et les Francais qui ne jouissent pas de leurs droits civils, c'est-à-dire auxquels une condamnation a enlevé l'exercice de quelques-uns de ces droits.

L'article 5 reconnaît la liberté des *Unions* de syndicats professionnels régulièrement constitués, aux termes de la présente loi. Elles n'ont besoin, pour se former, d'aucune autorisation préalable. Il suffit qu'elles remplissent les formalités prescrites par les articles 4 et 5 combinés, c'est-à-dire qu'elles déposent à la mairie du lieu où leur siège est établi et, s'il est établi à Paris, à la Préfecture de la Seine, le nom des syndicats qui les composent. Si l'Union est régie par des statuts, elle doit également les déposer. Il est également nécessaire que l'Union fasse connaître le lieu où siègent les syndicats unis.

Les autres formalités à remplir sont les mêmes pour les Unions et pour les syndicats.

La loi du 21 mars n'accorde, à aucun degré, aux Unions de syndicats, la faveur de la personnalité civile. Il a été reconnu qu'elles pouvaient s'en passer. Elle a réservé ce privilège aux syndicats professionnels par l'article 6.

Grâce à lui, le syndicat devient une personne juridique; d'une durée indéfinie, distincte de la personne de ses membres, capable d'acquérir et de posséder des biens propres, de prêter, d'emprunter, d'ester en justice, etc. Ainsi, ces associations professionnelles, d'abord proscrites, puis tolérées, sont élevées par la loi du 21 mars au rang des établissements d'utilité publique, et, par une faveur inusitée jusqu'à ce jour, elles obtiennent cet avantage non en vertu de concessions individuelles, mais en vertu de la loi et par le seul fait de leur création. Les pouvoirs publics en aucun temps, en aucun pays, n'ont donné une plus grande preuve de confiance et de sympathie aux travailleurs.

La personnalité civile n'appartient qu'aux syndicats régulièrement constitués. Elle est pour eux de droit commun et leur est acquise en l'absence de toute déclaration spéciale de volonté dans les statuts.

La personnalité civile accordée aux syndicats n'est pas complète, mais suffisante pour leur donner toute la force d'action et d'expansion dont ils ont besoin. C'est aux tribunaux qu'il appartiendrait de statuer sur les difficultés que pourra soulever l'usage de cette faculté. Je me borne à mettre en relief les dispositions de la loi à cet égard et à déduire leurs conséquences certaines.

Le patrimoine des syndicats se compose du produit des cotisations et des amendes, de meubles et valeurs mobilières et d'immeubles. A l'égard des immeubles, la loi leur permet d'acquérir seulement ceux qui sont nécessaires à leurs réunions, à leurs bibliothèques et à des cours d'instruction professionnelle. Ces immeubles ne doivent pas être détournés de leur destination. Les syndicats contreviendraient à la loi s'ils essayaient d'en tirer un profit pécuniaire direct ou indirect par la location ou autrement.

Aucune disposition ne leur défend ni de prendre des immeubles à bail, quel qu'en soit le nombre et quelle que soit la durée des baux, ni de prêter, ni d'emprunter, ni de vendre, échanger ou hypothéquer leurs immeubles. Il font un libre emploi des sommes provenant des cotisations : placements, secours indi-

viduels en cas de maladie, de chômage ; achat de livres, d'instruments ; fondations de cours d'enseignement professionnel,
etc. Ces divers actes ne sont soumis à aucune autorisation administrative. Ils seront décidés et réalisés conformément aux
règles établies par les statuts. Il en sera de même des procès
ou des transactions.

Il importe que les syndicats prévoient, dans leurs règlements, comment ces actes seront délibérés et votés, et par
quels mandataires ils seront représentés soit dans la réalisation
des actes, soit en justice.

Les syndicats peuvent, sans autorisation, mais en se conformant aux autres dispositions de la loi, constituer entre
leurs membres des caisses spéciales de secours mutuels et de
retraites.

Il a été expressément entendu que la loi du 21 mars dernier
laissait subsister (sauf la nécessité de l'autorisation préalable)
toute la législation relative à ces sociétés. Si donc rien ne
s'oppose à ce que les membres d'un syndicat professionnel
forment entre eux des sociétés de secours mutuels avec
ou sans caisse de secours mutuels, il demeure évident que
ceux qui voudraient bénéficier des avantages réservés
aux sociétés de secours mutuels *approuvées* ou *reconnues*
devraient se pourvoir conformément aux lois spéciales sur la
matière, dont le mécanisme vous est connu et n'a pas à être
rappelé ici.

J'appelle tout particulièrement votre attention sur le point
suivant : il résulte tant du texte de la loi (art. 6, § 4 ; — art. 7, § 2)
que des discussions, que les sociétés syndicales de secours
mutuels doivent posséder une individualité propre et avoir
une administration et une caisse particulières. Il en est de
même des sociétés de retraites, qui peuvent bien se greffer sur
les sociétés de secours mutuels et faire caisse commune avec
elles, mais dont le patrimoine ne doit pas se confondre avec
celui des syndicats. D'ailleurs, une telle confusion serait fatale
à la prospérité de ces œuvres et des syndicats eux-mêmes, et

je ne doute pas que les intéressés ne sentent la nécessité de garantir, d'une manière complète, l'affectation exclusive de leurs ressources à l'objet particulier de leur établissement. Mais le syndicat demeure libre de prélever sur son propre fonds des secours individuels et purement gracieux. La pratique de ces libéralités accidentelles ne constitue pas un syndicat à l'état de société de secours mutuels, tant que le droit de chacun aux secours n'est pas proclamé ni réglé.

Les trois derniers paragraphes de l'article 6 ne présentent aucune difficulté.

L'article 7 assure la liberté des syndiqués. Il porte que tout membre d'un syndicat professionnel peut se retirer à tout instant de l'association, mais sans préjudice du droit pour le syndicat de réclamer la cotisation de l'année. C'est là tout ce que le syndicat peut obtenir en justice contre le membre qui en sort de son plein gré. En cas d'exclusion, les cotisations arriérées sont seules exigibles.

Aux termes du paragraphe 2 du même article, toute personne qui se retire d'un syndicat conserve le droit d'être membre des sociétés de secours mutuels et de pensions de retraite pour la vieillesse à l'actif desquelles elle a contribué par des cotisations ou versements de fonds. Elle ne saurait être exclue de ces sociétés que pour une des causes prévues par le règlement spécial.

Cette disposition est, on le voit, inconciliable avec l'existence d'une caisse commune aux syndicats et aux sociétés créées dans leur sein.

L'article 8 sanctionne les dispositions qui limitent la capacité d'acquérir et de posséder des syndicats professionnels.

L'article 9 punit de peines relativement légères les infractions aux articles 2, 3, 4, 5 et 6 de la présente loi. Quant aux associations qui, sous le couvert de syndicats, ne seraient point en réalité des sociétés professionnelles, c'est la législation générale et non la loi du 21 mars qui leur serait applicable.

L'article 10 n'a pas besoin de commentaire.

Telles sont, Monsieur le Préfet, les principales indications qu'il m'a semblé utile de vous fournir et qui vous serviront de guide, chaque fois que votre intervention sera sollicitée ou qu'elle devra se produire.

Recevez, Monsieur le Préfet, l'assurance de ma considération très distinguée.

Le Ministre de l'Intérieur.

WALDECK-ROUSSEAU.

5° Projets de loi modificatifs de la loi de 1884.

Depuis la promulgation de la loi sur les syndicats professionnels, trois propositions, dues à l'initiative de membres de l'une et de l'autre Chambre, ont été présentées, en vue de modifier sur certains points la loi de 1884.

I

Le 4 mars 1886, M. Marcel Barthe, — qui fut l'un des rapporteurs au Sénat du projet de loi relatif à la création des syndicats professionnels (1), — a déposé sur le bureau du Sénat un projet de loi renfermant quatre dispositions :

1° Rétablissement de l'article 416 du Code pénal abrogé par la loi du 21 mars 1884 ;

2° Application des peines de l'article 293 du Code pénal à toute provocation à un crime ou à un délit, même non suivi d'effet, et ayant eu lieu dans une réunion de syndicat ;

3° Rattachement au ministère de l'Intérieur du bureau des syndicats ;

4° Publication d'un rapport annuel sur les syndicats réguliers et irréguliers.

(1) Séance du 24 juin 1882 (*Journ. off.*, 1882, Sénat, Doc. parl., p. 329 et suiv.).

Ce projet a été discuté et voté en première délibération le
1er décembre 1886.

II

Le même jour, 4 mars 1886, M. Bovier-Lapierre a déposé
sur le bureau de la Chambre des députés un projet de loi tendant à faire respecter la loi du 21 mars 1884 et à garantir la
liberté d'association professionnelle.

Ce projet est motivé par la considération suivante : certains
patrons ont renvoyé de leurs ateliers tous ceux de leurs
ouvriers qui appartenaient à tel ou tel syndicat ; M. Bovier-
Lapierre propose d'édicter des peines contre les patrons qui
refuser ont d'employer ou de conserver des ouvriers syndiqués,
sous prétexte qu'ils sont membres d'un syndicat.

Ce projet de loi n'a pas encore été examiné.

III

Enfin, le 21 juin 1886, M. Colfavru a déposé à la Chambre
des députés un projet ayant pour objet d'étendre à toutes les
professions sans distinction, et notamment aux professions
dites *libérales*, le bénéfice de la loi de 1884.

Cette proposition n'a pas encore été examinée non plus.

POSITIONS

DROIT ROMAIN

Positions prises dans la thèse.

I. — La législation romaine a toujours toléré les associations entre personnes du même métier.

II. — Il fut toujours permis, à Rome, de former des associations religieuses.

III. — Les corporations ouvrières avaient une origine religieuse.

IV. — Les collèges de prêtres n'étaient pas des personnes civiles.

V. Le sénatus-consulte de l'an 686 ne visait pas les corporations d'artisans, mais seulement les réunions politiques.

VI. — La législation de l'époque classique ne distinguait pas le droit d'association de la personnalité civile (c'est-à-dire le « *jus coeundi* » du « *jus corpus habendi* »).

VII. — Les corporations ouvrières avaient des membres honoraires.

VIII. — La corporation ne pouvait être tenue des délits commis par ses administrateurs que dans la mesure où elle en avait profité.

Positions prises en dehors de la thèse.

IX. — La prohibition de la restitution anticipée de la dot, au cours du mariage, ne dérivait pas de la prohibition des donations entre époux.

X. —- Le donateur ne pouvait opposer l'exception *legis Cinciæ* qu'autant qu'il avait payé par erreur la somme qu'il avait promise *animo donandi*.

XI. — L'opinion commune à l'époque classique du droit romain était que les droits de l'acquéreur sous condition résolutoire n'étaient pas résolus rétroactivement par l'arrivée de cette condition.

XII. — La crémation des morts n'a jamais été obligatoire à Rome.

XIII. — Le cénotaphe qui avait été construit pour un mort dont le cadavre n'avait pu être retrouvé était une *res religiosa*.

XIV. — Les sépultures à Rome se faisaient sans l'intervention des ministres du culte.

DROIT FRANÇAIS

Positions prises dans la thèse.

I. — Les membres des professions libérales ne peuvent pas former des syndicats professionnels.

II.— Les syndicats *mixtes* de patrons et d'ouvriers sont autorisés par la loi du 21 mars 1884.

III.— L'article 416 du Code pénal, abrogé par la loi de 1884, devrait être rétabli.

IV. — L'article 293 du Code pénal, rendu inapplicable aux syndicats professionnels par la loi de 1884, devrait recouvrer son application en cette matière.

V. — Les syndicats professionnels peuvent recevoir des dons et des legs mobiliers sans limites, — et des dons et des legs immobiliers dans les limites de l'article 6 de la loi du 21 mars 1884.

VI. — Le projet de loi déposé le 4 mars 1886 par un membre de la Chambre des députés, — projet tendant à faire respecter la loi du 21 mars 1884 et à garantir la liberté d'association professionnelle, — est contraire au principe même de liberté.

Positions prises en dehors de la thèse

VII — La soulte payée à l'un des conjoints comme complément de sa part dans une succession purement immobilière ne tombe pas en communauté.

VIII. — Le tiers qui prête des deniers à l'un des conjoints peut stipuler que la valeur fournie par lui n'entrera pas en communauté.

IX. — L'interdit peut reconnaître un enfant naturel dans un intervalle lucide.

X. — L'injure grave faite à la mémoire du donateur est une cause de révocation de la donation.

XI. — Les créanciers peuvent faire révoquer la renonciation de leur débiteur au bénéfice d'une prescription accomplie, si cette renonciation a été faite en fraude de leurs droits.

XII. —Le refus du débiteur principal de prêter le serment qui lui a été déféré par le créancier n'est pas opposable à la caution.

DROIT PÉNAL

I. — L'individu condamné à une peine afflictive et infamante temporaire, et frappé d'interdiction légale par suite de sa condamnation, peut valablement tester.

DROIT INTERNATIONAL

I. — La règle « *locus regit actum* » est facultative.

II. — Les États étrangers ne sont pas justiciables

des tribunaux français , à moins qu'ils n'aient accepté la juridiction de ces tribunaux, par exemple en constituant des sûretés réelles en France.

III. — L'armement d'un navire de guerre belligérant dans un port neutre est une violation de la neutralité.

DROIT CONSTITUTIONNEL

I. — Le droit de révision de l'Assemblée nationale est limité par le texte de la résolution votée par les deux Chambres.

Vu par le Doyen :   *Vu par le Président :*

COLMET DE SANTERRE.   E. GARSONNET.

Vu et permis d'imprimer :

Le Vice-Recteur de l'Académie de Paris,

GRÉARD.

TABLE DES MATIÈRES

DROIT ROMAIN

LES CORPORATIONS

ÉTUDE HISTORIQUE ET JURIDIQUE

PREMIÈRE PARTIE

HISTORIQUE DES CORPORATIONS

CHAPITRE PREMIER

Première époque ; les Rois. — Les Collèges sacerdotaux.

CHAPITRE II

Premiers temps de la République; mépris des Romains pour le travail manuel; concurrence du travail-servile.

CHAPITRE III

Fin de la République.

CHAPITRE IV

Premiers temps de l'Empire.

CHAPITRE V

Fin de l'Empire.

DEUXIÈME PARTIE

Organisation intérieure des Corporations.

CHAPITRE PREMIER

CHAPITRE II

CHAPITRE III

CHAPITRE IV

Chefs des corporations. — Patrons. — Termes employés dans la matière des corporations.

TROISIÈME PARTIE

Situation juridique des corporations.

CHAPITRE PREMIER

CHAPITRE II

Modes d'acquisition entre vifs et à cause de mort ; — exemples de legs. — Administration des biens par le *curator*. — Actions et obligations.

DROIT FRANÇAIS

LES SYNDICATS PROFESSIONNELS

INTRODUCTION

PARTIE PRÉLIMINAIRE : HISTORIQUE

PREMIÈRE PARTIE

FORMATION DES SYNDICATS PROFESSIONNELS

CHAPITRE II. — *Objet des syndicats professionnels.*

CHAPITRE III. — *Administrateurs et directeurs des syndicats
professionnels.*

CHAPITRE IV. — *Formalités de constitution des syndicats
professionnels.*

DEUXIÈME PARTIE

FONCTIONNEMENT DU SYNDICAT PROFESSIONNEL

CHAPITRE PREMIER — *Personnalité civile des syndicats professionnels.*

CHAPITRE II. — *Rapport du syndicat avec ses membres.*

CHAPITRE III. — *Rapports des syndicats entre eux (Unions).*

Chapitre iv. — *Dissolution des syndicats professionnels.*

CONCLUSION

APPENDICE